老いて男はアジアをめざす

瀬川正仁
Segawa Masahito

熟年日本人男性タイ・カンボジア移住事情

basilico

◎上：国際カップルが多い北タイ。理想的な配偶者選びをした中津川晴彦さん（60歳・仮名）夫妻（チェンマイ）
◎下：若い女性と遊びで付き合い、子供までつくっておいてポイ捨てする日本人高齢者があとを絶たない（プノンペン）

◎波瀾万丈の人生の末、カンボジアに終の棲家を見つけた植松靖雄さん（68歳）

◎上：日本人御用達の歓楽街タニヤにはコスチューム好きの日本人用のカラオケクラブも多数ある（バンコク）
◎下：ビア・バーのホステスたちのレビュー。店では手頃な値段で疑似恋愛が可能だ。（チェンマイ）

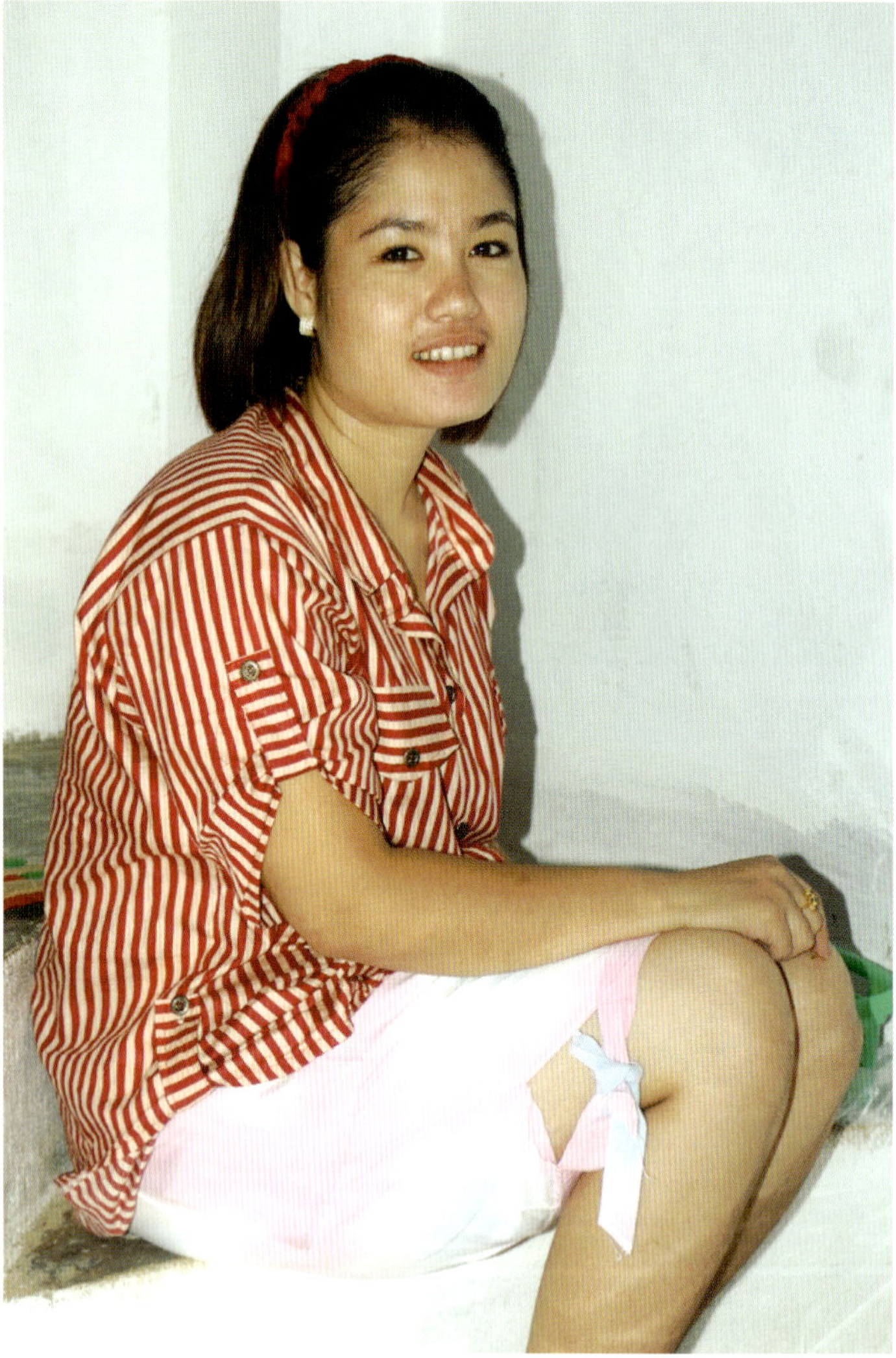

◎タイ最北の町メーサイはビルマからの出稼ぎ女性で溢れている。28歳の彼女は日本の高齢者と同棲中

老いて男はアジアをめざす

目次

装幀——岩瀬聡

カバー写真——ARV／ゲッティ イメージズ

序章

人生第四コーナーからの選択

私は仕事で第三世界、いわゆる発展途上国に行く機会が多い。ときには辺境と呼ばれる地域にも行く。そんなとき、発展した日本という国の素晴らしさを再認識することもあれば、この発展が本当に人間の幸福に役立っているのだろうか、と考えさせられることもある。

日本は明治以降、近代化の名の下に多くのものを使い捨ててきた。使い捨てのスピードは戦後さらに加速され、現在も続いている。使い捨てられるのは物だけではない。人間もまた同様だ。それは今の日本の高齢者たちが置かれた状況を見ればすぐにわかると思う。

伝統を重んじるプリミティブな人々の暮らしには一つの社会モデルがある。子供たちはそれをめざして成長し、大人になる。こうした社会では経験豊かな老人は社会の知恵袋として大きな尊敬を集めている。ところが社会変化の激しい日本では、老人たちは尊敬される存在であるより、むしろ時代遅れのお荷物として扱われている。

最近、日本では「高齢者問題」という言葉をよく耳にする。寿命が大幅に伸びたことに加え、少子化が進行しているため、年金、医療、介護などの分野で、これまで日本が行ってきた従来型の社会システムが機能しなくなっていることは事実である。しかし、「イラク問題」が実はイラクを問題視するアメリカの問題であったように、また「部落問題」が部落民を差別する日本社会そのものの問題であるように、「高齢者問題」もまた高齢者自身の問題ではない。その言葉から読み取れるものは、高齢者の存在を問題視する日本という社会が存在するという現実だ。

今を生きる日本の高齢者たちはこうした社会の空気の中で、自己の重要感や居場所が見い出せないまま、確実に近づいてくる死の足音と向き合いながら孤独の中を生きている。

そもそも、「老いてゆく」ということはいくつかの喪失感を伴う。病気にかからないまでも体力は衰える。目覚めたとき視界が霞んで見えることから始まり、今までできていたことが突然できなくなるという身体的な喪失感を体験する。また配偶者や親族、あるいは親しい友人などの死に遭遇したり、定年退職などによって第一線を退かされることで味わう社会的な喪失感もある。さらに仕事を退くことに伴う経済的な喪失感も加わる。

自分と社会が切り離されてしまうという不安。自分のことをわかってくれる人はもういないという寂しさ。自分の存在価値が減少してゆくという現実。こうしたいくつもの要素が重なり、高齢者の中には生きる喜びや生きていることの意味さえも見失ってゆく者もいる。ところが、高齢者＝邪魔者と考える日本社会には彼らのこうした喪失感を埋め合わせるシステムがほとんど存在していないように思われる。

本書では、人生の第四コーナーから最後の直線にかけてのひととき、あるいはそのすべてを日本から離れタイ、あるいはカンボジアという東南アジアの国で生きることを選んだ日本の高齢者たちの人生を描いてみた。なぜ彼らは第二の人生の舞台にこうした地を選んだのか。

日本という国に愛想を尽かし、飛び出した人もある。より豊かな人生を求めて移住した人もいる。そうかと思うと、借金を踏み倒し逃亡した人もいる。女性の尻を追いかけ海を渡った人もいた。彼らの幸福論はまちまちで、それに応じた様々な人生があった。

物語は、この本を書くきっかけになった一人の老人との出会いから始めようと思う。

アジアを旅していると様々な人に出会う。そんな中で、日本の老人男性の姿が目につくようになったのは今から一五年ほど前のことだったような気がする。ビジネスマンでもなければ単なる旅行者でもない。かといって、今流行りの夫婦者のロングステイヤーの片割れ、という雰囲気でもない。かつてはポツリポツリといった感じだったこうした人々が、ここ数年、アジアのどこの町に行っても普通に見かけられるようになった。老後はタイの田舎でのんびり暮らしてみたいと思っていた私は、いつしかこうした老人たちの暮らしを覗いてみたいと思うようになっていた。

タイの首都バンコクから北におよそ九〇〇キロ。タイ最北の町、メーサイ。ビルマ（ミャンマー）と国境を接するこの町は、ビザを持たずにタイに長期滞在する日本人にとって特別の意味を持つ。日本人がビザを持たずにタイに滞在できる期間はわずか三〇日。だが、一〇ドルを払ってこの町から一瞬でもビルマに出国するだけで滞在期間はリセットされ、再びタイに戻ったとき、新たに三〇日の滞在許可が与えられる。そのため月に一度、この国境を行き来することで、何年もタイに住み続けている日本人が数多くいる。食堂で出会ったその老人（Aさん）もそういう日本人の一人だった。

「いやあ、参ったよ。イミグレーションで一〇〇〇バーツ（三五〇〇円）かっぱらわれちまってさ」

Ａさんは私が日本人だとわかるとそう話しかけてきた。

タイが経済発展を遂げ近代国家になるにつれ、出入国管理は少しずつ厳しくなってきている。豊かなタイをめざし、貧しいビルマや中国の辺境から大量の経済難民が押し寄せているという現実もある。その結果、最近ではタイに入国する際、所持金の提示を求められるケースが増えている。日本人とて例外ではない。その背景には「日本人＝金持ち」という図式が崩れ、明らかにタイ経済に貢献しない経済難民同然の日本人が猛烈な勢いで増えていることに、タイ政府も気づき始めたという現実もあるのかもしれない。

その日、Ａさんは所持金の提示を求められた。入国を許可される最低基準は一万バーツ（三万五千円ほど）。Ａさんはそんなこともあろうかと持参してきたタイの最高額紙幣一〇〇〇バーツ札を一〇枚、係官に提示した。係官はそれを手に取って枚数を確認するとＡさんに返した。それは簡単な儀式、のはずだった。ところが係官はこのとき、札を数えるふりをしてそのうちの一枚をこっそり抜き取っていたのだ。

イミグレーションの建物を出てすぐそのことに気づいたＡさんは、文句を言いに引き返そうとした。しかし結局、泣き寝入りすることにしたという。タイに限らず、入国管理は現場の係官の裁量に左右される部分が大きい。たとえクレームをつけたところで、証拠が何も残っていない現金が戻ってくる可能性はまずない。それればかりかクレームをつけることで顔を覚えられ逆恨みされたら、今後、出入国の度にどんな意地悪をされるかわからない。どこの国であろうと、外国人の立場はとても弱いものだ。私は自身の経験と照らし合わせながら、共感の思いで彼の話を聞いていた。

ここまでは旅行者間でよく取り交わされる普通の世間話だ。だが、その次にAさんがポツリと発したひとことが私の興味を惹きつけた。

「もう少し早くリタイアメントビザさえ取っておけば、こんなことにならなくて済んだんだがなあ」

リタイアメントビザはいくつかの国で制度化されている、定年後の外国人を受け入れるためのビザのことだ。仕事を退いた外国人に一定の資産や年金のような収入があれば、いくらかのデポジットを銀行に預けることで、半永久的に居住権を与えてくれる。タイの場合その額は年間八〇万バーツ、日本円にして三〇〇万円足らずの金額だ。

「どうして、もう少し早く、なんですか？」

私はAさんに聞き返した。

「昔は金なんていくらでもあったんだけどね。女にすべて貢いじまって、今ではスッカラカンさ」

Aさんの話は衝撃的だった。

現役で働いていた時代、タイに観光旅行に来たAさんは、食堂で働く一〇代の美しいタイ人の女性と知り合う。何度かタイに通ううちに二人は男女の関係になり、将来を誓い合う仲にまでなった。Aさんには日本に妻がいたがその関係はすでに冷え切っていたという。当時五五歳だったAさんは、定年退職後の彼女とのタイでの暮らしを夢見て、深夜までの過酷な残業も志願してこなした。徹夜することもしばしばあったが目標があったので、仕事がつらいと思ったことは一度もなかったという。そして残業代はすべてバンコクに住む女性に送金し、第二の人生の生活基盤にとバンコク市内にアパートも建てた。

五年後、待ちに待った定年退職。すでに愛情のかけらもなかった妻との協議離婚はつつがなく成立し、Aさんは満を持して若い恋人の待つタイにやってきた。当時のAさんの所持金は購入したアパートも含めゆうに数千万円はあったという。タイで余生を過ごすには十分すぎる大金だった。Aさんの前にはバラ色の第二の人生が待っているはずだった。だがAさんはこのとき、落とし穴に気づいていなかった。

タイの法律では原則として外国人が個人で不動産を持つことができない。そのためアパートは恋人名義で買っていた。所持金もすべて愛する恋人の口座に振り込んであった。そればかりではない。彼が長年働いてきた証として将来もらえるはずだった年金までも一時金として受け取り、言われるままに受取人をその女性名義の金融商品に換えてしまっていたのだ。

Aさんはタイにやってくるなり、様子がおかしいのに気づいた。日本で暮らしているときは、あれほど手紙や電話でAさんが来るのを焦がれていたはずの恋人が妙によそよそしいのだ。そればかりではない。彼女はAさんを邪魔者のように扱い始めた。やがてAさんは衝撃的な事実を知らされる。恋人だと思っていた女性は、いつのまにかタイ人男性と結婚していたのだ。そして、すでに金のなる木でなくなってしまったAさんには、なんの興味も持っていなかったことが判明した。

その事実を知ったAさんは激怒し、彼女の口座に振り込んだ預金や不動産の返還を求めた。しかし、女性名義で購入した不動産も女性の銀行に振り込んだ現金もタイの法律に守られて、彼の元に戻ってくることはなかった。Aさんは全財産だけでなく、将来の生活を保障してくれるはずの年金もすべて失ってしまったのだ。

聞くも涙の物語だが、「なぜ?」という疑問が私の中で渦巻いた。

日本でも金を介して男女の関係を結ぶ援助交際は流行しているし、水商売の女性に湯水のように金をつぎ込んだという男性の話は時々聞く。しかし彼のように、異国の地で出会ったコミュニケーションさえままならない外国人女性に、全財産ばかりか年金のおまけまで付けて貢いでしまったという話を聞くのはそれが初めてだったからだ。

なぜAさんはそんな愚かな行為をしてしまったのか。

彼の話を聞くうちに様々な疑問が渦巻き、やがてタイで暮らす老人たちの不思議な世界が浮かび上がってきた。驚いたことに、Aさんは決して例外的なケースではなかったのだ。

タイは天国なのか地獄なのか。

私はタイで暮らす日本の老人たちの世界に引き込まれていった。

第1章

なぜ、タイで暮らすのか

タイで暮らす老人たちの世界に旅立つ前に、まずは日本で暮らしている老人たちの現実を見てみよう。

日本で暮らす高齢者の実情

日本人の平均寿命は戦後、驚異的に延びた。人生六〇年といわれたのは今は昔。今や日本人の平均寿命は男性七九・〇〇歳（アイスランドに次ぐ世界第二位）、女性が八五・八一歳（第一位）。この統計には若くして病気や事故で亡くなった人も含まれていることを思うと、実際には男性で八〇代前半、女性は八〇代後半まで生きるのが当たり前の時代になっている。

六〇歳でリタイアした人なら、少なく見積もってもあと二〇年。九〇歳まで生きることも今では珍しくなくなっている。もし人生六〇年と考えていたなら、これまで生きてきた人生の半分近くがグリコキャラメルのおまけのようについてくる計算だ。余生というにはあまりに大きな時間の塊である。

こうした中で、これからの人生設計は従来のように定年退職＝「上がり」ではなく、第二の人生のスタートと考えるのが一般的になりつつある。

ところが社会の方は必ずしもこうした現実に追いついていない。諸制度は日本人の平均寿命が六〇歳を切っていた今から五〇年前、昭和二〇年代に作られたものが未だに続いている。最近では、人口減少に歯止めがかからないため、不足する労働力を補うべく、高齢者を職場に迎え入れる企業も少しずつは増えている。しかし多くの企業の定年は未だに六〇歳が当たり前で、高齢者の再就職も依然として難しい。

それでは余生と割り切って日本で静かに暮らせるかというとそうもいかない。高齢者たちの多くは経済的な不安を抱えているからだ。これから先、年金の給付額は減ることはあっても増えることはないだろう。受給年齢が上がるのもまず確実だ。現在、企業戦士として日本の高度成長期を支えてきた、いわゆる団塊の世代の平均年金は夫婦世帯で二三万円、男性一人の場合はおよそ二〇万円（二〇〇四年）である。地域社会との付き合いや冠婚葬祭の祝儀、さらに自身の医療費などを考えると、物価の高い日本で人並みの暮らしをしようと思ったらこの金額では足りず、確実に蓄えを食いつぶすことになる。死を迎えるそのときまで、わずかな蓄えをいかに使い切らずに乗り切るかというのは、今や高齢者の大きな関心事になっている。こうした不安から、わずかな老後資金を少しでも増やそうとして詐欺にひっかかり、蓄えをすべて失ってしまうという悲劇も後を絶たない。

ある年金生活のお年寄りは不安そうに私にこう語った。

「あと何年生きるかわからないですが、長生きするのが怖いです」

これが経済大国として長く世界に君臨してきた日本の現実である。

年金生活者が選ぶ外国

そんな中で第二の人生を物価の安い海外で、という人が今確実に増えている。ロングステイ財団の調査によると、海外でロングステイをしている日本人の数は現在三三万人もいるそうだ。もっとも財団のロングステイの定義では二週間以上同じ場所に滞在すればロングステイということになる。第二の人生を海外で、という概念とは少し違うかもしれない。しかし、こうした海外移住組が毎年増え続けているのは事実である。

動機は様々だが、その第一はやはり経済的な要因である。東京は生活物価の高さで世界第四位に転落したものの、依然、世界に冠たる生活費の高い町であることにかわりはない。収入と出費のアンバランス。働き続けても豊かさの実感が得られない。限られた年金で蓄えを減らさずに豊かな暮らしを、と考えたとき物価の安い海外で暮らすということは当然、選択肢の一つとして浮上してくる。

世界一生活物価が高いといわれるロンドンを抱えるイギリスは、五五〇〇万人が海外で暮らす海外移住大国である。イギリスの人口は六〇〇〇万人ほどなので、一割近くが外国で暮らすことを選んだことになる。元々移民の多い国柄であること、国際語である英語を母国語にしていること、ＥＵ諸国はパスポートなしで行き来できるなど、日本よりも遙かに海外移住の条件はそろっていることが大量の海外移住者を生み出す原因と考えられる。

日本人が海外移住する場合、言葉の壁や意識の問題など越えなければならない問題は数々ある。しかし団塊の世代以降についていえば、海外旅行がかなり一般化したことや、現役時代に海外赴任を経験した人も増えている。そのため外国で暮らすことに不安や抵抗感を覚える人は、それ以前の世代と比べ大幅に減ってきていることも確かだ。

それでは移住先として人気のある国はどこだろうか。

財団の調査結果によると、ここ数年、オーストラリアが第一位。アジアの国ではマレーシアが二位、タイが五位に入っている。しかしベストテンの大半は、ハワイ、ニュージーランド、カナダといった欧米文化圏の国々が占めていた。ところが昨年の調査で異変が起こった。マレーシアがオーストラリアを抜いてトップの座を奪い、タイも三位に躍進した。しかも、上位三カ国の人気はほとんど差がなくなってきているという。

アジアの国が上位に入ってきたということは、リタイア後に海外で暮らすというライフスタイルがより現実的になったことを反映しているのかもしれない。というのは、年金生活者が海外移住を志した場合、欧米先進国を選ぶには経済的に高い壁が立ちはだかるからだ。

例えば比較的生活費が安いといわれているオーストラリアを例にとってみる。オーストラリアのロングステイビザを取得するのには、およそ数千万円の資産を現地の銀行に預けるか不動産購入に充てる必要がある。その上、それなりにちゃんとした家を借りて生活しようと思えば、一カ月の生活費は日本人の平均年金受給額二〇万円を超えてしまう。このようにいわゆる先進国で安心した老後を過ごすためには、事実上、一億円程度の預貯金が必要になってくる。先進国中、これまで比較的生活物価が安かったスペインもユーロ通貨圏に組み込まれて以来物価が上昇し続け、今では他のヨーロッパの国々とそれほど変わらなくなっている。これでは一般庶民のロングステイ先としては現実的でない。

そこで海外で第二の人生を過ごそうと考える年金生活者にとって、現実的な移住先として浮上してくるのがアジアということになる。アジア諸国であれば、必要条件になっているリタイアメントビザの取得に必要な預金額も数百万円程度で済むし、何より生活費が安く済む。退職金と二〇万円の年金があれば、日本より遙かにゆとりある暮らしができることは間違いない。

もちろん一口にアジアといってもいささか広い。

今のところ、アジアで高齢者や年金生活者を優遇するリタイアメントビザを発給している国は、タイ、フィリピン、マレーシア、インドネシア、台湾などで、今後こうした制度を設ける国は増えてゆくと思われる。

これらの国々は文化や宗教、習慣もまちまちだ。宗教一つとってもフィリピンはキリスト教、タイは仏教、そしてマレーシアとインドネシアはイスラム教がそれぞれメインである。もし本気で第二の人生を海外で過ごそうと考えているのならば、とりあえず候補国に短期間暮らしてみて、肌合いや安全性などを自分の目で確かめてから決めることが大切だと思う。

◎上：熱帯アジアの子供たちの笑顔は美しい。ここにはまだ人が人を信じられる世界が残っている（シアヌークビル）
◎下：食は東南アジアにあり。屋台を歩けばわずか100円ほどで種類豊富なおいしい食事にありつける（バンコク）

本書のメイングラウンドにタイを選んだ理由は、治安、国民性、利便性、さらに物価など、多くの観点からみて日本人年金生活者が求めるものを比較的高い水準で満たしていると思ったからだ。

タイという国の輪郭

今や老若男女を問わず人気のタイは、巷にも情報が溢れているので説明は要しないかもしれない。しかし知らない人たちのために、タイがどのような国であるのか、日本との共通点も踏まえながら簡単に述べておこう。

タイと日本との距離は飛行機で六時間ほど、近場の外国の一つである。インドシナ半島の中央に位置している。国土の大半は熱帯・亜熱帯に属しているためいわゆる冬がなく、気候は一年中温暖である。

タイは日本の一・四倍の国土を持ちながら、人口は日本の半分、およそ六〇〇〇万人である。しかも国土の大半は平地である。人口の密集する首都バンコクのような場所もあるものの、一億を超える人々が国土の二割しかない平地を奪い合うように暮らしている日本からやってくると、人々が適当な距離を保ってゆったりと暮らしているのを感じる。

タイには中国系の人々が多数暮らすが、彼らの多くはタイ社会に同化している。そのため国民の九割以上は事実上タイ人と考えていい。北部の少数民族が多い地域や南部のマレー系イスラム教徒の多い地域を除き、日本同様に均質性の高い国家である。公用語のタイ語はサンスクリット系の文字で表記し、中国語よりさらに一つ多い五つの声調を持っているのが特徴だ。そのため声調を使い慣れていない日本人にとって決してしゃべりやすい言葉ではない。ただし文法は比較的簡単なので、基本単語さえ覚えれば日常生活には困らないという利点もある。

タイと日本には多くの共通点がある。一つは、アジアの中で欧米の植民地にならなかった経験のない数少ない国である点だ。そのため、タイならではの興味深い伝統文化や生活様式がたくさん残っている。ただ、国際語である英語の普及率が低いため、英語だけで生活するには不自由な点が多いのも日本と同様だ。

また、タイは国王を国家元首に抱く立憲君主制をとっている。明治時代から戦前にかけての日本の国家体制を思い浮かべればいいと思う。日本は第二次世界大戦に負けたため、絶対君主であった天皇は象徴の地位に後退した。しかしタイでは、国王は今でも大きな力と国民の敬愛を一身に集めている。国王を尊敬しているタイ国民は日本の皇室にも親近感と敬意を持っている。比較的親日的なスタンスはこんなこととも関係があるかもしれない。

ただここでも注意しなければならないことがある。日本の戦前同様、タイには今でも不敬罪が存在することだ。つい最近も、タイ王室の悪口を書いた日本人ロングステイヤーが国外強制退去になった。タイの法律は一般的には弾力的に運用されている。しかしあくまでも外国に住むのだから、国情や最低限の決まり事は知った上で住まないと大きな火傷をすることになる。

タイと日本の最大の共通点はお互いが仏教国であることだろう。ただし、葬式のときぐらいしか仏教が意識されない日本と違い、タイは国民の多くが敬虔な仏教徒である。また、日本が大乗仏教であるのに対し、タイは南伝系の上座部仏教であるという違いもある。しかし、生きものに対する慈しみの気持ちなど基本的な世界観には共通する部分も多い。

こうして眺めてみると、タイは異国情調を感じさせる適当な距離感を持ちつつ、同時に多くの文化的な共通点もあって日本人が親しみやすい外国であることがわかると思う。

こうした中、タイと日本の経済的結びつきは年々深まっている。特に観光大国タイを訪れる日本人の数は増加の一途をたどっている。昨年一年間にタイを訪れた日本人は一三五万人に達した。単純計算すると、日本人海外渡航者の一〇人に一人以上がタイに向かったという計算になる。

タイの人気は旅行者数の増加だけではなく、タイで暮す日本人の増加にも反映されている。外務省の調べによると、二〇〇五年時点で大使館に登録している長期滞在者の数は四万人を超えている。こうした統計の場合、実数は登録者数の二倍強というのが一般的だということなので、現在一〇万人近い日本人がタイで暮らしている計算になる。

もちろん、その多くは企業の駐在員とその家族、現地採用の労働者など、仕事の関係上タイで暮らしている人たちだ。本書のテーマであるリタイア組の高齢者がどのくらいいるのか正確な数はわからない。しかし、例えば長期滞在者全体の五パーセントと見積もっても五〇〇〇人。かなりの数いることは間違いない。

それでは彼らを惹きつけるタイの魅力とはいったいどんなものなのだろうか？ ロングステイヤーたちに理由を尋ねると、様々な答えが返ってくる。中には、たまたま出会った配偶者がタイ人であったとか、在職中、タイに赴任経験があったりと、タイ以外の選択肢を考えずに直行した人もいる。しかし多くは、生活の場として複数の国を候補にあげ、下見などをした上で、物価、治安、気候、暮らしやすさ、国民性など様々な観点から検討した結果、タイを選んでいた。多くの日本人に支持されているタイの魅力をもう少し詳しくみてみよう。

バンコクの物価

タイの生活物価が日本より安いことは異論の余地はない。それではどのくらい安いのかと問われると、これが意外と答えるのが難しい。

最近、日本でも格差問題が盛んに議論され、実際に貧富の差は拡大している。しかし欧米などと比べると、まだまだ格差の少ない金太郎飴社会であることも事実だ。ところがタイはまったく違う。現金収入がほとんどない貧乏な人から、すべてドア・ツー・ドアで運転手が送り迎えし、成人になるまで一歩も公道を歩いた経験のないというお嬢様まで、色とりどりの人生がある。タイの生活物価を考える場合、どんな場所でどの程度の暮らしを望むかによって、生活にかかる費用はまったく違ってくると思った方がいい。

とりあえず、日本人が最も多く住むバンコクで、あまり金がかからない生活をするというのをテーマに試算してみる。

まずは一番大切な食生活について。意外かもしれないがタイは女性の社会進出が進んでいる。特に都市部では共働き世帯が圧倒的に多い。こうした事情を反映してか、バンコクには地元の人が日々利用する大衆食堂や屋台が星の数ほどある。これらの店で食事をしていれば一食一〇〇円ほどで済んでしまう。

タイ料理というとピリッと辛い香辛料の効いたものが有名だが、中華風の炒め物や麺類など種類が豊富で、その上おいしい。野菜もたっぷり使っているので栄養バランスもいい。要するにたいへん食文化の豊かな国と考えていい。ひもじい思いをしないで食費が節約できるのはタイで暮らす大きな魅力だと思う。

しかし、人間の舌というのは保守的だ。特に高齢になるに従い、食べ慣れた日本食が恋しくなる傾向があるようだ。日本食抜きの人生など考えられないという高齢者も少なからずいるはずだ。こうした人にとってもタイは理想的だと思う。

日本人の日常食を眺めてみるとカレーライスやラーメン、ハンバーグやスパゲッティといった元々は外国から来たものが、今では日常食として定着している。同様にバンコクに住むタイ人の間では、日本食は外国料理でありながら日常食の一つとして定着しつつある。その証拠に、バンコクにある日本食レストランの数は年々増え続け、今では一〇〇〇軒に迫る勢いである。地元の人の支持がなければこれだけの数の店は維持できない。バンコクでは大きなスーパーマーケットの食堂フロアーにはたいてい日本食レストランが入っている。

一般に、海外で日本食を食べようとすると割高感が否めないものだがタイは違う。もちろん高級感を売り物にしている日本食レストランもあるが、多くはタイの庶民でも手の届く値段で提供している。

例えば、タイで最もポピュラーなトンカツ定食。みそ汁やお新香、小鉢までついて二〇〇円から四〇〇円ほどで食べられる。トンカツに限らず、材料が現地調達できるものであれば、日本の半値以下でそれなりの味のものが食べられると考えていい。鶏肉料理に至っては地鶏が中心なので、味付けさえ間違えなければ日本より美味いものが食べられる。そもそも日本のスーパーマーケットやチェーン居酒屋などで売られている焼き鳥が、タイで生産されたものが多いことからもわかると思う。ただ、安いといってもタイの庶民料理と比べると三倍ぐらいの出費になることは心にとめておいた方がいい。

魚介類も身の締まった寒流の魚こそ望めないが、エビ・カニ類は日本より遥かに安い値段で、しかも新鮮なものが食べられる。日本食が安くておいしいのはタイの大きな魅力だと思う。そしてもちろん金さえ払えば、生ウニ、活きアワビなど築地直送の高級魚介を食べることもできる。

さらに日本同様、スターバックスのコーヒーも飲める。ただしその場合は日本と同等か、それ以上の料金を覚悟しなければならない。酒類やビールも割高だ。日本にいるときと同じような暮らしをしようと思えば、それなりに金はかかると覚悟した方がいいだろう。

次は住居である。他の町に比べて地価が圧倒的に高いバンコクだが、月に三万円から五万円出せば、六〇平米以上の清潔で安全なコンドミニアムに住むことができる。設備面でもう少々ランクを落としたり、郊外に行けば、さらに安い一万円台のアパートもたくさんある。ただしタイは治安がいいといっても外国だ。あまり安すぎるアパートは泥棒に入られる心配もある。やはり日本人が生活する場合は、守衛がいるなり、ある程度セキュリティがしっかりしたところを選んだ方がいい。

衣食住の最後の要素、「衣」については多くを語る必要はないと思う。タイは常夏の国、シャツ一枚あれば一年中問題ない。よほどオフィシャルな場所にでも行かない限り、背広もネクタイもいらない。もちろんコートなど無縁だ。ファッションにこだわらなければ、Tシャツと短パンだけで一年を過ごせる。しかも日差しが強いので洗濯物はすぐに乾く。枚数もせいぜい四、五枚あれば十分だ。町をぶらつく分には履きものもサンダルで事足りる。

世間体などもあって、いつも着るものに気を遣う生活をしてきた日本のサラリーマン経験者たちには、経済性だけでなく、その気楽さも魅力に違いない。ただし日本人が着るものに気を遣わなくて済むのは外国人特権の一つと考えた方がいい。タイにはタイのしきたりや決まりがある。

例えば、寺など神聖な場所に女性が露出の多い服装で行ったり、男性が短パン姿で出かけたりすることは禁物だ。また、格式のあるレストランや人の家の会食に招かれた場合、Ｔシャツではなく襟のあるシャツを着るのが礼儀となっている。

あるベテランのロングステイヤーからこんな話を聞いた。イミグレーションや役所などに出向くとき、西洋人はきちんとした服装で行くので一目置かれる。ところが日本人は普段着のＴシャツに短パン姿で出向く人が多い。そのため相手の役人に軽んじられ、西洋人との扱いに差がつくことがしばしばあるという。物事に頓着しない雰囲気のタイ人だが、本当はかなり見た目にこだわる。ＴＰＯをわきまえることが大切なことはタイも同様のようだ。

最後にバンコクの交通について触れておこう。

日本の交通費は世界的に見てもかなり高い。建設利権や天下り先確保のためなどに膨大な人件費を浪費していることが大きな原因だと考えられる。ヨーロッパでは高速料金は無料が当たり前だし、鉄道運賃も日本と比べると遙かに安い。もちろんタイと日本を比べてみると価格の差は歴然としている。

バンコクで庶民の足といえばバスである。それだけで一冊の本になるぐらい、バンコクの町にはバス路線が網の目のように張り巡らされている。バンコクでバスをうまく乗りこなせるようになれば、ロングステイも一人前といわれている。市内バスにもエアコン付きとそうでないものなどいくつかの種類がある。ごく普通のバスに乗れば、距離にかかわらず一区間二五円ほどでどこへでも行ける。日本のバスの初乗りが二〇〇円前後であることを思うと八分の一程度と考えていいだろう。

バスがうまく乗りこなせない場合はタクシーに頼らざるをえないが、それとて初乗りが一〇〇円ほどなので、市内だったら三〇〇円から四〇〇円あればだいたいどこへでも移動できる。ただし、バンコクの移動で問題になるのは渋滞だ。道が混むので到着時刻が読めない。さらにタクシー運転手は日本ほど正直な運転手ばかりではない。平気で遠回りをする者もいる。騙し取られる金額は高がしれているが、気分は良くない。

そんなこともあってバンコクに住む日本人はBTSと呼ばれる高架鉄道や、一昨年開通したばかりの地下鉄の駅の近くに住んで鉄道を利用する人が多い。バスに比べて割高だが、それでも一〇〇円もかからずに移動できる。バンコクの鉄道の歴史は浅く、まだ鉄道網は十分に整備されているとはいえないが、日本人の生活エリアはかなりカバーしている。バンコクに関していえば、交通費はあまり意識せずに生活できると考えていい。

こうして見てゆくと、日本人の平均年金受給額二〇万円があれば、タイでは日本より遥かにゆとりある暮らしができることは間違いない。ただし物価全体で考えた場合、タイの方が高いものも少なくない。

日本の場合、衣類や生活雑貨などはリサイクルショップや一〇〇円ショップ（タイにもあるが一品三〇〇円近くする）で買えばかなり安く済む。ところがタイではそうはいかない。また、電化製品や車、バイク、あるいは日本酒など、関税がかかる輸入品については当然のことながら日本より高い。医療費も安心できる質の高い医療を受けようと思えばかなり高額だ。日本の国民健康保険に加入していれば還付は受けられるが、保険外の治療が多いためそれなりの金額になってしまう。

結論としては、生活レベルさえ落とせば物価の高いバンコクでも一〇万円以下で暮らすことが可能だと思う。しかし、潤いのある暮らしを求めてタイを第二の人生の場に選ぶのなら、やはり一カ月二〇万円ぐらいの出費は覚悟した方がいいと思う。

そしてもう一つ、ぜひ心にとめておかねばならないことがある。現在のような為替格差の恩恵をいつまで受けられるかはおおいに疑問があるということだ。毎年五パーセント以上の成長を遂げているタイ経済と下降傾向にある日本の経済格差は毎年縮まっていて、今後もどんどん縮まり続けてゆくに違いない。物価の安さだけがタイで暮らす理由だとしたら、せっかく海を渡ったとしても幸福を見つけるのは難しいかもしれない。

タイで癒される人々

生命の宝庫である熱帯アジアには人を癒す力がある。私はそう感じている。例えば熱帯地方には世界中の動植物の種の九割以上が生息している。この生命力に溢れ、多様性を許容する風土こそが熱帯アジアの魅力でもある。タイの場合、人間も土地や社会に無理に自分を同化させなくても、ありのままの姿で無理をせずに暮らしていける。

生真面目で、あらゆることに高い精度を求める日本社会にも、素晴らしい点はたくさんあると思う。しかしその裏返しとして、常に強い緊張を強いられる日本社会での暮らしは、ときに大きなストレスを伴う。特に、過剰適応してしまうタイプの人には、日本社会は息苦しく感じる場面が多いようだ。スローライフが叫ばれ、癒し系がもてはやされる現在、日本社会にも少しずつ変化の兆しは見られる。しかし、激務や緊張に耐え切れず心の病に陥り、そのために命まで落としてしまう企業戦士は未だに後を絶たない。そんな人たちがタイで癒され、元気になってゆく姿はしばしば目撃される。

バンコクのゲストハウスで出会った正木和也さん（五五歳・仮名）の話をしてみよう。三年ほど前からバンコクで暮らしている正木さんは、日本では二〇年あまりガス器具の会社に勤めていた。彼の主な仕事は、壊れた器具の修理のため家々を回ることだった。正木さんはこの仕事を続けるうちに体調を崩し、仕事を辞めることになってしまった。

正木さんの仕事は、デスクから手渡された修理希望者リストを元に、相手の希望時間に合わせてコースを決め、一軒一軒修理に回ることだった。ところが、せっかく指定された時間にその家に出向いても、留守で人がいないことがある。仕方なく別の家に向かい始めると、突然、電話が鳴る。相手は「今帰ってきたから、すぐ来てほしい」と悪びれた様子もなく言う。

こうした場合、事情を話し、「別の日にしてください」ときっぱり断われる人もいる。しかし、優しく生真面目な性格の正木さんはそれができなかった。できるだけ相手の要望に応え、ノルマをこなそうと努力してしまう。もちろん一軒を翌日回しにすると、翌日のノルマが増えるという事情もある。そこで、その家に引き返し修理をする。その結果、次の現場には遅れることになる。顧客の中には、どんな理由があろうとも一〇分遅れただけで小言を言う人が必ずいる。こうしてストレスと疲労が積み重なってゆく。

「そういうことをするのってたいていは女性、しかも若い女性なんです。多分、社会で揉まれていないので、相手の立場に立って物事を考えられないんでしょうけど、なんか女のいやな面を見てしまったようで悲しい気持ちになります」

正木さんは力なく笑った。正木さんが独身なのはこうしたことと関係があるのだろうか。

また、耐用年数を遙かに過ぎた満身創痍《まんしんそうい》の器具を使っている家もある。正木さんが買い換えを勧めても、相手は「買い換えるお金がないので修理してほしい」と主張する。客の要望なのでもちろん修理に応じるのだが、応急処置が精一杯だ。いっとき症状が改善しても、当然のことながら故障は再発する。ときには直した直後にまた故障というケースもある。そんなとき、あたかも修理が悪かったといわんばかりのクレームを会社に訴えてくる者もいる。

そんなことが日々繰り返されるうち、正木さんの精神のバランスが少しずつ崩れていった。そしてついには、髪の毛がバラバラ抜け落ちるという肉体的な反応まで出だした。とりあえず休職したものの家にいても仕事のことを思い出すと息苦しくなり、症状は一向に改善されなかった。

そんなとき、やはりストレスが原因で退職し、タイに移住していた先輩が正木さんに声をかけてくれた。

「騙されたつもりでタイにいらっしゃい。そんな悩みはすぐに吹き飛んじゃうよ」

先輩の誘いでタイにやってきた正木さんは、少しずつ症状が改善されていくのがわかったという。

「日本にいるときはいつも人に見張られているような気がして落ち着きませんでした。ところがここの人たちは人に迷惑をかけない限り、何をしていても干渉しません。いつもありのままでいられるんです」

こうした自由な雰囲気に加え、タイの温暖な気候も病気のためには良かったという。

「寒いと筋肉が萎縮するでしょ。そうすると心も緊張するんです。だから、どんどん悪い循環に入っていってしまうんです。でもタイは一年中暖かいからいつも筋肉が弛緩していて、緊張が解けるんです。おまけに昼間は暑いから、頭がボーッとしていて何も考える気力がなくなります。そうしているうち、だんだんいやなことも忘れられるようになったんです」

この他にも正木さんは、心身をリラックスさせるため、タイ・マッサージに週に三日は通ったという。マッサージの値段は二時間で一〇〇〇円ほど。日本の一〇分の一の値段で上質なリラクゼーションを受けられる。

「それでも、不安なく眠れるようになるまでに一年近くかかりましたね。今ではぐっすり眠れるようになりました」

現在、正木さんは日本とタイとを行ったり来たりしながら、日本社会に復帰するトレーニングをしているという。退職から三年、ようやく気力も回復してきたので、そろそろ新しい人生を始めようと考えている。

「私のまわりにも仕事のストレスを抱えて壊れそうになっている人がいっぱいいます。そんな話を聞く度、タイに行けばいいのにな、と思うんですけど、これればかりは体験してみないとね。機会があったら勧めてあげますけどね」

心を病んでゆく人の多くは責任感が強く、生真面目な人が多い。厳しい日本社会で傷つき、おおらかなタイの風土に癒された人は、今回の取材でも正木さん以外にたくさん出会った。もちろん、彼らが日本の社会に復帰したとき、再び同じ病に陥らないという保証はない。しかし、彼らはタイで暮らすうちに、以前とは違う地点に立っている自分を感じているようである。

自然は人を癒すというが、人間関係で傷ついた人は人間関係でしか癒されない。タイの人たちはホスピタリティが豊かで、人がいやな思いをするようなことは極力避ける。人を拒まず、ありのままでいることを許してくれる。正木さんの話を聞きながら、タイは日本という競争社会で傷ついた人を癒す大きなホスピタルなのかもしれないと感じた。

少年時代との再会

タイを愛する中高年からよくこんな台詞を聞く。

「この国に来ると、少年時代にタイムスリップしたような不思議な安らぎが得られるんですよ」

日本は明治時代以降、近代化という名の西洋化の過程で、たくさんのものを捨ててきた。その傾向は戦後、さらにスピードアップされ、捨てる必要のない大切なものもまた捨て去ってきた。そう感じている日本人は決して少なくないはずだ。

映画『ＡＬＷＡＹＳ　三丁目の夕日』が中高年に支持され大ヒットした。団塊の世代の多くは捨て去ってきた自分の過去に強いノスタルジーを持っているようだ。

この間、そろばんが電卓によって市場から駆逐され、チェスの名人がコンピューターに敗れた。これらはほんの一例だ。すべての分野で自分をデジタル武装していかなければ勝ち上がれない、そんな世の中になっていった。そういう世の中が良いとか悪いとかいうのではない。団塊の世代の人たちは、こうした社会変化の波に揉まれながら生きてきたのだ。

彼らの人生はこうした社会の急速な変化に乗り遅れないため、自分自身の中の大切なものを切り捨てることでやりくりしてきたのかもしれない。そうした悔恨の念がノスタルジーへと駆り立てるのだろうか。タイにやってくる中高年の中には、こうして捨て去ってしまった昔の自分に出会うためにやってくる人もいる。

もちろんタイと日本は風土も違うし、成り立ちも違う。だから日本が失ったものが、日本より近代化が遅れているという理由だけで、タイにそのまま残っているというつもりはない。それでもアジアという風土の中で、稲作農耕という文化を共有してきたタイと日本には多くの響きあう文化や風景があり、そんなものに触れたとき、遠い記憶が呼び起こされるのだ。

タイの北部を旅していると、ひょっとするとこの地は、かつて自分の遠い祖先が住んでいた場所ではないかと思いたくなるような不思議なノスタルジーに襲われることがある。人々の人相を見ても他人とは思えない。畑で農作業をしている日焼けした老人の顔が父そっくりだったりしてギクリとしたことがある。

三輪隆氏の最初の写真集『アジア美少女街道』の冒頭の一節である。

三輪さんは現在、タイ北部チェンライ県で山岳少数民族の子供たちのための寮を運営するNGO「さくらプロジェクト・タイ」の代表をしている。三輪さんの著書の中には、日本人中高年から見たタイの魅力がちりばめられている。

今年五四歳になる三輪さんがタイをベースに暮らし始めたのは今から一九年前、彼が三五歳のときであった。年齢だけでいえば、第二の人生をタイで、というテーマからややはずれているかもしれない。しかし、三輪さんがタイで感じたものは、タイで暮らすことを選んだ多くの日本人高齢者に通底する感覚であると思い、ここで紹介しようと思う。

実は私に最初にタイの魅力を教えてくれたのは三輪さんであった。今から二〇年前のことだ。まだ三輪さんがタイと日本を行き来している時代、彼の案内でタイ北部に暮らす山岳少数民族の村々を回った。当時、多くの山岳少数民族はタイ国民の証であるIDカードを持っていなかった。病院や学校、電気も現金経済も、移動の自由さえない村々の暮らしはとても貧しかった。しかし、そこにいるだけで私は不思議な安らぎを感じた。自然と共に自然の一部として生きる彼らの充足した暮らしの様子を見ているうちに、近代化という波に押し流され、何かにせき立てられるようにあくせく暮らしている自分の人生がなにかとても空虚なものに感じられるようになったのだ。それは私にとって、価値観が転倒するような大きな衝撃だった。

三輪さんは大学を卒業後、アイドル系の雑誌を中心にフリーライターとして活躍していた。決して嫌いな仕事ではなかったし、収入も悪くなかった。しかし同時に、「違和感」も感じていたという。実はこの「違和感」は今回私が出会ったタイで暮らすことを選んだ多くの日本人が共通して持っている感覚だったような気がする。

「違和感」という感覚を言葉で説明するのは容易でない。例えばプロ野球のピッチャーが、「ボールを投げるとき、肘に違和感のようなものを感じた」と言って長期に戦線を離脱することが

◎上：タイではずせないのが伝統マッサージ。質の高いリラクゼーションが日本の10分の1の値段だ（チェンマイ）
◎下：豊富な観光資源はタイの魅力の一つ。北タイのカレンの村ではゾウによるトレッキングも可能だ（チェンライ）

ある。レントゲンに写るような症状はないが、何かおかしいという自覚症状である。「日本社会」という言葉が不適切なら、「自分の置かれている状況」に対する「違和感」というのは、それと似た感覚なのかもしれない。曰く言い難いが、このまま同じことを続けていると将来たいへんなことが起こるぞ、というシグナルのようなものを心と身体が感知するのだろう。

三輪さんはこうした違和感を趣味の昆虫採集で紛らわしていた。

北タイにやってきたのも蝶の採集のためだった。北タイにはテングアゲハやキシタアゲハなど、それなりにマニアを惹きつける蝶がいる。しかし、それまでにも昆虫採集でアジア各地を回ってきた三輪さんにとって、高山もなく森林伐採も進んでいる北部タイは、それほど魅力的な採取場所ではなかった。だが、彼が幻の蝶といわれるテングアゲハを追って山に分け入ったとき、人生を変える出会いが待っていた。無垢な山の民の笑顔だった。教育も電気も現金経済さえない山の子供たちの笑顔の美しさだった。それは計算しない人間の美しさだった。

以来、三輪さんは捕虫網をカメラに持ち替えて、必死に少女たちの笑顔を撮り続けた。

人間の眼球というものは、彼らが生まれ育った過程で見てきた光景や事件の総体を映し出している。その水晶体を覗き込めば、その人がたどってきた人生が透けて見える。

「微笑みの国・タイ」という言葉がしばしば使われる。タイだけでなくカンボジア、ビルマなどの熱帯アジアの国々もまた「微笑みの国」という言葉で括られる。この「微笑み」とは、決してお愛想笑いではない。人が人や世界そのものを信頼しきっているときに溢れ出てくる心のあり方なのだ。

かつて日本も西洋人から「微笑みの国」と呼ばれた時代があった。きっと日本にも人が人を心から信じられる時代があったのだろう。

でも今の日本ではこの「微笑み」は決して見ることができない。高度に資本主義化された社会で、競い合うことばかり教えられてきた今の日本人には、大人ばかりでなく、子供たちも決して人に心を許さないよう教育されている。人が競い合う文明社会で自分の心を素直に見せることはとても危険なことだからだ。「微笑み」はいつしか心の闇を隠す「仮面」へと変わっていた。

そんな中で、タイの山にはまだ本当の「微笑み」が残っていたのだ。三輪さんは山の人々に魅せられてゆく。

しかし、山岳民族の暮らしに深く踏み込んでみると、彼らの暮らしは遠くで見ているほど美しいものではなかった。その第一の原因は貧しさである。薬がないために簡単な病気で人が死んでゆく。マイノリティである彼らはタイ人から差別を受けることもある。そして教育が受けられないため、町の人々に騙され畑を失い、麻薬漬けになってゆく人もいる。

こうした現実を見るうちに、三輪さんは山の子供たちの教育の必要性を感じるようになる。チェンライ市郊外にはすでにヨーロッパのＮＧＯが運営する少数民族のための学校があった。三輪さんは山に暮らす彼らがこの学校に通うことができるようにするため寮をつくることを思いつく。その後、様々な出会いもあり、寮の運営と子供たちの学費を支援する日本の里親組織からなるＮＧＯ「さくらプロジェクト」へと結実していった。

東京に帰ってくる度に体験するのは、都会において静かに進行しつつある、ある種の死の感覚だ。往来は低く無機質な車の走行音に満ち、雑踏は人で溢れているにもかかわらず、そこには「生命の気配」をほとんど関知できない。生命が発する音やにおいが希薄なのだ。

三輪さんもまたタイで生命を吹き返した一人なのかもしれない。

仏教国タイの魅力

私は旅行が好きでいろいろな国を回った。それぞれの国にはそれぞれの魅力がある。タイの場合、人を不快にしないホスピタリティの文化や、人間を基本的に信頼する精神は最大の魅力だと思う。こうした心はどこから来るのだろうか?

一つはタイという国の圧倒的な豊かさに起因していると思う。タイ人がお金持ちだということではもちろんない。例えば、タイの多くの地域では二期作が当たり前だ。三期作が可能な地域もある。木を植えておけば果物は勝手になるし、鶏は放し飼いにしておけば、どんどん卵を産み子孫を増やす。

ヨーロッパを含め、世界の多くの地域はほんの一〇〇年前までは飢えとの戦いの歴史だった。現在でも飢えと戦い続けている地域がたくさんある。そんな中で、タイはほとんどの地方で食べるのに困らないだけの食糧を常に確保できた。こうした豊穣さが、細かいことにこだわらないおおらかな国民性を作りあげたのだと思う。

もう一つはタイ国民の九割が敬虔な仏教徒であることだ。葬式仏教と揶揄される日本と違い、タイでは熱心に仏教が信仰されている。宗教には功罪がつきものだが、タイ人の心の豊かさに仏教が寄与していることは間違いないと思う。

例えば、タイの朝の風物の一つにもなっている「托鉢」という習慣がある。戒律により殺生を禁じられている僧侶の代わりに、一般の人たちが食べ物を分け与える風習だ。タイも近代化が進むにつれ、人々の暮らしのスピードが速くなって、こうした習慣は少しずつ失われつつある。それでも、まだ多くの人が朝早く起き、僧侶のための食事を作り寄進している。この生活に根付いた自己犠牲の精神はタイの人々の思いやりの精神に通じると思う。

また、男子は一生に一度仏門に入らないと一人前の男として認められない。「得度」という習慣である。本来、仏門に入る期間は最低でも三カ月間だったが、これも社会のスピードアップ化と共に期間が短縮され、今では三日ほどで済ませる人も少なくない。それでも、利潤追求にまみれた世俗をいっときでも離れ、生命の尊さを重んじる仏教の精神を学ぶことを大切だと考える心がタイの社会には生きている。これもまた人々の生き方に大きな影響を与えているに違いない。

中国を経由して入ってきた日本の大乗仏教と違い、タイの仏教はスリランカを経由して入った南伝系の上座部仏教である。上座部仏教の大きな特徴は来世思想が強いことである。現世で功徳を積むこと、つまり善行を施すことによって、来世の幸福が約束されるという特徴を持っている。人に良いことをすることが自らの幸せにもつながるというこの思想も、タイの人々の生き方に大きな影響を与えている。

私の体験を一つだけ紹介しようと思う。今から二五年ほど前、バンコクが今のように忙しい社会になる前のことだ。当時、バスを利用して町を歩き回る外国人はそう多くなかった。バンコクのバス路線は非常に複雑でタイ語の読めない外国人は往生する。また、停留所の間隔も長いので、バスを乗り間違えると元に戻るのがたいへんだ。

私がバス路線図を見ながら悩んでいると、まわりでバスを待っている人がそわそわしだすのがわかった。初めは理由がわからなかったが、やがて謎が解けた。力になりたいと思うのだが言葉が通じないので、あたりに英語か日本語のできる人がいないか探していたのだ。

そんな空気を察して、たいてい学生かネクタイを締めたエリートサラリーマン風の人が近づ

◎タイが日本人にとって親しみやすい理由の一つは敬虔な仏教の国だからだ。托鉢をする小僧（チェンマイ）

いてくる。

「何かお手伝いすることはありますか?」と英語で尋ねられ、私が行き先を告げる。すると、「乗り換えが必要なので私についてきてください」と言って、行き先のバスが来ると一緒に乗り込んでくれる。それから彼は素早く二人分のバス代を払い、乗り換えのバス停で降り、私と一緒に目的地へ行くバスが来るのを待っていてくれるのだ。別れ際に礼を言ってお礼を払おうとすると、まったく受け取ろうとしない。

「せっかくいいことをしていい気持ちになっているのだから、どうか、そんなことしないでください」

そう言って足早に立ち去っていってしまうのだ。

実はこうした経験は一度や二度ではなかった。道を教えるためにこれだけの時間を割いてくれるだけでも日本ではありえないことなのに、決して多くない給料の中から二人分のバス代まで払ってくれる。そして真っ直ぐに人の目を見て、「人の役に立つことが自分の幸せだ」と言い切るのだ。そんな国は世界中探してもそう多くはないと思う。今回の取材でも、旅行に来てタイが好きになった、という人に何人かあったが、こういう体験を何度かすると、「この国には仏がいる」と思わざるをえない。

タイが好まれる理由として治安の良さをあげる人が多い。もちろんどこの国にも一定数の悪人がいるし、金に困っている人間は金に目がくらむこともある。タイも例外ではない。だが、こうした世界観が生き続ける限り、タイは安心して暮らせる外国であり続けると思う。

タイが好きになれない人もいる

ここまでタイについてかなり好意的な伝え方をしてきた。しかし、タイをどうしても好きになれない人、肌に合わないという人もいる。そういう人の声も伝えておこう。

簡単に言えば、これまで私がタイの長所として述べてきたすべてのことが、同時にタイの欠点にもなりうるということだと思う。

一番わかりやすい例は気候だ。日本の寒さが苦手な人にとって、冬のないタイの温暖な気候は天国のように感じるに違いない。だがすでに伝えたように、タイの多くは熱帯に位置する。暖かさを通り越して暑い日も少なくない。タイは雨期、乾期、夏期の三つの季節にわかれている。最も暑いといわれる夏期、三月から五月初めにかけてバンコクの日中の体感気温は連日四〇度を超える。暑いのが苦手な人々にとっては地獄のような日々が続くと考えていい。

また、温暖な気候に付随して起こる様々なこともある。ものが腐りやすくなる。最近では減ってきたものの、バンコクの道ばたに捨てられたものが腐って腐臭を放っているのは日常茶飯事だ。これを不潔だと感じる人もいるだろう。日本人の清潔感に対するこだわりは世界有数だ。タイが不潔だというわけではないが、日本的な清潔感にこだわる人にとって、タイは決して居心地がいい場所ではないに違いない。

また、生命の宝庫であることも仇になる。まず、ばい菌が繁殖しやすい。熱帯地方のばい菌に対する耐性のない日本人はよく腹をこわす。さらに、地球上の生きものの七五パーセントを占めるといわれる昆虫、さらに爬虫類もこの国では幅をきかせている。甘いものを部屋に放置しておくだけで、たちまちアリの大群に襲撃される。トカゲが部屋の壁に張り付いているのも日常的な風景だ。中には三〇センチぐらいのトケと呼ばれる大型のトカゲもいて、爬虫類が嫌いな人には薄気味悪いことこの上ない。

少し郊外に行くと蛇も頻繁に出没する。サソリに刺された日本の高齢者にも出会った。熱帯の蚊を媒介にするマラリアやデング熱にかかる可能性もある。バンコクの中心地にある高層マンションなどで暮らしていればあまり気にする必要はないかもしれないが、虫や爬虫類が嫌いな人には試練の毎日が続く。このあたりは慣れの問題もあるが、住む前に慎重に検討した方がいいかもしれない。

タイ人の気質についても同様のことがいえる。これまで述べてきた「おおらかさ」や「自由さ」というのは、別のアングルから眺めれば「いい加減さ」という言葉でも置き換えられる。

暮らし始めてまず直面するのは、時間に対するルーズさだ。タイム・イズ・マネーという近代人の感覚が浸透していないのが最大の理由と思われるので、目くじらを立てることではないかもしれない。しかし、ほとんどのタイ人は基本的に時間を守らない。というより社会自体が時間を守るということをあまり重視していない。時間を正確に守ることが習慣づいている日本人にとって、これは大きなストレスになる。

また、飢え死にを知らないタイでは将来のことを深く考えない人が多い。そのため、そのときの気分やちょっとした状況の変化で予定や方針がコロコロ変わる。生真面目で、すべてがプラン通り進行しないと気が済まない日本人からするとこれも大きなストレスになる。また、同様の理由で忍耐強くもないし、日本人のように頑張ることに価値を置かない。いやなことがあるとすぐに辞めてしまう。努力や根性を大切にする日本人にとって、これも容認しがたい性質に違いない。

日本的価値観でタイ人やタイ社会の悪口を言い出したら止めどなくある。実際、タイに暮らす日本の高齢者の中にも、ひっきりなしにタイの悪口を言い続けている人もいる。そんなに嫌いなら日本に帰ればいいのにと思うが、その人も基本的にはタイの良さを認めているようだ。それでも悪口を言わなければ、溜まったストレスを処理しきれないほど、暮らしの中で大きな文化摩擦を抱えてしまっているのだ。ある一面からみれば、タイと日本の文化的なギャップは大きいのかもしれない。

ただ、今述べたようなタイ人気質とのギャップについては、それほど深刻な問題だとは思わない。「郷に入れば郷に従え」という言葉もある。例えば時間に関していえば、日本人は時間に遅れないためにたいへんエネルギーを使う。その反動として、時間を守らない相手には強い憤りを感じる。思い切って発想を変え、時間はできるだけ守る、ぐらいのスタンスで生活してみるといい。現役の企業戦士ならともかく、リタイアしてタイで暮らすのである。時間はたっぷりあるはずだ。時間を守らなければならないという呪縛から解放されれば自分も楽になるし、相手の遅刻にも寛容になれるのではないだろうか。基本的には、タイで暮らす以上、タイの生活スタイルに合わせるという気持ちが大切だと思う。

ただ、乗り越えるのが難しい壁もある。それはタイが不平等で究極の格差社会であるということだ。階級社会という言葉で表現してもいいかもしれない。

タイと関わり始めたばかりの頃、タイの上流夫人からこんなことを言われた経験がある。

「日本の人にはタイを語ってほしくないのです。日本人は階級社会という概念をまったく理解していませんから」

すでに少し触れたように、タイの格差社会は日本の比ではない。富んでいる者はより豊かに、貧しい人はより貧しくなる不平等な社会である。例えば、日本では三代を経過すれば財産が消えてなくなる、といわれるほどの重い相続税が課せられる。一方、タイには相続税は存在しない。事業で失敗でもしない限り、タイでは財産は目減りしない。そればかりか社会のシステムも富める者はより豊かになり、貧しい人はいつまでも貧しいままであるようになっている。

一例をあげれば、タイではたいていのことは賄賂で解決できる。不正をはたらいて金儲けをしても賄賂でもみ消せる。政府の高官とパイプがあれば、邪魔者を殺しても、お咎めはない。実際タイでは、金とコネによる犯罪のもみ消しは日常的に起こっている。

医療も金次第である。金持ちが身体に貴金属を身につけているのは、突然の事故に遭ったときのことを考えているのだそうだ。もし貧乏人だと思われたら、どんな雑な治療をされるかわかったものじゃないからだ。

ある人が呼吸困難で病院に担ぎ込まれたときの話だ。あいにく酸素吸入器に空きがなかった。不安を覚えたその人はポケットにあった二〇〇ドル札を看護士に差し出して目の前で振ってみた。その途端、看護士はいきなり隣のベッドで酸素吸入をしている患者から呼吸器を引きはがすと、それを彼の口に当てたという。酸素吸入をしてもらいホッとしたものの、さすがに気がひけて、「隣の人は大丈夫なのか」と尋ねた。すると看護士は、「彼のことは、気にしなくてもいい。安心してくれ」と即座に答えたそうだ。これは極端な例だが、敬虔な仏教の国で思いやりに溢れていると伝えたばかりだが、拝金主義という現実も厳然としてある。

もちろん、現地の人に比べ遙かに金持ちである日本人はこうした格差社会の不利益を被る側に回ることは少ない。そればかりか恩恵に与ることが圧倒的に多い。民族的にも西洋人には及ばないが、日本人であるというだけで一目置かれる。日本に居場所がない日本の高齢者にとって、こうしたこともタイを居心地が良い場所だと感じられる一因になっているのかもしれない。だが、不平等を見過ごせない倫理観や正義感の人一倍強い人にとって、これは大きなストレスになる。

誤解のないように付け加えておくが、タイでの暮らしをエンジョイしている日本人に倫理観や正義感が欠如しているというつもりはない。それを言い出したら、そもそも日本という国の豊かさは、多くの日本人が目を背けているだけで、貧しい国の人々の暮らしを踏み台にして成立しているわけだ。

しかし、あからさまな不平等をはっきり目に見える形で突きつけられるタイの社会は、正義感が強すぎる人にとっては心が痛むのかもしれない。

第2章

快楽の都・バンコク

日本の暮らしができる町バンコク

成田空港を飛び立っておよそ六時間、飛行機が大きく旋回するとバンコク新空港、スワンナプーム国際空港が見えてきた。民家もまばらな空き地の中に忽然と現れるオレンジ色の光と青白い色の光が競演する近未来的な新空港である。空港ビルの総床面積は五六万平米、一昨年、タイが国家の威信をかけて完成させた世界最大級のターミナルビルを持つ国際空港だ。

空港から市内に向かう高速道路からおびただしい数の摩天楼が見える。建設途中の高層ビルも多い。毎年五パーセント以上の経済成長を続けているタイの建設ラッシュは今なお続いている。

二〇〇二年の統計では、東南アジア最大の都市バンコクの人口は六五〇万ということになっている。しかしこの町の正確な人口は誰にもわかっていない。経済格差が著しい地方からの出稼ぎ労働者を始めとした流動人口を加えると一〇〇〇万人を遙かに超えるといわれている。ロングステイヤーを含めた日本人の多くもこの町で暮らしている。

世界的に有名だったバンコクの大渋滞も一九九九年にスカイトレイン（ＢＴＳ）と呼ばれる高架鉄道が開通、二〇〇四年には地下鉄も加わり、かなり改善されたといわれている。確かに空港から都心へのアクセスは渋滞が緩和し、大幅に改善された。しかし、経済発展が続くタイでは自動車の保有台数も増加の一途をたどっている。そのため、ちょっとした神のいたずらで一部の道路が滞ると、たちまち町中の通りに飛び火し、町全体が車で埋め尽くされてしまうという現象は今も続いている。この慢性渋滞のせいで空気は排気ガスでいつもよどんでいる。環境を第一に考える人には決してお勧めできる町ではない。それでも日本の長期滞在者の多くがバンコクを生活の拠点に選ぶのには理由がある。この町の圧倒的な利便性だ。

一〇〇〇店に迫ろうとしている日本食レストランの他、バンコクでは世界各国の料理が食べられる。セブンイレブンなどのコンビニエンスストアーやマクドナルド、ケンタッキーフライドチキンなど日本でもお馴染みのファストフード店もある。また、町のあちこちにある大型スーパーでは日本食の食材を始め衣類や日常雑貨も売られている。

スーパーマーケットの一つを覗いてみると、みそ、醤油はもちろんのこと、納豆、豆腐、日本式のラーメンなど、日本人が日頃口にするたいていの材料は手に入れることができる。たこ焼きや焼き魚、あるいは鰻丼といった調理済みの日本食も、ところ狭しと並べられている。これなら三六五日、日本食を食べ続けていても、それなりに飽きずにやっていけそうだ。

また、伊勢丹、そごう、東急など日本のデパートもある。そこに行けば日本語での買い物も可能だ。例えば六階建ての伊勢丹の場合、地下に駐車場があるため食品売り場が五階にある以外は一階に化粧品、二階が婦人服、三階が紳士服といった感じで、ほとんど日本と同じ配置で商品が売られている。六階には広いフロアーを持つ紀伊國屋書店も入っている。

金さえあれば日本と同じような暮らしができる町、それがバンコクだ。

海外生活で一番頭が痛い言葉の問題も、ホスピタリティ豊かなタイ人のおかげで、バンコクで暮らしている限り片言のタイ語ぐらいできれば、あとは日本語でなんとかなる。スクンビット通りやマーロンブロウなど、日本人が多く生活するエリアだけなら、日本語だけでも暮らしていける。

老人にとってもう一つの重要な課題である健康問題。この件に関してもバンコクならほぼ心配はない。日本並みの技術と設備を備えた病院がいくつもある。これらの病院には日本の医大を卒業し、日本の大学病院で研修した医師もたくさんいるので、安心して日本語で治療を受けられる。また日本のように保健医療中心の国と違って、格差社会であるタイの金持ちは気軽に高額医療を受ける。そのため全体の医療水準はともかく、高額医療の分野では日本より医師の技術は優れているといわれている。

文化面に目を向けてみると、日本の本が置いてある図書館もあるし、最近では日本書を扱う古本屋も急増している。レンタルビデオ店では違法ながら、前の週に放送した日本のテレビドラマがレンタルされている。まさに日本人にとって至れり尽くせりの町なのである。

海外ロングステイというと田舎や海辺の町でのんびりしたり、地方都市で異国情緒を楽しんだりというイメージを浮かべるかもしれない。しかし、バンコクで生活するのはそれとはまったく違う。大胆に表現すれば、バンコクはちょっぴり異国情緒を味わえる物価の安い東京、ということになるのかもしれない。

タイのもう一つの魅力

物価の安さ、気候の温暖さ、ホスピタリティ。海外生活を希望する日本人にとってタイは魅力に満ちている。しかし、男性たちにとってはさらに別の魅力がある。

今年の初め、東京都心でタイ政府観光局が主催したロングステイについての説明会が開かれた。参加者二五〇名という盛況ぶりだったのだが、驚いたことに参加者の八割近くが男性の高齢者だった。実際、今回私がタイを取材した感触でも、男性の単身者が圧倒的に多かったのが印象的だった。

すでにお気づきかもしれないが、タイが高齢男性たちに人気のロングステイ先である理由は「女性」である。もっとわかりやすく言うと、タイが高齢男性の憧れである若い女性との出会いの機会を提供してくれるからだ。

これまで述べてきたように、第二の人生を海外で過ごす日本人の多くは何らかの理由で日本社会に違和感を覚えている。ときには日本社会にノーを突きつけているのも紛れもない事実だと思う。タイという土地の持つ優しさに惹きつけられてやってくる人も少なくない。またゴルフを始め、様々な趣味の世界を堪能したいという目的でタイに来る人も多い。少ない収入で日本より豊かな暮らしができる、というのも大きな魅力の一つに違いない。こうしてタイにやってくる高齢男性の中には、女性との出会いなどまったく眼中にないという人も少なからずいることも確かだ。だがもし、タイが若い女性との出会いの機会を与えてくれなかったとしたら、タイにやってくる高齢男性の数は大幅に減ることもまた間違いないと思う。

そこで、ここからしばらくは、タイで暮らす日本人高齢者たちの「男と女」の世界に足を踏み入れてみようと思う。

日本では離婚や死別、あるいは結婚する機会に恵まれずに独身状態にいる高齢男性が増加の一途をたどっている。仕事などをしているうちはまだ、気を紛らわせる機会もある。しかし定年退職などで仕事を離れると同時に、一人で過ごす長く孤独な時間がやってくる。高齢者たちは若者中心の日本社会に居場所がないと感じている。こうした中で生きる気力を失ったり、抑鬱状態になってしまう人も少なくない。趣味に没頭してみても、一人でこのまま死に向かって年老いてゆくだけの膨大な時間を考えると心の空白は埋め合わせられない。こうした中でこの一〇年間の五〇歳から七五歳までの自殺者数は女性が三割程度の増加に止まっているのに対し、男性はで一〇割、つまり二倍になっている。

高齢者に生きる活力を生み出す装置として、異性の存在は極めて重要である。男だけの集まりに魅力的な女性が一人加わっただけで、突然集まりが活況を呈したという経験は男性なら誰でも経験があると思う。ところが日本で暮らしている限り、高齢男性が心ときめかせる女性と付き合える可能性は限りなくゼロに近い。町にあまたいる魅力的な若い女性と高齢者の間には厚いバリアのようなものが張り巡らされていて、目の前にいながら別世界で暮らしている。

また、日本の社会には高齢者の恋愛や性欲そのものをタブー視する文化があり、そのことも高齢者が女性と出会ったり恋愛したりする機会を妨げてきた。そもそも、日本社会が高齢者に伝統的に求めてきたものは、煩悩から脱却した円熟した人格ではなかったろうか。老人が恋心や性欲を見せようものなら、「いい歳をしてみっともない」と、非難されるのがおちだ。そうした中で高齢者自身も恋愛感情や性欲を恥ずかしいものとして遠ざけてきた。

しかし、七〇歳になっても、八〇歳になっても異性に認めてほしい気持ちがあるし、性欲もある。人間の存在は死ぬまで「性」とは切っても切れない関係にあるのだ。

全国の老人福祉施設で平均年齢八〇歳の男女五万人にアンケートを採った結果、性欲があると答えた男性はなんと九五パーセントもいたという。しかもその実態を調査すると、社会的地位や家庭といった枷からはずれた彼らの性は実直でしかも激しい、という結果も出ている。こうした「老人の性」は、高齢化社会が顕著になるまではアンダーグラウンドの世界に潜り込んだまま人目につかないように存在してきた。もちろん今でもその現状は大きく変わっていない。

日本にいる限り決して満たされることのない高齢者たちのこうした性の欲望を満たしてくれる場所として、タイが今密かな注目を集めているのだ。タイは癒しだけでなく、彼らに「恋」という生きるエネルギーを与える場でもあったのだ。

夜のバンコクを歩く

観光大国タイに外国人が落としていく金額は年間およそ一兆円。そして、その五分の一がセックス産業からの利益だといわれている。タイはまさに「性」の大国でもある。こうした性に対して解き放たれた空気の中で、多くの男女の出会いの場が用意されている。

まずは、バンコクの夜を歩いてみよう。

タイを代表する二つの大通りシーロム通りとスリウォン通り。この二本の通りにはしごを掛けるようにバンコク最大の歓楽街パッポンがある。一九六九年の時点では通りにわずか六軒しかなかったバーは、一九七〇年代の終わりには一〇〇軒を超え、今では通りの周辺の店も合わせると一〇〇〇軒を軽く超えるといわれている。

五〇〇〇軒の店があり、一晩で三〇億円が動く東京・新宿歌舞伎町を世界最大の歓楽街という人もいる。しかし、一本の通りにひしめくように店が建ち並ぶパッポンの持つ圧倒的なエネルギーと、訪れる客の国際色の豊かさなど、スケール感では新宿歌舞伎町を完全に凌駕している。しかもバンコクにはこうしたストリートがいくつもあり、どこも活況を呈しているのだ。

タイのセックス産業がこれだけ巨大になったのは決して偶然の産物ではない。その背景にはタイの国家プロジェクトがあった。

タイにセックス産業が根付いた背景には、一九六七年に始まったベトナム戦争の影響がある。バンコクから一五〇キロ南東にあるパタヤビーチがアメリカ軍の休憩娯楽地の一つに指定されて以来、タイのセックス産業は隆盛を見せ始める。何しろ最盛期には常時五〇万人以上いたアメリカ兵が入れ替わり立ち替わりやってきては、戦場での緊張と心の傷から解き放たれるため、酒と女に耽溺するのだ。

ベトナム戦争が始まって三年目の一九七〇年、休養に来た米兵がタイに落としてゆく金の総額は二〇〇〇万ドル（七六億円）に達した。これは当時、農業立国だったタイの米の総輸出額の二五パーセントに当たる金額だ。ベトナム戦争がピークを迎えるこの時期、彼らに酒や女性を提供する店は、なんと二万軒に達したといわれている。

しかし、七〇年代半ばにベトナム戦争が終結し米軍が撤退すると、リゾート地を始め、米兵相手の娯楽産業は大打撃を受ける。それを埋め合わせるために官民挙げて観光客の誘致合戦が繰り広げられた。他の国にはない、性的な付加価値をつけた旅行商品が盛んに売られるようになったのもこの時期だ。その後、タイはセックス・ツーリズムの一大中心地へと発展してゆくことになる。この作戦は功を奏し、一九八二年にはついに観光ビジネスが米を抜いて、タイの外貨獲得高の一位に躍り出たのだ。その後もエイズ禍などいくつかの挫折はあったものの、タイのセックス産業は膨張を続けている。

パッポン通りの道幅は二〇メートルほど。全長も二〇〇メートルほどしかないこの路地を昼間歩くと、多くの店はシャッターを降ろしたまま眠っている。時折抜け道代わりにタクシーが通る程度の、歩いている方も眠くなるようなありふれた通りだ。

しかし、日没が迫る頃から様相が一変する。まず、ガシャガシャと音を立てながら鉄パイプを柱にした屋台の設営が始まる。かろうじて人がすれ違える細い通路を残して、四列にわたって屋台が敷き詰められ、巨大な縁日の会場のようになるのだ。

段ボール箱から次々に出され、屋台に並べられるのは高級時計やブランドバッグなど。実はすべてが偽ブランド商品だ。並べた商品の脇にはご丁寧にも、日本語のカタログが置かれる。カルティエ、ロレックス、ルイ・ビュトン、グッチ。カタログは本物（のコピー）で、商品確認と本物を買った場合の値段が一目でわかるようになっている。観光客はこのカタログで商品を確認し、精巧にできた偽物の商品を手に入れる。値段は精度によってランクがあるが一〇〇〇円から数千円ほどで手に入る。

海賊版ＤＶＤを売る屋台もある。日本やハリウッドの最新の映画も一本五〇〇円ほどの値段で売られている。薄暮の薄明かりに照らされるこうした偽物の数々を見ていると、現実と幻想の境がだんだんぼやけてくる。

屋台の商品が並び終わる頃には、通りのシャッターも開かれ英語のネオンが点灯し始める。この通りの呼び物は、大勢の女性が狭い舞台の上で上半身を露わに舞うゴーゴーバーと呼ばれる店である。客はドリンク代を払ってこのショーを見物する。舞台から降りた女性たちが客に近寄りドリンクの注文をせがむ。気が乗らなければ断ればいいし、気が向いたら飲み物をおごる。こちらから指名してもかまわない。さらに先に進みたければ、店に幾ばくかの金を払って店の上にあるホテルに連れ出せる。形こそユニークだがセックスワーカーたちの店であることにかわりはない。

パッポン通りの北側に並行して走るもう一つの歓楽街がある。そこがタニヤ通りだ。開放的なパッポン通りがどちらかというと欧米人の遊び場なのに対し、ここタニヤ通りは日本人御用達の盛り場として知られている。

通りには日本語の看板が立ち並ぶ。その数の多さは日本の盛り場に迷い込んでしまったかと錯覚させられるほどだ。このエリアにある店はカラオケクラブと呼ばれるスナックが中心だ。カラオケクラブというと日本では酒を飲んでカラオケを歌う場所だが、タイでは性的なサービスを売りにしている。

一九七〇年代末には二〇件余りだったタニヤ通りの風俗店は、一九八五年のプラザ合意で円が急騰、タイへの進出企業が激増したのに呼応するように拡大していった。現在ではこの狭い地域にこうした飲み屋が一〇〇〇軒はあるといわれている。通りを歩くと、道の両脇にぎっしり並んだホステス嬢が一斉に日本語で声をかけてくる。

「見るだけ、見るだけ」

大半が紋切り型の日本語のみだが、中にはかなりのレベルの日本語を話す女性もいる。店によってはホステスたちのための日本語講座を開いたり、昼間の時間帯には自宅で自主的に日本語の学習をしているホステスも少なくない。日本語が流暢に話せることが、豊かさへのパスポートになることをここの女性たちはみなよく知っているからだ。

この通りにあるクラブは、欧米人向けのドライで開放的なオープンカフェタイプの店が建ち並ぶ歓楽街パッポンの店とはひと味違う。密室の中での日本的なきめ細かいサービスを売りにしている。多くの店には日本語のカラオケセットが置いてあり、ホステスたちにはそれぞれ日本語の持ち歌がある。興味深いのは、欧米人が作った遊び場パッポンへはたくさんの日本人が遊びに行くにもかかわらず、タニヤに遊びに来る外国人は皆無だ。ここは料金が高いこともあるが、会社のつけが利いたり、とにかく日本社会の盛り場のシステムをそのまま持ち込んだ、不思議な箱庭空間になっているからだ。

店には日本のクラブ同様、「チーママ」と呼ばれるホステス頭がいる。彼女たちはたいてい流暢な日本語が話せる。ホステスとの仲を取り持つのもチーママの役割だ。そのため、初めてタイを訪れ、まったくタイ語のできない日本の高齢者でも、まるで日本にいるようなアットホームな気分を味わうことができる。

タニヤでは日本のクラブ同様のサービスが受けられるだけではない。もてなしの文化が洗練されているタイのホステスたちの接客能力は著しく高い。彼女たちは初めて会ったときから、恋人のように振る舞うことがごく自然にできる。男と女の間に距離があり、女性からの心のこも

◎上：ゴーゴーバーで有名なタイ最大の歓楽街パッポン。訪れる客は欧米人を中心に国際色豊かだ（バンコク）
◎下：バンコクの中心地には同性愛者専用のストリートがいくつかある。店はゲイカップルで満員だ（バンコク）

ったサービスに不慣れな日本人は、高齢者に限らず、たちまち接客されていることを忘れて恋人同士になったような錯覚に陥ってしまう。

またホステスの多くは、少し親しくなればリーズナブルな値段で客と一夜を共にしてくれる。さらに交渉次第で援助交際に発展させることも可能である。多少の金さえあれば、よほど嫌われない限り、ここでは誰でも空くじなしで疑似恋愛が可能なのだ。タイに存在する膨大な男性ロングステイヤーやリピーターたちを支えているのは、こうしたサービスに徹する女性たちの存在が大きいと思われる。

出会い系カフェ

男性のロングステイヤーでタニヤを知らない者はおそらくいないだろう。彼らの多くもタニヤのお世話になった経験があるはずだ。しかし、タニヤで遊ぶにはそれなりの出費を覚悟しなければならない。店によって料金格差はあるものの、例えばカラオケクラブで二時間ほど遊ぼうとすれば、少なくとも五〇〇〇円はかかる。女性を連れ出したいと思えばさらに一万円ほどかかる。接待費でこういう場所に出入りできる企業の駐在員ならともかく、年金暮らしのロングステイヤーにとって決して敷居の低い場所ではない。ある程度懐に余裕のあるロングステイヤーは別として、一般の年金生活者にとってタニヤはハレの場所、つまりそうしばしば来られる場所ではないのだ。

それでは彼らはどんな場所で女性と遊んだり、知り合ったりするのか。取材で知り合ったバンコク在住四年目になる信岡寛人さん（六二歳・仮名）に案内をお願いすると、ヨッシャーという感じで快く応じてくれた。

日本では気恥ずかしくておおっぴらにできない女遊びも、バンコクにしばらく暮らしているとと日常生活の一部になってしまうのだろうか。信岡さんに限らず今回出会った高齢日本人の多くは、悪びれた様子もなく、まるで趣味やレジャーの話をするかのように初対面の私に自分の体験談を聞かせてくれたり、自分の馴染みのプレイスポットを案内してくれた。

タニヤに隣接するシーロム通りを北上すると高架鉄道が通るプルンチット通りにぶつかる。この通りを鉄道に沿って東に向かうと、日本人が集中して暮らすスクンビット通りにつながっている。その少し手前に高架鉄道のナナ駅がある。この駅の周辺はパッポンと並ぶ巨大歓楽街になっている。路地に入った途端、着飾った女性がストリートを埋め尽くしていた。その名のとおりストリートガールたちだ。その数、軽く一〇〇〇人を超えると思われる。ゴーゴーバーなど店舗が中心のパッポンと比べると、ひと味違う異様な熱気をはらんだ歓楽街である。

信岡さんはまるで自分の庭を案内するように、高齢者に優しくない段差やデコボコのある狭い歩道を軽快に歩いてゆく。

「このあたりの立ちん坊の値段は一〇〇〇バーツ（三五〇〇円）ぐらいかなあ。でも、全部英語だよ」

この通りを利用する客の多くは欧米人である。そのため女性も英語しかできない人が多いそうだ。時々日本の若者は見かけるものの、この通りを歩く日本の中高年の姿はほとんどない。

突然、信岡さんが雑居ビルの一つに入っていった。まわりの喧噪が嘘のように廃屋か何かのように静まりかえった建物だ。そのまま古めかしいエレベーターに乗り込むと三階で降りた。そこはさらにひっそりとしていて、暗く長い廊下が続いていた。正直一人で来るのは遠慮したい雰囲気の場所だ。しばらく歩き、半開きになっている扉を開けると、中には真っ白な肌をした数人の女性が手持ちぶさたそうにベッドにもたれていた。ロシア人売春婦だという。就労ビザがないためだろう。彼女たちは通りではおおっぴらに商売はできないそうだ。

「ショートで一万円ぐらいかな」

そんな風に信岡さんはナナ界隈を手短に紹介すると、プルンチット通りをさらに東に向かった。二、三分歩くと一つのビルの前で立ち止まった。ビルのまわりには女性たちがたむろしているので何となく臭う。この建物の地下に日本人ロングステイヤーに名の知れた一軒の店があるという。信岡さんの後について階段を降りてゆくと、だだっ広いフロアーに一〇〇人余りの若い女性がたむろしていた。女性たちは飲み物を飲むでもなく、ただボーッと突っ立っていたり、空いた座席に腰掛けて暇を潰している。たった一人でいる女性もいれば、二、三人でグループになっている人もいる。そして女性たちの三分の一ぐらいの数の男性客がグラスを傾けている。

女性たちも男性客もただぼんやりそこにいるのではないことはすぐにわかった。イルカのソナー音のように耳で聞くことはできないが、お互いに何か異様な秋波を送っている。そこが「テーメー」だった。こういう店はカフェと呼ばれていて、市内に何軒かあり、出会いを求める男女の社交場になっているという。

この店に来る女性はみな売春が目的である。だが彼女らはいわゆるプロの売春婦ではない。中にはプロもいるのだが、多くは昼間はデパートに勤めていたり別の仕事を持っているという。そして仕事が引けた後、この店に来て売春のアルバイトをするそうだ。いってみればセミプロの売春婦といったところだろうか。深夜になると、タニヤなどであぶれたホステスなども日本人客を目当てに最後の稼ぎ場としてここにやってくるらしい。

男性客は最低一杯、ドリンクの注文が義務づけられているが、女性たちにはその義務はないようだ。女性たちは男性から声がかかるのをただじっと待っている。顔見知りでもなければ、女性の方から客に声をかけることはまずない。しかし、男性から声をかけられれば気軽に応じる。この絶妙の距離感がこうした店の大きな魅力なのかもしれない。女性たちは、声がかからなければくたびれ儲けになるが、一度声がかかれば、そのお金でちょっぴり贅沢ができる。彼女らはどんな組織にも属さず、気が向いたら個人の裁量で客を探す、いわばフリーランスの売春婦といってもいいかもしれない。

実はこういう曖昧な風俗店のような場所がタイにはたくさんあり、そこには曖昧な売春婦がいる。タイ政府の発表によると、全国で売春を生業にしている女性の数は八万人ほどということになっている。しかし実数は一〇〇万人を遙かに超えるといわれている。タイ政府が嘘をついているというわけではない。グレーゾーンの売春婦が多いのだ。

例えばタイ古式マッサージを掲げている店があるとする。タイ古式マッサージといえば、基本的には日本の指圧治療院のようにタイの伝統マッサージを施す店を意味する。一方、マッサージパーラーと呼ばれる店がある。マッサージとは名ばかりで売春を目的とした、日本のソープランドのような店である。

このように目的によってはっきり店の名称も色分けされていればわかりやすい。しかし、ことはそう単純ではない。実はこの両者の境界線が極めて曖昧なのだ。もちろん、セックス産業とは無縁のマッサージ技術だけで勝負している古式マッサージの店もある。ところが古式マッサージと銘打ちながら、実はマッサージの「マ」の字も知らない一〇〇パーセント売春目的の女性たちを集めた店もある。そうかと思えば、基本はマッサージ店なのだが、客の要望があれば売春にも応じるという両刀遣いの店もある。また、店の方針はあくまでもマッサージのみなのだが、お願いすれば女性の気持ち次第でセックスに応じる店もある。複雑怪奇な構造だ。

もちろんマッサージはほんの一例で、床屋、居酒屋の店員、ゴルフ場のキャディなど、とにかくタイのセックス産業はプロとアマチュアの境界線が極めて不透明なのが特徴だ。

イギリスで面白い調査がある。エイズ感染者の感染経路を調べたところ、タイで感染してく

◎上：タニアの飲み屋ではチーママと呼ばれるホステス頭が流暢な日本語で応対する（バンコク）
◎下：暗くなると日本人のための歓楽街・タニア通りは客待ちをするホステスたちで溢れる（バンコク）

る男性が圧倒的に多いことに気づいた。タイのエイズ感染者数は一〇〇万人以上といわれている。中でも売春婦の感染率の高いことはイギリスでも有名な話で、政府もしばしば注意を促している。それにもかかわらず、なぜ多くの人が危険を冒して感染してくるのか。

男性たちに聞き取り調査をしたところ意外な事実が判明した。相手の女性が売春婦であることに気づかなかったり、売春女性と一緒にいるうちに恋人のような錯覚に陥り、ついうっかりコンドームをつけずにセックスをしてしまい感染してしまうのだそうだ。恋人と売春婦。本来はまったく別のものであるはずの両者の境界線の曖昧さ。それこそ、世界中の男性を惹きつけているタイの魅力なのである。

実は今回の取材中、国内線に搭乗した際、空港でカバンを取り違えられてしまった。間違えた相手はイギリスの老人だったが、エスコートガールと呼ばれる欧米人向けの売春婦を伴って旅行していた。間違えられたカバンの中にホテルの部屋番号が記してあるクリーニング袋があったので、ホテルに連絡したところ、女性の携帯番号を教えてくれた。女性はホテルにしばしば出入りしている有名なエスコートガールだったからだ。

翌日、カバンの交換のためホテルで落ち合ったのだが、気まずそうにしているイギリスの老人をよそに、中身のチェックや状況確認など、同伴男性に気遣いながらてきぱきと取り仕切ってゆくエスコート嬢の様は、まるで恋人か夫人のようにしか思えなかった。実際、タイのセックスワーカーの八割近くが、もしいい顧客と出会えれば、その人と結婚したいと考えているという調査結果もある。

限りなく続くグレーゾーンの世界。それがタイという国なのかもしれない。

話をカフェに戻す。

店内を見回すと客の二割ぐらいが日本人である。年齢層はまちまちだが年配の人がやや多い。この店にやってくる目的はただ一つ、一夜のパートナーを探すことだ。中には冷やかしで来る人もいるが、たいていは気に入った女性を見つけると交渉し、一夜を共にする。交渉といってもおおまかな相場があるそうで、ショートタイムで二〇〇〇バーツ（七〇〇〇円）、一晩で三〇〇〇バーツが目安だ。もちろん相手も売春が目的なので、こちらが年寄りだからといって断るような無粋なまねはしない。ここでも空くじなしの疑似恋愛が楽しめるのだ。

「これくらいの時間からがいいんですよ」

信岡さんが言った。

時刻は午前零時を指していた。彼の話では、この店には日本人客がよく来ることも知られている。そこで、客にあぶれたタニヤのホステスが店をあがる時間になるとやってくるのだそうだ。彼女たちは片言の日本語ができる。そのためタイ語や英語のできない高齢者ロングステイヤーでも日本語でコミュニケーションを楽しんだり、セックスの交渉をしたりできるのだ。女性を気に入り、一夜限りの関係で終わりたくないと思えば、交渉次第で愛人契約を結ぶこともできる。

「ここの女性はワルが多いから、オールナイトで交渉しても先に金を払わない方がいいよ。一発はやらせるけど、あとはなんかかんか理由をつけてトンズラするからね」

信岡さんが体験談を披露した。

「でも、そんなことをしたら、また店で顔を合わせたりしたら気まずいですよね」

「その後、その女ともしょっちゅう顔を合わせるけど、嘗められているっていうか、まったく向こうは悪びれた様子はないね。向こうから平気で声をかけてくる。この前逃げたな、とこちらが言っても笑っているだけだから、やりようがないよ」

タイ人はお金を持っている者からお金を騙し取ることにあまり罪悪感を覚えない。ここではあっけらかんとしたタイの日常的な世界が日夜繰り広げられている。

「ごめん、ちょっと知り合いを見つけたんで。今日はこの辺でいいかな」

そう言うと信岡さんは、こちらの返事も待たずに手で別れの挨拶をすると欲望の糸に引かれるように店の奥に消えていった。

二度目の青春

こうした疑似恋愛を形にした一人の高齢者に会った。

今年ちょうど六〇歳になる峰村昭夫さん(仮名)。タイで暮らし始めて三年目のロングステイヤーだ。ゴルフ、語学学習、女遊び。楽しくなければ老後じゃない、という軽妙なノリでロングステイライフを満喫しているようにみえる。

ちなみに峰村さんの一カ月の生活費は六万バーツ。内訳は一LDKのマンションの家賃が一万バーツ。趣味のゴルフが週二回で一万バーツ。そのほかの飲み代や遊びのための生活費が締めて四万バーツだ。二〇万円以内で生活するのをモットーにしてきたのだが、これまで一バーツ三円を切っていたタイの通貨であるバーツが昨年、二割も高騰した。そのおかげで生活費が二〇万円を超えてしまったと残念そうに語った。

峰村さんは一五年前に奥さんを癌でなくし、自営の会社を切り盛りしながら、男手一つで三人の子供を育ててきた。奥さんが亡くなったとき一番下の子供は一〇歳だった。子供の弁当づくりから洗濯まで、峰村さんが一人ですべてやってきた。仕事の後飲みに誘われても、家で待つ子供のことを思うと断らざるをえなかった。土日のゴルフもなるべく自粛し、子供たちの生活を優先に考えて生きてきた。

道を歩いていても、八百屋で買い物をしていても、近所の人から「たいへんね」と声をかけられた。何をやっても自分の名前の上には「偉い」とか「たいへん」という形容詞がついた。それがとても息苦しかったという。

そんな世間の期待に応えようと頑張ってきたせいか、三人の子供が独立し責任を果たしたと思った瞬間、燃え尽き症候群に襲われた。何事にも興味が湧かず、仕事に対する情熱もまったく失せてしまった。惰性で仕事をこなし、誰もいない家に帰ってポツリと電気をつけると、空しさからひたすら酒を飲み続けた。酒浸りの日々が続いた。このまま人生が終わってゆくのだろうかと思うと、寂寥感が全身を包んだ。

実は今回の取材で、峰村さんのように妻との死別や離婚で家事と育児をこなしてきたという男性ロングステイヤーに何人か出会った。実際、どのくらいの割合でそういう人がいるのかわからないが、タイで暮らすロングステイヤーの中にはそういう人が多いのが印象的だった。女性の場合、子供を産み育てるという行為が生き甲斐そのものになる人も多いのかもしれない。だが男性の場合、仕事と育児の両立は大きなストレスになるのかもしれない。

しかも一生懸命仕事をしてきた男性の場合、自分の時間がなかったため打ち込める趣味を持たない人が多い。かといって女性中心の地域社会にも馴染んでいない。退職でいったん職場を離れると、社会に自分の居場所を見つけられないのだ。一家を支えるためひたすら働き続け、子供が独立して気がついてみれば、自分に残されたものは幾ばくかの貯金と年金のみだったという悲劇もしばしばある。

こうした男性たちの第二の人生はリセットし、一から組み立て直すことから始まらざるをえない。しかし、人生をリセットしたところで、日本で暮らす限り老人たちの居場所がないことにはかわりはない。そこでこのリセットの装置として海外移住を選ぶのかもしれない。

峰村さんが海外移住を考えたとき、いくつかの国が候補にあがった。初めは、言葉が多少は通じるアメリカやオーストラリアなど英語圏に住みたいと考えた。しかし、ビザの問題や高い生活費などがネックであきらめざるをえなかった。人気のマレーシアも候補に考えたが、酒好きの峰村さんにとって戒律で飲酒を禁じているイスラム教国は不自由な気がした。フィリピンには治安の不安があった。

峰村さんが、タイで暮らしている学生時代の友人を訪ねてタイにやってきたのは五七歳のときだった。三五年前、亡くなった奥さんと新婚旅行でパタヤを訪れて以来だった。この旅行で峰村さんはおおいに羽目を外して遊んだ。酔っぱらって鍵をかけ忘れたホテルの部屋でパスポート、現金、クレジットカードなど、一切合切を盗まれた。手元には数十バーツの小銭しかなく、もし友人がいなかったらどうなっていただろう、と肝を冷やしたという。

海外でこういういやな体験をすると、二度とその国に来たくないと思うのが普通だ。しかし峰村さんはタイが気に入った。人目を気にせずありのままでいられるバンコクの開放的な空気も良かった。そして、何よりも女性たちが年齢で隔てを作ることなく対等に接してくれたことが嬉しかった。峰村さんは自分の年齢に引け目を感じずに、青春時代に返って女性たちと遊んだ。自分の人生の空白を埋めてくれるとしたら、この国かもしれないと感じたという。

その後、タイには三度旅行でやってきた。そのとき、先ほど紹介したカフェ「テーメー」で知り合った二〇代の女性との関係がそのまま援助交際へと発展した。

「酔っぱらっていたんでよく覚えておらんのよ。すごいマグロだったな、という記憶はあるけど。まあ、なりゆきですね」

女性のどこが気に入ったのか尋ねると、峰村さんは少し照れたように答えた。

ずっと日本で暮らしてきた還暦間近の男性にとって、対等に付き合ってくれる二〇代の女性が目の前に現れたら、女性の中身を云々する以前に、舞い上がってしまうのかもしれない。

「その女性は昔、タニヤで働いていた経験があるもんで、とにかく日本語がうまいのよ、ペラペラ。それでとんとん拍子に話が運んで、『一緒に暮らさんか』と聞いたら、『ええわよ』ということになって」

井上陽水の歌に『背中まで四五分』という歌がある。ホテルのロビーで偶然出会った女性とベッドインに至るまで四五分しかかからなかったという歌だ。だが、ここ「テーメー」では四五分で成立する疑似恋愛が日常的に繰り返されている。この疑似恋愛は、ときに限りなく本物の恋愛に近づく。そのとき峰村さんはこの国へ移住し、彼女と一緒に暮らすことを決意したという。

ちなみにタイでいう援助交際とは、日本のように週に一度ぐらいどこかで会って食事やセックスをするという、お手軽なセックスフレンドではない。一緒に生活をし、家事、炊事からセックスまで、まるで女房のようにすべてをやってもらうのが基本だ。

女性は会社勤めの傍ら、小遣い稼ぎのために時々この店に来ていた。峰村さんから女性に渡す月々のお手当ては二万バーツ、当時のレートで六万円だ。この二万バーツの中には二人分の食材費も含まれていているのが普通だという。金を媒介として結ばれる関係ではあるけれど、女性はそれをまったく感じさせなかった。彼女といると日本では経験したことのない安らぎを感じ、同時に自分の中に生きる元気が沸き上がってくるのを感じたという。

峰村さんはバンコク市内の彼女の職場の近くにアパートを借り、二人の生活が始まった。女性は同棲後も仕事を続けていた。生活のベースは給料で事足りるので、二万バーツは食材費を除き、田舎にいる両親への仕送りや自分の遊び代に回せた。

こんな風に峰村さんは労せずして憧れの愛人を持つことができた。日本社会で、還暦に近づいた普通の男性が二〇代の愛人を持つというのは簡単ではない。だが、タイでは容易に望みが叶う。田舎に比べ基本給の高いバンコクでさえ、女性が店員やウエイトレスなどの単純労働に就いた場合、給料は一万バーツ（三万五〇〇〇円）にも満たない。これでは生活費でいっぱいで贅沢はおろか、タイの女性にとって重要である両親への仕送りさえほとんどできない。愛人を志願する女性は後を絶たないはずである。

「まったく夢のようでしたね。食事をすべて女性が作ってくれ、下着の洗濯までしてくれるんですからね」

タイ人はその場を楽しみ、相手を楽しませる達人だ。一五年間の空白がみるみる埋められてゆくような気持ちだったという。もちろん、長い間なかった夜の生活も十分に満たされた。

しかし、娘のような歳の愛人を少し甘やかしすぎたせいかもしれない。女性のわがままが気になるようになり、結局、半年で愛人契約を解消した。その後、新しい愛人を持ったが、その女性とも三カ月で別れた。

「とにかくまわりに若い女性がいっぱいいるわけよ。だから、同じ女性と四六時中一緒にいるより、気が向いたとき、気に入った女性と会って遊ぶ方が気楽で楽しいと思うようになったんかなあ。人間て、贅沢なもんやね」

「結婚などは考えないんですか?」

「いや、実はちょうど昨日もある女性から電話でプロポーズされたんやけど」

その相手というのは、行きつけの居酒屋で知り合った三〇代の女性だという。老後のことを考えると峰村さんもこのあたりで身を固めるのも一つの手かもしれないと思っているそうだ。しかしまだ六〇歳。エネルギーは有り余っている。このまま一人で自由な暮らしを続けていた方が気楽だという贅沢な悩みもあり、なかなか結婚には踏み切れない。

峰村さんはちょうど今年でロングステイ生活三年になる。飲み仲間もでき、タイの暮らしもすっかり板についたが、ゴルフ、女遊び、旅行、何をやっても高揚感はなくなったという。いわゆる三年目の壁にもぶつかっている。語学の勉強でもやり直そうかとも思うが、日常会話がある程度できるようになっているので、モチベーションがあがらない。かといって新しい趣味も今さら見つからない。まだまだ現役で働く自信はある。時々、仕事をしてみようかという気持ちにもなるのだが、高齢者が取得するリタイアメントビザの場合、仕事をすることは禁じられ

◎上：若い女性との出会いの場として日本人高齢者の間で有名なカフェ「テーメー」で客を持つ女性たち（バンコク）
◎下：欧米人に人気のオープンカフェ。店にいる女性たちはフリーランスのセックスワーカーたちだ（ソイ・カーボーイ）

ている。さりとて、就労ビザに切り替えるとすると企業に正式に就職しなければならない。それでは、働きづめだった日本時代の生活に逆戻りしてしまう可能性もある。それはなんとしても避けたかった。

そんな悩みを抱える峰村さんだが、日本に帰るという選択肢だけはまったく思い浮かばないという。

「日本ではこんな老人、誰も相手にしてくれへんからね。友達はぎょうさんおるけど、爺さん同士で会っても、酒を飲んでくだを巻くのがおちで、他にすることもあらへんし、身体に悪いだけやろ。何の未来も描けへん。日本で今さら結婚相手を探すのはしんどいし、恋愛ごっこはなお難しいしね。ここではセックスをしなくても、若い女性たちと会話のキャッチボールを楽しんでいるだけでも元気が出ますわ」

峰村さんはそう言った。

タイは必ずしも天国ではない。しかし、日本に帰ったら夢さえも描けない。高齢者の本音を聞いたような気がした。

サバイ・サバイ

「いやあ、参った。旅行に行きたいんだけど、今回は一緒に行ってくれるオネーちゃんが見つからなくてね」

初めて細田則武（仮名）さんのコンドミニアムを尋ねたとき、その屈託のない物言いに驚かされた。

タイで気ままに暮らす高齢者はみな歳の割に無邪気で若い。そして、性に関する話も伸びやかにあっけらかんと話してくれる。今年六五歳になる細田さんも、バンコクライフを満喫しているそんな無邪気な高齢者の一人だった。

細田さんがタイ国内を旅行するときは、いつも通訳兼話し相手兼夜のお供にオネーちゃんを連れてゆくのだそうだ。

「日当一〇〇〇バーツ（三五〇〇円）ぐらい払うんだけどね。今回は懐具合も寂しいんで、どうしても一日五〇〇バーツに収めたいんだ。そうしたら、誰もいい返事をしてくれなくてね」

私は一瞬、驚いた。今回、ロングステイヤーたちから女遊びについてはいろいろ聞かせてもらっていた。しかし、旅行に同行させるという楽しみ方があるのは知らなかったからだ。

思えば、欧米人は海外に行くときエスコートガールと呼ばれる女性を雇う人が多い。エスコートガールとは、滞在中同行し昼夜を問わず面倒を見てくれるプロの女性のことだ。旅行に同行してもらうオネーちゃんをエスコートガールと考えれば特別なことではないのかもしれない。プロのセックスワーカーならずとも、旅行が嫌いでなければ、うまいものを食べさせてもらい、おまけに小遣いまでもらえるプチ旅行は悪い話ではないに違いない細田さんは五四歳のとき長年連れ添った奥さんと離婚している、タイで暮らすことを選んだ高齢男性の中には、こうした熟年離婚組も多い。二人の子供もすでに独立してしまったので、細田さんには何のしがらみもない。そこで大好きなタイで第二の人生を送ろうとやってきたのだ。

細田さんはこの一年の間に狭心症と脳溢血という大病を二度患った。

「二度立て続けに大病をすると、人間、明日どうなるかわからない、という確信のようなものができるんですね。だから、今を楽しもうという気持ちが人一倍強くなってね。サバイ、サバイって生きるタイ人の気持ちにますます親近感が持てるようになりました」

タイ人気質を象徴するものとして、よくあげられる三つの言葉がある「マイペンライ」、「サヌック」、「サバイ」だ。それぞれ「気にしない」「楽しい」「気持ちいい」、そんな感じの意味の言葉だが、実際、日常生活の中でよく使われる。物事をあまり深刻に考えず、自分に快になることを選びながら生きているタイ人の気質を良く表している言葉だ。

こんな伝え方をすると細田さんは軽い人物のような印象を与えてしまうが、実はとても生真面目な一面がある。

細田さんと知り合ったのはバンコクのロングステイの会を訪ねたときだ。会員数は一六〇人。細田さんはこの会の会長をしていた。ところが私が訪ねたとき、なんと会の内紛で収拾がつかなくなり、解散の準備をしているところだった。

すでに伝えたとおり、タイ・ロングステイの主役は年配の男性たちだ。女性だけの会の運営というのもなかなか難しい問題があると聞くが、年配の男性たちをまとめあげるのも骨の折れる仕事のようだ。そもそもこの会ができたのも、先行するもう一つのグループ「タイ・ロングステイ日本人の会」と肌合いが悪く、飛び出した人たちが二年前に立ち上げたという経緯がある。しかし三年足らずで再び問題が発生、解散とあいなったのだ。

どんな人でも人間六〇を過ぎると頑固になる。自分の流儀を曲げない。そのためちょっとした意見の食い違いも深刻な対立に発展することが少なくない。そもそも長い人生を生きてきて、第二の人生をアジアで暮らそうと考える人というのは良く言えば個性的、悪く言えば変わり者も多い。それ故に楽しい人たちなのだが、集団生活には適さない人が多いのも事実だ。

中には企業の一線で活躍し、それなりの地位に上り詰めた人もいる。ロングステイヤーに限らず、会社でそれなりの地位にいた人が、退職後、肩書きのない「一人の老人」になるというのは意外と難しいようだ。ときには、大会社の重役だった人が子会社の掃除夫だった人と対等に付き合わなければならないこともある。リタイアするとはそういうことだ。そんなとき、プライドをさっぱりと捨てて対等に付き合うというのは簡単なことではないのかもしれない。

それやこれやでバンコクに限らず、ロングステイの団体の多くはトラブルを抱えている。この会も発足当初から問題を抱えていて、会長が何人か替わっている。人のいい細田さんは波状攻撃でやってくる中傷メールに悩まされながら、最後の会長として、会の幕引き役をやる羽目になってしまっていたのだ。

細田さんは大学卒業後、五〇歳でリストラに遭うまで、大手電機メーカーに二七年間も勤務していた。リストラを期に、かねてからの夢であったアジアでビジネスを始めようと思った。仕事で出張する機会が何度かあり、これからはアジアの時代だと感じていた。

細田さんが選んだ国は当時、ほとんどの日本人が目をつけていなかったビルマ（ミャンマー）だった。一九九四年、細田さんは自ら足を運んでみた。ビルマは一九八八年の暴動以来、軍事政権と民主化勢力が対立していた。細田さんがビルマを訪れた当時、両者の雪解けムードが加速していて、民主化の象徴であるアウンサンスーチー女史が自宅前で立会演説を行っていた時代だ。その熱気を見たとき、細田さんはビルマの民主化もそう遠くないと考えた。

ビルマは長い鎖国政策と欧米からの経済制裁で、発展から取り残された国だった。インフラ整備もほとんどなされていなかったが、人的資源、地下資源は豊富だった。民主化が実現すれば、爆発的に発展し多くの日本企業がやってくるだろう。細田さんはそう考えた。そこで退職金をつぎ込んで、この国に進出してくる日本企業のために情報提供をするコンサルタント会社を設立したのだ。

しかし、ビルマの民主化は遅々として進まなかった。そればかりか、軍政と民主化勢力の対話の機運は遠のくばかりだった。細田さんの会社には大手企業からの調査依頼が時折あったものの、一番手間のかかる基礎的な調査だけを依頼され、いざ本格的な進出を決めると営業所を開き、自前の駐在員を置いて情報収集を行った。そのため、細田さんの会社に利益が還元されることはほとんどなかった。退職金で始めた会社の資金体質は脆弱で、おまけに従業員に金を持ち逃げされるという事件も重なり、三年ほどで会社を閉めることになった。

そんな折り、日本でも大事件が起こる。長い間日本を空けていたため、妻に愛人ができていたのだ。実は、細田さんも女遊びは嫌いな方ではない。奥さんのことは愛していたので、愛人のことは水に流すから、もう一度、結婚関係をやり直そうと妻に説いた。しかし、二人の関係は元に戻ることはなかった。

「妻との離婚は本当にショックで、一年ぐらいは何もできませんでしたね」

女遊びは盛んだった細田さんだが、妻との精神的結びつきはまったく別ものだと思っていたそうだ。だから妻から離婚を申し出られたとき、世界が消えてしまったようなショックを受けたという。細田さんにつきまとう無常観のようなものはそのせいなのだろうか。

そのとき、細田さんの下にある誘いが届いた。アジアでビジネスをした経験を生かし、タイでのマネージメントをサポートしてほしいという日本企業からの誘いだった。アジアでビジネスをするのが夢だった細田さんはこの仕事を受けることを決意し、再びインドシナの土を踏んだ。その後、靴下工場の責任者を任された細田さんはタイで生活する基盤が少しずつできあがっていった。そして、この地で第二の人生を生きることを決めたのだ。

バンコクの汚れた空気が好きになれなかったという細田さんは、郊外のコンドミニアムで暮らすことを選んだ。プール付きのそのコンドミニアムの家賃は四万円弱。部屋も一人暮らしには十分な広さだ。何よりも自慢はその眺望だ。摩天楼が建ち並ぶバンコクから少し郊外に出ると高いビルはほとんどない。細田さんのマンションからは豊かなタイの田園風景が見事に広がっていた。

タイに来て一〇年、細田さんはタイでの生活をエンジョイしている。彼には奥さんと呼ぶ、二週間に一度会う四〇代の女性と複数のガールフレンドがいる。しかし、離婚の痛手からか、今のところ女性と一緒に住もうとは思わないという。

「持病を抱え、一人暮らしでは不安だったり、寂しかったりしないですか？」

私は尋ねた。

「寂しくなんかないですよ。ガールフレンドがたくさんいるんで。日本にいたらこうはいかないでしょうね」

心臓病で倒れたときも携帯電話でガールフレンドを呼び出したら駆けつけて病院に運んでもらい、事なきを得たという。

「幸い、家は残してあるので、年老いて、本当に身体が動かなくなったら日本に帰ろうかとも思いますが、それまでは日本に帰る気はしませんね」

◎上：タイには曖昧なセックスショップが多い。この店も伝統マッサージも施す両刀遣いのマッサージ店（チェンライ）
◎下：細田さん（仮名）と奥さんと呼ばれる女性。自宅のコンドミニアムにて（バンコク）

高齢者の性は日本でどう扱われているのか

無邪気にバンコク暮らしをエンジョイしているようにみえる単身の高齢者たち。しかし、彼らに会って話を聞くうち、その明るさの裏にある喪失感が見えてくる。

様々な持病を抱えている人がいる。男性としての能力も若い頃のようには発揮できない。配偶者や友人の死、これまで多くの部下を抱えていたのに定年と同時に独りぼっちになってしまう社会的喪失感。歳をとることは得るものより失うものの方が大きいことが実感できる。こうした喪失感は実は誰にも埋めることができないのかもしれない。しかし日本にいる限り、高齢者はいかなる夢さえも描けない。

女遊びも含め、タイでの暮らしをエンジョイしている日本の高齢者に対し、「経済格差を利用して、いい気になっている人たち」と非難する声をしばしば聞く。こうした非難は、まったく的はずれとはいえないかもしれない。しかし、「高齢者問題」を語る日本の人たちは、「高齢者」たちの抱える「問題」、高齢者たちが足下を切り崩されるような喪失感の中で、底なしの孤独を感じていることをどのくらい理解し、どこまで共有しているのだろうかと思う。それを象徴的に表しているのが「性の問題」だと思う。若い人たちは高齢者の「性」についてどこまで知っているのだろうか。かくいう私もそんな一人だった。

私が高齢者の性欲について初めて知ることになったのは今から二〇年以上も前、深夜のテレビ番組だった。男女五人ずつが向かい合って座り、お互いに様々な質問をぶつけ合う。一通りの質問が終わった後、全員でお互いに気に入った異性の番号を押す。相互で選べばハートマークがつきカップルが誕生する。当時人気番組だった桂三枝と西川きよしが司会をしていた「パンチでデート」という番組のパロディだった。番組の作りはそっくりだったが、一つだけ違う点があった。出演者がすべて高齢者ばかりだったことだ。

当時、来るべき高齢化社会をにらんで、テレビ局は高齢者向けの番組を時々実験的に作っていた。この番組もおそらくそんな企画の一つだったのだと思う。

この番組で一番興味深かったのは、出演者たちの気取りのない態度だった。出演者の中に七〇歳を超えた筋肉隆々の男性がいた。今でこそ七〇歳というのは「まだまだお若い」という年齢だが、当時は十分インパクトがあった。相手の高齢女性たちのその男性を見る目がランランと輝いているのがブラウン管からもはっきり伝わってきた。若者たちが主役の本家「パンチでデート」は娯楽バラエティで、出演する若者たちも番組の趣旨を十分理解して、それなりに余裕のある態度で振る舞う。ところがこの番組に登場した高齢者たちは、これがテレビという娯楽であることをすっかり忘れているように、どんどんこの恋愛ゲームにのめり込んでいった。

そして三組のカップルが誕生し、人気のキン肉マンもカップルになった。キン肉マンを希望してあぶれた女性の一人を選んだ男性がいた。司会者は粋な計らいで、彼女にその男性とのカップリングを勧めた。娯楽番組だと割り切り、彼女がにっこり応じればそれで番組はハッピーエンドになるはずだった。ところが目当ての男性に振られ、頭に血が上っている女性はふてくされたような表情で、「じゃあ、この人でもいいです」と司会者の提案にやる気なさそうに応じたのだ。その態度に、今度は男性の方がキレた。

「じゃあ、この人でいいとはなんだ。そんな風に選ばれたくない」

そう言って男性はそっぽを向いてしまったのだ。困り果てた司会者をよそに番組はそこで終わった。

当時、老人の性の問題など考えたことのなかった私にとって、このとき高齢者たちが繰り広げた真剣なドラマはかなりショッキングだった。品格のかけらもない老人たちの振る舞いにあきれると同時に、実は、老人にも強い異性への欲望があり、もしかしたら若者より一途で、力強いのかもしれないという印象を鮮烈に残したのだ。それが高齢者の性との最初の出会いだった。

高名な心理学者である波多野完治氏は、九〇歳のときに著した『吾れ老ゆ故に吾れ在り』という著書の中で、自らの体験も踏まえ、高齢者の性を赤裸々に描いて世間の注目を集めた。彼は自らの著書の中でこんな例をあげて語っている。

高齢者は、性的に薄弱になっている。従って迂回的方法によって満足を得たい場合、健常な壮年者よりも、強い刺激を要求する傾向がある。普通の壮年者の刺激では「何ともない」のである。

日本では高齢者の恋愛は難しい。そこで、性欲をもてあましている高齢者が性の相手をセックスワーカーに求めることはよくあることである。ところが、こうした直接的で強い刺激を求めるが故、プロの女性からも嫌われることが多いそうだ。こうして性のはけ口を見つけられずに悩んでいる高齢者は数知れずいるという。

今回の取材でも若者の性とはひと味違う、高齢者の「性欲」そのものにも出会った。

老人を嘗めるなよ

「あんた、ケツの穴でセックスしたことある?」

若い売春婦たちが乱舞する場末のディスコで出会ったその高齢の男性はあいさつを交わすと、初対面の私にいきなりそう聞いてきた。

「さもないと嘗められますよ、ここいらの商売女に。それでなくても、日本人は甘ちゃんだって思われてますから」

柔らかい物腰とは裏腹に、女性に対する敵意さえ感じさせる冷ややかな口調だった。

倉本嘉男さん（仮名）は六六歳。タイで遊んでいる男性は実年齢より遙かに若く見える。倉本さんも五〇代前半ぐらいにしか見えなかった。期間工をしていて、日本で半年働いた金で東南アジア各地を回っている。目的はセックスだという。

彼には離婚歴がある。本人の話によると、倉本さんは社会人になって以来、仕事場と家を規則正しく往復するような真面目人間だったという。少なくとも妻に嫌われるようなことはした記憶がないそうだ。ところが倉本さんが四〇代半ばのことだった。いつものように仕事から戻ると、家はもぬけのからになっていた。出かけるときはまったく普段と同じだったのに、帰宅した家からは妻と一緒に彼女の持ち物が一切合切消えていたのだ。親戚に連絡してもわからないという。後日、知人を通じて離婚届が送り届けられた。倉本さんは茫然自失の中、離婚届に判を押すしかなかった。

「それはショックだったねえ。言葉では言い表せないよ。この気持ちは本人じゃないとわからないと思うよ。その頃はなぜ妻が家出したのか、思い当たる節もまったくなかったしね」

もちろん、これは本人の弁なので、事実には別の側面もあるのかもしれない。突然いなくなったのには奥さんの側にもそれなりの不満があったのだろう。しかし、倉本さんにとってはまさに青天の霹靂だった。妻の家出が性の不一致に原因があったと思うようになったのは、それから一五年以上経ってからのことだ。

絶倫だったと豪語する倉本さんは、離婚後、頻繁に海外に出かけて女遊びをするようになった。初めは欲望の赴くままにセックスをしていたという。倉本さんがセックスの能力の衰えに気づいたのは六〇を過ぎてからのことだった。それまで毎日複数回できたセックスができなくなったのだ。しかし、性的な能力の衰えは性欲の衰えとは別ものだった。欲望だけは相変わらずあった。そこで倉本さんは一回一回のセックスを充実したものにしようと思うようになったという。

「こちらの女って、みんなセックスに淡泊なんだよね。商売女だけじゃあないと思うね。普通の人妻ともやったことあるけど、いわゆるマグロだったね。声が筒抜けの家で大家族で暮らしてきたせいなのか、とにかくセックスを楽しむ文化っていうのがないような気がする。セックスを子作りの手段ぐらいにしか考えていないんじゃないかな。理由はよくわからないけど。とにかくこちらの女はみんな淡泊。これは私だけでなく、他の人もみんなそう言うので間違いないと思うよ」

倉本さんは、次第に射精するだけのセックスに味気なさを感じるようになったという。そして舌や指などをフルに活用し、前技に時間をかけ、相手にエクスタシーを感じさせるよう努力するようになった。

当然のことながら、こうしたしつこさは商売女たちにとっては迷惑千万だ。生活の手段としてセックスをしている彼女たちにとって、簡潔に効率よく済ませることで数をこなすことこそが信条だからだ。倉本さんは激しい抵抗にあう。金を払いベッドインしても、倉本さんのしつころに音をあげ、拒絶する女性が相次いだ。そこで冒頭の台詞、「ケツの穴」発言につながるわけだ。

「マグロ状態の女のケツの穴にいきなりぶち込んでやるのさ。力づくでケツの穴に入れられると、女は、ああ、私はこの男には逆らえない、と思うんだ」

排泄中心のセックスから一体感を大切にするセックスへの変化。これが高齢者のセックスの大きな特徴だという人もいる。

「あなたは女性を殴れますか？」といきなり聞いてきた高齢者もいた。

「殴らないと思い通りのセックスをさせてもらえませんからね。穴に突っ込むだけのセックスなんて、面白くも何ともありゃしない」

その高齢男性も若者とはひと味違う、自分の望むようなセックスをするためにはそれなりの迫力が必要だと私に語った。

多少荒々しい方法ではあるが、相手との一体感が感じられるセックスを求めるようになった倉本さんは、初めてセックスの奥深さに開眼したという。

「おちんちんでセックスしているうちは青いね。逸物が役に立たなくなってから男の本当のセックスが始まるんだよ。僕はまだまだ修行中の身だけどね」

倉本さんは女性を服従させ、たっぷり時間をかけたセックスを行い、相手にもエクスタシーを感じさせるよう努めた。すると驚いたことに、これまでとはまったく違う世界が開けてきたのだ。それまでいくらお金を積んでも倉本さんを毛嫌いしていた女性たちが、いったん倉本さんにエクスタシーを感じさせられると、自らセックスをせがみ、家にまで押しかけるようになったのだ。

「初めて、金はいらないからセックスしてほしい、と言われたときは感激したね。そのとき、わかったのよ。なぜ妻に逃げられたのか。若い頃は自分勝手なセックスばかりしていたから、妻をつなぎ止められなかったんだって。女は男に多少の不満があっても、セックスさえうまくいっていれば逃げたりなんかしないもんなんだよ」

倉本さんは現在、二人の女性と付き合っているという。それぞれ週一回、水曜日と土曜日というローテーションでアパートにやってくる。

「つい最近までは三人いたんだけどね。歳をとったせいか、週三回はきつくなって一人は切ったんだ。向こうからは金を要求されたことはないけれど、私は必ず通常料金を払ってあげてるよ。こういうことはきっちりさせとかないとね」

倉本さんは自慢する様子もなく淡々と語った。

「こういう場所でも時々若い人を見かけるけど、見つける度にお節介かもしれないけど、私の体験を話し、セックスの大切さを教えてあげるんだ。これから結婚して家庭を持つ若い人たちに私のようなバカな失敗をしてほしくないからね」

まだまだセックス道の入り口に入ったばかりだという倉本さんが言った。

「俺の夢？　美人で金持ちの有閑マダムたちが、順番待ちするぐらいに、俺にセックスしてほしいってやってくるようになることだね。八〇歳か九〇歳か、まだまだ当分先のことだろうけどね」

第3章

北タイで嫁探し

結婚難民

首都バンコクから北へ七〇〇キロ。北タイの中心都市チェンマイに着く。標高一六七八メートルのドイ・ステープの麓に広がるチェンマイ市。人口は現在三〇万人ということになっている。しかし町の規模を見る限り、バンコク同様発表されている人口より遙かに大きな町という感じがする。

この町は七〇〇年の歴史を持つ。一三世紀、北部タイを統一したランナータイ王国の都として栄えた町だ。最盛期ランナータイの版図は現在のラオス西部からビルマ東部に及んだ。一辺一・五キロにわたる町の城壁とそれを取り囲むようにある堀が今でもかなり残っていて、古都の風情を醸し出している。

歴史の重みを感じさせる古都チェンマイではあるが、近年はバンコクと比べて涼しい気候や、北部山岳地帯へのトレッキングなど、観光基地としてめざましい発展を遂げている。そのため建設ラッシュが続いていて、工事現場からわき起こる土埃と車の排気ガスで町の空気は決して綺麗とはいえない。

チェンマイはマレーシアのキャメロンハイランドやペナン島と並んで、タイではバンコクをしのぐ人気のロングステイ候補地にあげられている。しかし、在留邦人の数でいうとチェンマイ県全体でも二五〇〇人余り。タイで三番目（二番目は工業団地のあるスリラチャーという町で三〇〇〇人）に日本人が多い地区であるものの、数万人が暮らす最大の日本人町バンコクには遠く及ばない。

ただ、チェンマイに暮らす日本人には顕著な傾向がある。この町には観光以外これといった産業がない。そのため企業駐在員が大きな割合を占めるバンコクと違い、この町で暮らす日本人のうち、ロングステイヤーが占める割合が極めて大きいということだ。しかも、遊ぶ場所に事欠かないバンコクと比べ、地方都市チェンマイは遊び目的で暮らすには物足りない町でもある。そんな背景もあるのか、ここで暮らす高齢の日本人男性の一つの特色は、現地の女性と結婚しているケースが多いということだ。

海外で結婚する男性が増える背景に、日本で結婚したくても結婚できない男性が急増しているという現実がある。

六二歳になる佐伯泰造さん（仮名）の話をしてみよう。佐伯さんは高校を卒業後、中部地方の工務店に勤務していた。とても真面目で、ひたむきな印象を与える男性だ。だが、どことなく自信なさそうな態度が気になった。生い立ちを聞くと、両親が幼い頃に離婚、親戚の家で育てられた。厄介者のように扱われ、いつも居場所がないと感じていたという。そのせいか、話していても時折人の顔色を伺うような仕草をする。その媚びるような表情には身体全体から自信なさそうなオーラが出ていて、こういう言い方は失礼かもしれないが、異性を惹きつける要素があまり感じられない。

話を聞くと、時々商売女と遊ぶ以外、日本では恋人といえる女性がいたことはこれまで一度もなかったという。恋人ない歴六〇年。しかしもちろん、女性に対する興味や欲望がまったくないわけではない。むしろ人一倍強い方かもしれない、と自認する。

五〇歳を過ぎたとき、佐伯さんは清水の舞台から飛び降りるつもりで結婚紹介所に登録した。一〇〇万を超える入会金を支払い、写真で気に入った女性を探し、交際を申し込んだ。しかし佐伯さんが希望する女性たちは、三高とはほど遠い佐伯さんとは会ってすらくれなかった。会が主催する高齢者向きの見合いパーティにも何度か出席したこともあった。だがそこに現れる女性たちは佐伯さんの理想とはほど遠い、バツイチ、バツニの高齢女性ばかりだった。

日本では、佐伯さんのように結婚したくてもできない男性が急増している。五〇歳時点で生涯未婚という人の数を見ると女性が五・八パーセントであるのに対し、男性はなんと一二・四パーセント。実に二倍以上に達する。結婚に興味を持っていない独身女性が多いのに対し、結婚に未練を感じている独身男性が多いのだ。

一昔前まで、日本には結婚適齢期というものがあった。二五歳を過ぎるとオールドミスと呼ばれ、女性は二五歳までに嫁にいかなければ、社会から取り残されてしまうような強迫観念を植え付けられていた。また妹がいる場合など、姉が結婚しないうちは妹の結婚をためらう親も多く、そういう形で無言のプレッシャーがかけられた。そのため、よほど本人に問題がない限り、二二歳を過ぎる頃から頻繁に見合い話が持ち込まれ、本人が結婚を望まなくても、断り切れずに結婚するケースも少なくなかった。

こうした社会的プレッシャーだけでなく、当時は女性が自立して生きてゆくだけの経済力を持つのが難しい時代でもあった。そこで、女性たちは相手の男性が好きであるかどうかにかかわらず、ある年齢になると結婚をするものだ、という社会的な通例に従って、知り合える範囲の中で結婚相手を選んでいた。

適齢期は女性だけにあるものではなかった。男性の場合も三〇過ぎて結婚していないと、同性愛者とはいわないまでも、何か欠陥や特別な事情があるのではと疑われた。仕事をする上でも、家庭を持たない男性は責任感が薄いと考えられていて、重要な仕事を任されなかったり出世コースから外されたりした。

その反面、仕事熱心で会社の覚えのいい人間でさえあれば、男性としての魅力が乏しくても、あるいは女性と口をきくこともできない内気な性格であっても、上司やまわりの人間がその人にふさわしいと思われる女性を探し出し、結婚の橋渡しをしてくれた。

ところが、日本で個人主義が発達した一九八〇年頃から、結婚は個人の問題という考えが定着し、みるみる結婚を巡る共同体が崩壊していった。結婚は社会的な通過儀礼ではなく、個人的なマターとなった。運良く生涯の伴侶に巡り会えた人はいいが、仕事が忙しかったり、女性との付き合いが苦手な人は結婚のチャンスが大幅に減った。さらに結婚を望まない女性が増えたことがあって、男性がこうした社会変化の影響をもろに受けた形になっている。

こうした現実を背景に、結婚しない、というよりしたくてもできない男性が年々増え続けている。このままだと一五年後には男性の三人に一人は生涯独身になるという試算もある。もちろん、彼らがいわゆる独身主義者かというとそうではない。ただ、出会いの機会がないまま、なんとなく婚期を逸してしまうというケースが圧倒的に多いのだ。佐伯さんもまさにそんな男性の一人だった。

佐伯さんは同じ独身男性仲間から海外旅行に誘われ、旅先で女性を買う楽しみを覚えた。いろいろな国に遊びに行ったが、金銭的な負担が少なくて済み、女性たちのサービスが充実しているのはタイが一番だった。そんなとき、タイ人女性との結婚を斡旋してくれる業者の存在を知った。

佐伯さんはこの業者を通じて何度か見合いをした。ほとんどの女性は会ったその日から佐伯さんにプレゼントをせがんだ。タイ人は腹芸が苦手だ。多分、佐伯さんの暗い表情や自信のなさは彼女たちにも魅力がないと映ったのだろう。だとすれば後はどのくらい金銭欲を満足させてくれるかしかないからだ。佐伯さんはこうした女性たちにひどく傷つき、即座に断った。

そして、八回目の見合いで今の奥さんと出会った。ごく普通の田舎の女性だったが顔はまあまあ好みだった。そして何よりも二〇歳という年齢が気に入った。金に対してもどん欲ではなかった。佐伯さんがプロポーズすると、彼女は小さくうなずいたという。日本でなしえなかった佐伯さんの長年の夢がタイで実現したのだ。佐伯さんが結婚したのは五八歳、三八歳も離れたカップルの誕生だった。昨年二人の間には男の子が生まれた。

財産もない、風采のあがらない六〇間近の男が二〇歳の可愛らしい女性と結ばれる。日本では完全な夢物語である。いや、あってはならない事件だといってもいい。しかしタイでは夢物語でも事件でもない。現実に起こりうるシナリオだ。というよりごく日常的に起こっているありふれた現実なのである。

チェンマイで自己実現

日本人が多く暮らす地域には必ず日本人向けの無料情報誌、フリーペーパーがある。フリーペーパーは日本食レストランを始め、日本人がよく出入りする場所に置かれていて、生活に関する様々な情報提供を行っている。チェンマイには現在、四つのフリーペーパーがあるが、そのうちの一つ「ちゃーお」の編集部を訪ねた。

情報誌「ちゃーお」はある編集方針に貫かれている。広告収入で成り立っているフリーペーパーの場合、広告主はどうしても金回りのいい風俗系の店が多くなる。中には風俗広告の中に申し訳程度の記事が載っているような情報誌さえある。

ところが「ちゃーお」は創刊以来、広告主を選び、セックス産業の広告を基本的に載せていない。また、記事も単なる情報だけでなく、取材者の個性が光る文化や生活についてのルポが多く、コアな読者を持っている。

実は、ちゃーお編集部の三人の中心メンバーはみな五〇代の男性で、しかも三人ともタイ人女性と結婚し、この地に根を張って暮らしている。タイ女性との家庭を持っている定住者とロングステイヤー。立場の違いはあるものの、ロングステイに対しては自分たちの問題として積極的に取材し、発言を続けている。

四年前、退職金をつぎ込んで情報誌「ちゃーお」を立ち上げたのは、編集長の山内恵二さん（五六歳）だ。

大阪府の教員だった山内さんが仕事を辞めてタイにやってきたのは四九歳のときだった。教師時代から旅行が好きで、インドには何度も旅行で行っていたという。インドに行ったことがある人ならおわかりになると思うが、好き嫌いは別にして、混沌の国インドの旅はある種の緊張を強いられる。山内さんはインド旅行の帰りに必ずタイに立ち寄って疲れを落とし、日本という新たな戦場に戻るのを常にしていたという。日本とインドという、ある意味対極にある二つの国を行き来する上で、タイは中和剤のような役割を果たしていた。そんなことを繰り返すうちに、自然体で過ごせるタイの魅力に惹かれるようになったそうだ。

福井県の田舎で育った山内さんにとって、大都会のバンコクより、地方情緒を残すチェンマイが肌に合った。そこでこの町に足繁く通ううち、行きつけのマッサージ店で一人のビルマ人女性と知り合う。それが山内さんの人生を大きく変えることになる。

山内さんは教員になった直後、同僚の女性教師との結婚経験がある。しかしこの結婚は二年で破局、その後は独身を通してきた。そんな身軽さもあって、マッサージ嬢との交際はスタートした。

実は今回の取材で元教員という人にたくさん出会った。正確な統計はないが、日本の人口の中で教員の占める割合と比べ、タイで暮らす中高年ロングステイヤーの中で元教員の占める割合はかなり高いと感じる。

個々の事情があると思うが、彼らの話を聞くうちに、結婚定住者やロングステイヤーに教員が多いのにはいくつかの理由があるのがわかった。

最近、犯罪まがいのことをするダメ教師がやり玉にあがっているが、基本的に教員を志望する人は責任感が強く真面目な人が多い。また、教員という仕事は真剣に取り組めば取り組むほど限りなく仕事がある。そのため職場結婚は別として、日常生活の中で女性と知り合ったり、愛をはぐくむ時間が取りづらいのだ。さらに生徒に範を垂れる身であるという手前、人目も気になってむやみに女性に声をかけたり、交際したりするわけにもいかない。

その一方で、教員には長期休暇がとれるという特権がある。見聞を広める目的で研修旅行をしたり、海外旅行を趣味にしている人も多い。人目を気にせず自分を解放できる海外。日本で品行方正にしていなければならない反動も手伝って、海外で女性と親密になるケースが多いのだ。

山内さんが教員を辞めたのは、この世代ならではの筋の通し方があった。山内さんの生まれたのは一九五一年。新左翼運動、いわゆる学生運動の洗礼を受けた最後の世代である。山内さんも学生運動の精神に共感し、一部の人に富が集中する資本主義や経済的な発展と共に人の心が失われてゆく日本社会にノーを感じ続けた一人だった。第二の人生として海外暮らしを選ぶ人の多くに通底する、日本社会に対する肯定感のなさを山内さんも持っていた。

「社会の歯車に組み込まれるのがいやで、結果的に落ち着いた先がデモシカ教師でした」

そう謙遜する山内さんだが、教員になった後も組合活動を積極的に行い、体制の側には属さなかった。そんな山内さんに一つの転機が訪れる。教育現場を揺るがしたいわゆる「日の丸・君が代」問題だった。当時の文部省（現・文部科学省）は入学式や卒業式などの公式な学校行事の場で、国旗である日の丸を掲揚し、国家である君が代の斉唱を義務づけてきたのだ。

多くの在日韓国朝鮮人を抱える大阪府は、彼らの反日感情も配慮して、これまでこの問題には慎重に対処してきた。しかし、文部省からこの指令が出て以来、教育委員会の態度は一変、板挟みになった学校管理職は態度を翻し、ときには平教員に土下座してまで規律を守るよう懇願した。こうした異様な状況の中で、心を病んでゆく教師が続出した。

ここで教育問題を論じるつもりはないが、国家が教育に対する統制を強めるに従い、真面目に教員をする者が心を病んでゆくという状況が出現している。山内さんはこうした状況に嫌気がさし、この事件から一年後、年金受給年数の二五年が経過したのを期に、早期退職を申し出てチェンマイの地で第二の人生を始めた。

ところがチェンマイにやってきた途端、思い描いていたマッサージ嬢とのバラ色の生活はあえなく破綻した。女性の要求がどんどんエスカレートし、山内さんは金づるのような存在になっていったからだ。高齢のロングステイヤーの場合、女性の気持ちをつなぎ止めるために多くの金をつぎ込んで泥沼にはまってしまうこうしたケースも少なくない。しかし、山内さんは四九歳という若さも手伝って、その女性とは、きっぱりと手を切る決意をした。

そして、自分から情報を発信するメディアを持ちたいという長年の夢に取りかかる。やがて、取材の過程で知り合った、当時一九歳の靴屋の店員さんと結ばれるという幸運を得たのだ。一〇代の女性と結ばれるということも快挙だが、高齢の日本人が水商売以外の女性との恋愛を成就させるというのも極めて珍しい。やりたかった仕事と結婚、二つの夢が同時に叶ったのだ。

子宝にも恵まれ、赤字経営だった「ちゃーお」も四年目に入り、多くの人に認知され、少しずつ利潤を生むようになってきている。

「これからも情報よりも個性をモットーに、多様な意見やあまり知られていない事実をどんどん誌面に出してゆきたいですね」

笑顔で語る山内さんの表情に、自己実現の一つの形を見たような気がした。

数学教師、美少女と出会う

日本の高齢者がタイの若い女性と出会うにはいろいろなケースがある。

今年六四歳になる村山宏一さん（仮名）は、名前を聞けば誰もが知っている関東にある名門私立高校の数学教師だった。村山さんは日本では一貫して独身を通してきた。私立の男子校という、女性との出会いが少ない職場環境もさることながら、数学教師という仕事に誇りを持ち、仕事一筋に生きてきた村山さんにとって、家庭を持つということはそれほど重要なことではなかった。

しかし五〇の声を聞く頃から、村山さんの世界観が少しずつ変わっていった。名門校の数学の指導はかなりの頭脳労働だ。かつては難しい問題を解いたり作ったりすることに生き甲斐を感じていた。ところが、それをおっくうだと感じるようになったという。仕事一筋に生きてきた村山さんの心にぽっかり穴が開いた。

そんなとき、日本で知り合ったタイ人の男性から北タイにあるチェンライという町の話を聞いた。自然豊かで、常夏の国タイにありながら涼しい高原の保養地チェンライの話は、旅行好きだった村山さんの心に火をつけた。教師に許された長期休暇を利用してチェンライに遊びに来たのはちょうど五〇歳のときだった。

日本で知り合ったタイ人の実家に寝泊まりしていたある日、親戚の家に遊びにいくというので同行することにした。そこで、運命的な出会いが待っていたのだ。後に奥さんになる、当時一三歳の愛くるしい少女との出会いだった。

この一家はタイルーという中国雲南省を中心に暮らしているタイ系の少数民族で、生活のため、両親と一緒にタイにやってきたばかりだった。当然のことだが、タイではタイ語ができないと仕事につけない。タイ語の学校に通わせたいのだが生活が苦しく学校に通わせる金がないという。後で知ったことだが、彼女の父親は麻薬王として知られるクンサーの私兵の一人だったという。しかし、戦闘で負傷したため兵隊が続けられなくなり、仕事を求めてタイにやってきていたのだ。そのため当時、一家にはタイ国民としての証であるＩＤカードさえなかったという。

そのとき、村山さんが世話になっていた家の主から、できればタイ語を学ぶための学費を援助してあげてくれないか、と持ちかけられた。金額を聞くと月にわずか五〇〇バーツだという。当時のレートで一五〇〇円足らずの金額だった。村山さんにとっては雀の涙ほどの金額だ。そんな小さなお金で一人の子供の人生が変わるならと、二つ返事でオーケーした。この一五〇〇円が村山さんに新しい人生をもたらした。

チェンライにベースができた村山さんは、長期休暇の度に、チェンライに通うようになった。里親をしている少女の成長を見るのも楽しみだった。少女の成長は早く、気がつくと女性の色香を漂わせるようになっていた。それと同時に、それまで内気だった少女が村山さんをいろいろな場所に積極的に誘うようになったのだ。ピクニック、レストラン、ビルマやラオスと国境を接するゴールデントライアングルの見学などにも行った。

初めは戸惑ったが、両親やまわりの者も止める気配はない。それればかりか、意図的に村山さんと少女が二人きりになる場を演出しているようにさえ思えた。化粧も初々しい一〇代の美少女に誘われ、もちろん悪い気はしない。こうしたデートを繰り返すうちに、二人は自然に男と女の関係になっていった。独身の五〇男と一〇代の美少女。日本ではかなり抵抗のあるカップルかもしれないが、村山さんにはまったく躊躇する気持ちはなかったという。事実上の結婚生活がしばらく続いた後、女性の妊娠がわかり、すでに一七歳という結婚が可能な年齢になっていたので二人は入籍した。年齢差は三五歳。まるで作り話のような世界だが、あえて誤解を恐れずにいえば、タイではこういうことも日常的に起こっている。

というのは、タイの田舎では今でも結婚相手は両親が決めるのが一般的だからだ。もちろん、ちゃんとした親なら子供のいやがる相手に無理矢理嫁がせるようなことはない。あくまでも娘の意向も尊重する。同時に、親が勧める結婚相手を無碍に断る親不孝な娘もそう多くない。特に貧しさから、外の世界をほとんど知らずに育った少女にとって親の影響力は絶大だ。

両親も当然のことながら娘の幸せを願って結婚相手を決める。貧しい家庭の場合、幸福になるための第一要件は男の財力である。次に人柄。年齢というのはまったく関係がない、とは言

◎上：バンコクほどでもないがチェンマイにも夜の遊び場はある。ホステスは少数民族女性が多い（チェンマイ）
◎下：美少女の面影を残す村山さんの妻と子どもたち（チェンライ）

い切れないが、優先順位としてはずっと下になる。そればかりか遊び盛りで、海のものとも山のものともつかない若者より、人格が完成した年配の男性の方が幸福になれると考える親も少なくない。村山さんの場合もこのケースに当てはまるのかもしれない。少女自身も、無償で自分の学費を支えてくれ、常に紳士的に接してくれた村山さんを嫌う理由はなかった。

村山さんがこれまで結婚しなかったのは独身主義からではなかった。むしろ男として生まれたからには自分の子孫を残したいという気持ちは強く持っていたという。五〇を過ぎてからその思いはさらに強くなっていた。だから、三五も歳の差がある結婚の申し出に躊躇はなかった。早速、結納が取り交わされた。

現在、村山さんは二人の子宝にも恵まれ、町の郊外にある高級住宅地の一角に家を購入し、幸せに暮らしている。

「子供ができると、女は強くなりますね。出会った頃は私が王様で妻が奴隷、という関係でした。ところが一人目の子供ができると対等な関係になり、二人目の子供が生まれたら私が奴隷で妻が女王様です。買い物するにも妻の許可がないと何も買えません。粗大ゴミのように捨てられないようにしなければ」

そう言いながらも、村山さんから笑顔が絶えることはなかった。

半世紀歳の離れたカップル

もう一人、タイで幸せを掴んだ老人の話をしよう。

齢八八歳、米寿になる鹿島庄一さん（仮名）だ。

「米軍の原爆投下を許さないという人の気持ちはわかります。しかし私は、原爆のおかげで命を救われたと思っています」

一九一九年生まれ、激動の二〇世紀を生きてきた鹿島さんの人生は波乱に富んでいた。

第二次大戦中、兵隊として満州に送られた鹿島さんは、終戦間際、内地に呼び戻され、宮崎・日南海岸の守備隊に配属された。戦後明らかになった米軍の資料には、日本本土上陸作戦は「九月、宮崎」と記されている。もしもう少し終戦が遅れれば、鹿島さんは宮崎で玉砕していただろう。そういう思いが冒頭の発言になったわけだ。

今回の取材で様々なお年寄りに会い、話を聞かせていただいたが、改めて、我々の生きてきた戦後という時代が、その言葉どおり、第二次世界大戦という時代の大きな渦を引きずっていると感じさせられた。

チェンライ市の郊外、ほとんど原野のまっただ中といってもいいような田園地帯にひときわ目立つ豪邸がある。鹿島さんが昨年建てた家だ。私が敷地に入ると鹿島さんはベランダに招き寄せた。

「いいでしょ、この景色。ここが気に入って買ったんです」

全体に平坦で灌木の多いタイは、日本のように風光明媚という場所は意外と少ない。しかし、この凡庸な風景が逆に奇妙な安心感を抱かせるのも事実だ。まわりを灌木に囲まれている鹿島さんの家もそうだった。ベランダに座ってその景色を眺め入ると、世俗を忘れ、ホッとした気持ちになった。

「先月までは毎日ゴルフをしていたのですが、数日前、突然腕が動かなくなってね。回復するのを待っているんですわ」

毎日ゴルフをやっているというだけあって、短パンから見える足は八八歳とは思えないほど若々しい。肌に艶があり若々しい顔の老人は時々見かけるが、鹿島さんのように足の若い老人は珍しい。

「歳をとると、考えもしなかったようなことがいろいろ身体に起こるのよ。腕の次は何が起こるのかな」

よくよく考えると、かなり深刻な話をしているのだが、その口調は明るく、本気で次に起こることを好奇心いっぱいに受け止めている気持ちが伝わってくる。こうした前向きな気持ちが若さの秘訣なのかもしれない。

「こんにちは」

妻のジョーイさん（仮名）がお菓子を持って現れた。ジョーイさんの年齢は三八歳。強調するつもりはないが、年齢はちょうど半世紀違う。

鹿島さんは、戦後間もない一九五五年から四年間、銀行マンとしてバンコクに滞在した経験がある。現在数万人が暮らすバンコクだが、当時の在留邦人の数はたったの四二人。もちろん日本の銀行マンはタイではたいへんなエリートで、国王の誕生日には王宮に招待された思い出もある。

だが一方、当時のバンコクは近代から遠く隔たった町でもあった。今でこそバンコクの渋滞は世界的に有名だが、当時、町には車はほとんどなかったそうだ。社用車で移動していると、目的地に着くまで一台も車とすれ違わないということもしばしばあったという。もちろんエアコンなどあろうはずもなく、暑くて眠れない夜もあった。そんなとき開け放たれた軒先に出て眠っていると、今度は蚊の大群に襲撃された。鹿島さんは極楽と地獄が同居していた当時の生活を懐かしそうに振り返った。

アメリカの作家アーネスト・ヘミングウェイの著書『移動祝祭日』の中にこんな一節がある。

「もしあなたが幸運にも若いときパリで暮らしたなら、パリは永遠にあなたについて回るだろう。なぜならパリは移動祝祭日だから」　私はヘミングウエイが生きた一九二〇年代のパリについては何も知らない。しかし、古き良きバンコクの話を人から聞く度にこの一節を思い出す。そんな思い出が鹿島さんをして臨終の地にタイを選ばせたのかもしれない。

やり手だった鹿島さんは帰国後間もなく独立した。コンサルタント会社を立ち上げ、一番活躍している時期には複数の会社の役員を兼任していたこともあったそうだ。しかし、五四歳のとき大病を患い、リタイアすることになる。鹿島さんの病気は膀胱の悪性腫瘍と診断された。長くもって半年といわれ、医者からも見放された。

鹿島さんは最初の妻を病気でなくした後、名門出身の女性と上司の紹介で再婚していた。この時代、愛情は後からついてくるものと割り切り、よく知らない相手と見合い結婚するのは珍しいことではなかった。鹿島さんも上司の紹介なので無碍に断ることもできず結婚したものの、結婚当初から、百姓出身の鹿島さんのことを見下した態度を取る妻を見て、この結婚は失敗だったと思ったそうだ。鹿島さんが勤務先である東京で闘病生活を送る間、奥さんは実家のある関西から一歩も出ず、彼の力になることはなかったという。

死を覚悟した鹿島さんの頭をよぎったのは、戦争で死んでいったクラスメイトたちの姿だった。生きていれば自分より遙かに価値のある仕事をしていたであろう仲間たちが若くして死んでいった。自分も戦争が長引けば宮崎で玉砕される身であった。ここまで生きてこられたのは余生みたいなものだったのかもしれない。そう思ったとき、医者との縁をきっぱりと切った。痛み止めを始め、飲んでいた大量の薬もすべてやめた。そして、命燃え尽きるその日まで大好きなゴルフを楽しもうと気持ちを切り替えた。

ところが不思議なことに、考えを切り替え、生活を変えた途端、症状は劇的に改善され、病気はどこかへ消えてしまったのだ。

七〇を過ぎても元気いっぱいだった鹿島さんは、若い頃から磨いた社交ダンスの腕を生かしてダンス教室の講師をしながら楽しい老後を送っていた。

「ダンスの先生はもてるんですわ」

七〇を過ぎてもたくさんのガールフレンドがいたという鹿島さんは当時を楽しそうに振り返った。

そして八四歳になったある日、鹿島さんはある決意をする。最期のときをタイで過ごそうと決めたのだ。

「前妻との子供も含め、子供は五人いるんですが、誰も私の面倒を見る気はないようです。仕事にかまけていて子供たちとの関係をちゃんとつくってこなかった私の責任です。自業自得です。いろいろ考えているうちに、どうせ日本で孤独のうちに死んでゆくのなら、タイでもうひと花咲かせてから散っていこうと思いました」

若き日に暮らしたタイでの楽しい日々が鹿島さんの頭をよぎったのかもしれない。鹿島さんはこうしてタイにやってきた。初めは日本人も多いチェンマイに住み、ホテル暮らしをしながらタイの暮らしに慣れていった。その間、いろいろな女性との出会いもあった。マッサージに呼んだ女性が性格がよく、容姿も好みだった。鹿島さんはある日、気持ちを打ち明けた。

「生活には不自由させないから、一緒に暮らしてくれないか」

女性は鹿島さんの申し出に二つ返事でOKした。

こうして二人は一緒に暮らすことになった。鹿島さんは彼女の愛を信じたかった。少なくとも自分を裏切るとは思いたくなかった。しかし、二人の間には五〇歳の開きがある。結婚して家を建てた途端、追い出されて女性に家を取り上げられるという事件が頻発していることは、鹿島さんもタイに住む知人たちに聞かされていた。そこで、奥さんの実家があるチェンライに引っ越したとき、まずはアパートを借り、そこで生活を共にすることにした。

それから半年が過ぎた。奥さんの献身的な態度が本物であると思えたとき、鹿島さんはチェンライ市郊外に小さな家を購入した。実はまだこの時点で奥さんを完全に信用はできなかったのだ。初めは金目的ではなくても、家が自分のものになるとわかった瞬間、心変わりする女性がいることも知っていたからである。もしそういうタイプの女性なら、家を購入したとき動くはずだと思った。その程度の女性だったら、くれてやってもいいと思える程度の家を購入したのだ。

しかし家の購入後も、ジョーイさんの鹿島さんに対する誠意や態度にはまったく変化がなかった。それを見た鹿島さんはようやく彼女を全面的に信頼し、昨年、この広い敷地を購入、終の棲家を建てることにしたのだ。そんな思いまでして、と思う人がいるかもしれない。しかしタイで若い女性と付き合うなら、鹿島さんのような用心深さはぜひ見習った方がいいのかもしれない。

◎上：タイで人生を終えたいと84歳で海を渡った鹿島庄一さん（仮名）は米寿を迎え、なお元気いっぱい（チェンライ）
◎下：再婚した鹿島さんの妻とその娘

鹿島さんの若さの秘訣はよく食べることだ。今でも肉が大好きだ。さすがにステーキはかみ切れなくなったものの、ハンバーグは大好物だ。そこで奥さんにハンバーグの作り方を教え、毎日のように作ってもらっている。

「あまり難しい要求をしても家内もたいへんだろうから、ハンバーグとポテトサラダをいつも作ってもらっています。それだけあれば、あとの料理は適当なものでいいですわ」

八八歳とは思えぬ若さを持った鹿島さんは、会話の内容も若々しくて楽しい。

タイに来ようと決めて以来、若い頃学んだタイ語を思い出そうと勉強に励んでいる。今でも日々のタイ語学習は欠かさない。

「語学はやる気さえあれば七〇代までは全然問題なく上達しますよ。私も去年ぐらいまでは上達とはいかないまでも、毎日努力すれば現状維持ぐらいはできているという実感がありました。でも、ここ一年、覚える単語より忘れる単語の方が多くなっていますね。また、人生の楽しみが一つ減ってしまいました」

鹿島さんの人生はどこまでもどん欲だ。

「人には物欲、性欲、名誉欲などいろいろな欲求があります。私みたいな生き方をいい歳をしてみっともない、という人もいます。確かに自分の欲望に執着し、人に迷惑をかけるようになったら人間おしまいです。でも、欲望があるからこそ人は成長し、人類も繁栄するんじゃないですか。強欲になってはいけません。でも、自分の欲望に素直になることは大切なことだと思いますよ」

鹿島さんはセックスも現役だという。

玉本神話

今から三五年前、チェンマイを有名にする一つの事件が起こった。五〇歳以上の人ならご存じだと思うが、「玉本ハーレム事件」と呼ばれる出来事である。当時の新聞は、チェンマイ市に暮らしていた三九歳になる玉本敏雄という男性が公序良俗を犯したとして国外退去になったと伝えている。玉本氏は一三歳から二〇歳までの女性一一人と四人の子供を抱えて暮らしていた。四人の子供のうち二人は実子だが、残りの二人は養女だった。理由は、二人がまだタイの法律でセックス可能年齢になる一三歳に達していなかったため、妻にするための結納の儀式を行わず養子縁組をしたという。事実上の幼い妻だった。

男性天国タイを有名にしたこのスキャンダラスな事件で玉本氏は日本中から大バッシングを受け、スケベ親爺、日本の恥、とののしられ、小児性愛者の代名詞になった。玉本氏が行ったことは弁解の余地はなく、恥ずべき行為であることは否定できない。しかし、日本のメディアが伝えることのなかったこの事件のもう一つの表情が、タイ社会の現実を見事に映し出していると思われるので、ここで紹介しておこうと思う。

玉本氏が何者かの密告により、「婦女暴行並びに人身売買」の罪でタイ警察に逮捕されたのは一九七三年のことだ。実はこの事件に最初に注目し、玉本氏を逮捕に追い込んでいったのは日タイ関係の悪化を憂慮し、玉本氏の存在を国辱だと考えた日本政府だといわれている。

当時、世界を席巻していたエコノミックアニマル日本の経済進出に対し、タイを始めとした東南アジア諸国では猛烈な反日運動の嵐が吹き荒れていた。タイを訪れた当時の首相・田中角栄氏が抗議行動をする学生ら五〇〇〇人に取り囲まれたのは、この事件の翌年の一九七四年のことだ。さらに、日本の団体客が売春宿の前に観光バスを横付けして女を買い漁る様はタイのメディアでもしばしば取り上げられ、エコノミックアニマルがセックスアニマルに変身したと揶揄された。

この一件で、タイ警察はまず犠牲になった子供たちの親を呼びだして事情聴取を行った。玉本氏の犯罪性を立証するためだった。しかし、思い通りにことは進まなかった。玉本氏は親たちの了解を得て、タイでは事実上の結婚式に当たる結納の儀式をすべての女性との間に取り交わしていた。親たちは結納金を支払い、さらに毎月の手当てまできっちりと払った玉本氏に感謝こそすれ、訴える気持ちなどさらさらなかったからである。

それだけではなかった。玉本氏の逮捕を知った妻の親族たちは、なけなしの土地を抵当に入れてまで玉本氏の保釈金を捻出しようとした。また、警察署の前に徹夜で座り込みをして玉本氏の釈放を要求した妻や親たちもいた。こうしたことは日本では一切報じられることはなかったが、事実である。

結局、タイ警察は玉本氏の「婦女暴行並びに人身売買」の容疑を立証することができず、「タイの公序良俗を乱す好ましからぬ外国人」という名目で国外退去を命じるに留まった。

玉本氏の強制送還の際、空港では涙をぬぐいながら別れを惜しむ妻たちの姿が目撃されている。

警察が立件できなかった背後にはいくつかの理由が考えられる。まず、タイでは子供は親の所有物と考えられていて、子供の人権という概念が根付いていなかったことだ。親さえ納得していれば、子供が性の対象になることにさしたる犯罪性があるとは考えていなかったのだ。また金のために性を売るという行為に対する認識も日本とは違っていた。好ましい行為ではないとしても、貧しい人々の生活手段としてあまねく世間に認知されていたからだ。

日本に帰国後、玉本氏は韓国から沖縄への覚醒剤密輸に関っていたとして、日本の警察に逮捕される。最高裁まで争ったが判決は懲役五年。当時の覚醒剤密輸事件としは破格に重い罪だった。

この逮捕について、玉本氏は親しい日本の友人に「はめられた」と語っているが、真偽のほどはわからない。こうして玉本氏は刑事犯として服役することになった。

裁判中にこんな出来事もあった。保釈中の玉本氏が変装をしてこっそりタイを訪れたのだ。しかし変装を見破られ、玉本氏は再び国外追放の憂き目にあう。帰国後、玉本氏の保釈金一〇〇〇万円は没収された。玉本氏は規則を破ってまでタイに行った理由を、自分の逮捕後に行方不明になった妻と子供がいて、彼らのことが心配で、いてもたってもいられなかったからだと釈明した。

玉本事件に関する日本の報道を見る限り、「玉本は日本の恥」、「タイ人の対日感情をいたく傷つけた」という論調が支配的である。幼い子供を性の対象にするのは良くないことだし、タイの世論を作るインテリたちが玉本氏の行為を快く思っていないのも事実である。しかし、当時玉本氏を取材したジャーナリストは、日本で報道されていることと地元での玉本氏の評価に、あまりの開きがあるので戸惑ったという。

この仮釈放中の一件についても、日本の報道とは温度差の違う事実が報告されている。玉本氏の変装を見破り、警察に通報したのは彼が宿泊していたホテルのボーイだった。ところがそのボーイは手柄をたたえられるどころか、妻たちの身を案じる玉本氏を警察に売った心ない男として周囲から非難され、居場所がなくなり結局ホテルを去ったという。

それにしても、何十人もの妻たちに手当てを払い続けた玉本氏とは、何者だったのであろう。

一九三三年生まれの玉本氏が、大阪の大学を卒業し、砂利会社を起こしたのは一九六三年のことだ。翌年の東京オリンピック、それに続く大阪万博という特需で大金を得た玉本氏は、ビジネスの世界に疲れたと言って、世界を放浪する旅に出る。ある週刊誌によると、玉本氏の収入は不動産収入も合わせると、月に五〇〇万円を下らなかったそうだ。

一〇〇カ国以上を旅した玉本氏が、一番気に入ったのがタイのチェンマイだった。玉本氏はこの町に落ち着き、一九六九年から国外退去させられるまでの四年間に、数万円から数十万円の金額で貧しい家の少女を次々に嫁に迎えた。タイでは入籍しなくても、結納さえ済ませれば事実上結婚したと認められた。

玉本氏は生誕直後、父親を亡くしている。そのため師範学校の教師であった母・義枝さんによって育てられた。戦前から戦後にかけて、激動の時代を女手一つで育てた義枝さんの玉本氏に対する愛情には並々ならぬものがあったと、親子を知る人は証言している。玉本氏の逮捕後、彼の代わりに幼い妻たちにお詫び行脚をしながらお金を配って歩く義枝さんの姿が人々の感動を誘ったという。

義枝さんは七八歳になるまで毎年タイを訪れ、かつての妻たちと二人の孫に金を届け続けた。義枝さんの計らいで最愛の妻だったサイピンさんは獄中の玉本氏と入籍までした。しかし、日本政府はサイピンさんを好ましからぬ外国人として、最後まで日本入国を認めなかった。

刑期を終えた玉本氏だが日本国内に居場所はなかった。中南米やフィリピンなど海外を転々とする生活を続けていた。そして一九九〇年代初頭、玉本氏の姿が再びマスコミの前にさらされたのはカンボジアの観光都市、シェムリアップだった。玉本氏の小児性愛の病気は治っていなかった。この町で、たくさんの妻を囲って暮らしている姿を発見されたのだ。しかし、今度はチェンマイの轍を踏まなかった。妻たちを一カ所に住まわせることをせず、玉本氏が妻たちの家を訪ねるという暮らしをしていた。カンボジアでは通貨であるリエル札を紙袋いっぱいに詰め、毎月一度、女性たちの家々を回る玉本氏の姿もしばしば目撃されている。

それだけではなく、玉本氏はかつての妻たちと会うため、この町をベースに陸路でタイとカンボジアを行き来していたのだ。タイへの入国を禁じられている玉本氏だったが、パスポート作成の際、日本政府が名前の読み仮名をチェックしないという盲点をつき、「タマモト」ではなく「ギョクモト」と名前を変え、パスポートを作っていたのだ。そのため音表記でチェックするタイ政府はギョクモトがタマモトだと気づかず、自由に国境を行き来できていたのだ。

一九九二年、カンボジアから陸路タイに入ろうとした玉本氏は突然、国境警備に取り押さえられた。何者かに密告されたのだ。玉本氏はカンボジアに強制送還されたが、カンボジア政府も前科のある玉本氏の入国を拒否し、日本への帰国を余儀なくされた。このカンボジアの入国拒否は、カンボジア内にあった玉本氏の資産没収が目的だったという説もあるが真偽のほどはわからない。

絶頂時一〇〇人を超える妻と称する若い女性を囲った稀代のロリコン男の活動の場は奪われた。財力があってこそなしえたこととはいえ、玉本氏は自分の関わったすべての女性の生活を最後まで丸抱えで面倒を見るという男気を見せたことで、伝説になったのだ。彼を知るタイの人はその人柄も含め、誰一人彼の悪口を言う者がないという。

こうした現実をどう評価するかは別として、これは紛れもないタイ社会の一つの側面である。

少女売春

性の世界は一筋縄ではいかない。おそらく顔と同じぐらい個性がある。そのうちのいくつかはこの世で成就させようとするだけで犯罪になってしまう。玉本敏夫氏のように幼い子供を性の対象にする小児性愛者といわれる人たちもその一つである。

現在、未成年者を対象とした性行為、いわゆる児童買春は国際的に厳しく取り締まられるようになった。日本は先進国と呼ばれる国の中で、児童買春に対する規制が緩い国として知られていた。そのため度々、国際社会から非難を浴びてきた。日本に遅ればせながら国際基準に近い「児童買春・児童ポルノ処罰法」ができたのは一九九九年のことだ。

現在、ローティーンのセックスワーカーは世界中に一〇〇万人以上いるといわれている。彼らをこうした危険から守る意味で画期的な法律ではある。だが、法律制定にいたる紆余曲折した議論を見る限り、この問題が一筋縄でいかなかった背景も伺える。

一五でねえやは嫁に行き、お里の便りもたえはてぬ

小学唱歌にもなっていた「赤とんぼ」の一節である。当時の日本は数えで年齢を数えたので、

今でいえば一五とは一四歳にあたる。近代化する以前の日本の女性たちはそのくらいの年齢で結婚するのが一般的であったのだろう。実際、日本の民法ではセックス可能年齢は満一三歳と定めている。つまり満一三歳になったら、本人の同意があればセックスが可能だということだ。ただし、日本では児童買春の問題がクローズアップされて以来、全国の自治体に迷惑防止条例という法律ができた。その結果、成人が一八歳未満の異性と性的な関係を持つことは、たとえ相手の同意があったとしても罪に問えるようになった。

現在、民法上のセックス可能年齢を一三歳より上に引き上げるべきだという議論もある。では、何歳が適正かというと簡単には答えが出ない。例えばオランダではセックス可能年齢は現在のところ一四歳以上ということになっている。しかしそれを一二歳に引き下げるべきだという動きがある。

そもそも伝統的な人間社会では、子供をつくることは未来の労働力を増やすことであった。そのことにより共同体の力を高めた。従って初潮＝一人前の女性＝結婚可能年齢と考えるのが一般的だった。「赤とんぼ」のように満一四歳あたりが結婚適齢期だったわけだ。

ちなみにタイでは、正式な結婚ができるのは男女とも一七歳からであるが、法律上のセックス可能年齢は日本同様、満一三歳だ。相手の同意さえあれば、一三歳になっていればセックスができる（ただし児童買春の問題が大きく取り上げられるようになって以来、未成年者が四歳以上年齢差のある者とセックスをすることが禁じられるようになった）。そして実際、田舎に暮らすタイ人や山岳少数民族たちは意識の上でも、満一三歳を結婚年齢と考えている人も少なくない。そのため、そのくらいの年齢で日常的に事実婚が行われている。一三歳以下のローティーンに対するセックスが違法なのは議論の余地がないが、一三歳から一七歳の間は、玉本氏の時代同様、金銭の授受による関係でなければ、グレーゾーンとして横たわっている。

山の民の結婚紹介所

チェンマイに暮らす日本の高齢男性の中にタイ人女性と結婚している人が多いことはすでにお伝えした。それは偶然の産物ではない。チェンマイに限らず北タイが国際結婚のメッカになるのはいくつかの理由がある。最大の理由は、一〇〇万人を超える山岳少数民族と中国雲南省やビルマから国境を越えてやってくる経済難民の存在があるからだ。

「どこでもいいです。とにかく山岳民族の村に行って一軒の家に入ります。そして、お嬢さんをお嫁にくださいといって、とにかく一〇万円をポンと両親の前に差し出すとします。どのくらいの確率で結婚できると思いますか？」

「ちゃーお」の編集長の山内さんが私に聞いてきた。私が考えていると、山内さんが自分の質問に自分で答えた。

「限りなく一〇〇パーセントに近いと思いますね。何ならやってみますか？」

日本のバラエティ番組が飛びつきそうな企画だが、ありえないことではない。女性は子供を産むし、労働力になる。それだけが理由かどうかはわからないが、結婚の際、山岳民族の習慣では男性の側が女性の両親に結納金を支払うことになっている。相手が悪い人でなければ、貧しい家の両親はお金をたくさん積んでくれた人に娘をあげてしまうことが多い。貧しい家では、と前提を述べたが、実は大半の山岳民族の家庭は貧しい。だから金さえあれば、かなり高い確率で若い娘と結婚できるわけだ。

タイから日本に今でもたくさんの売春婦が売られてくる。その多くは山岳民族を含めた少数民族で、実はこうした習慣に則って合法的に親から買い取られ、日本にやってきているケースが多い。売春だけではない。中国では一人っ子政策の影響で女性が不足している。中国は男系社会なので、一人だけしか子供をつくることが許されないのなら多くの家が男を選ぶ。そのため女児を妊娠しても掻爬したり、出産後に殺したりしてしまうのだ。中国には胎児の料理を出す店があるのは有名な話だが、料理に出されるのはこうして間引かれた女児であることが多い。

そんなこともあって、中国の農村では深刻な嫁不足が偏在化している。それに目をつけたブローカーがタイやビルマの少数民族の家々を回り、娘を買い取ってきて嫁不足に悩む中国の農村に売りつけるのだ。私の知る限り、数千キロ離れた中国と北朝鮮の国境の村に売られた少女もいる。この場合必ずしも親は責められない。子供は親の所有物と考えられている彼らの社会では、残念ながら、結婚と人身売買の境界が極めて曖昧なのだ。

チェンマイ郊外に住む斉藤良太さん（五二歳・仮名）は少数民族リスの女性と結婚している。そんな少数民族の現状を見てきた斉藤さんは、現在、日本の老人と少数民族女性の結婚の橋渡しをしようとしている。その考え方には賛否があるかもしれないが、このユニークな取り組みを紹介しておこうと思う。

タイに住む山岳少数民族には、二〇世紀の初頭以降に中国から南下してきた人が多い。そのため、一九八〇年代までタイ国民の証であるＩＤカードを持っていない人が多かった。結果、満足な教育を受けられないなど様々な弊害が出ている。彼らは焼き畑農業といって、山を焼き払い、そこに作物を植え付ける伝統的な農法で生計を立ててきた。しかし、森林破壊につながるこうした行為に対し、タイ政府は年々厳しく取り締まるようになった。そのため簡単に山を焼くわけにはいかなくなった。かといって平地に農地を買う金もない。現金収入になるケシ栽培も政府の取り締まりでほとんど不可能になった。そのため貧困から逃れようとする親たちが、娘をブローカーに売り飛ばすケースが増えたのだ。その額は娘一人につき一〇万円から二〇万円ぐらいだといわれている。売り飛ばされることを免れたとしても、タイ人からは見下されているので、結婚相手は同じ村の貧しい若者になる。それでは生涯貧しい生活から抜け出すことができない。

そこでチャンスがあるのなら日本人を始めとした外国人に嫁がせたいと思っている親は少なくない。一方、日本の高齢者結婚難民も大挙してタイにやってきて結婚相手を探している。一定のルール作りをして両者を結びつけられれば、両者にとって幸せな結果になるのではないか。斉藤さんはそう考えたのだ。

実は斉藤さん自身が結婚難民の一人だった。難聴傾向にある斉藤さんは、日本では結婚の機会に恵まれなかった。三五歳を過ぎ、あきらめかけていたとき、結婚のチャンスが巡ってきた。以前、仕事で知り合った中国人男性の誘いで中国に遊びに行った。そのとき彼から、結婚相手が見つからず困っている中国人の女性がいるのだが会ってみないか、と勧められたのだ。

その後、二人の交際はとんとん拍子で進んだ。そしていざ結婚となり、書類を申請するという段になったときだった。女性が結納金として二〇〇万円欲しいと要求してきたのだ。

金目当ての結婚だったのか！

斉藤さんは憤慨し、話を白紙に戻そうとした。しかし相手の女性から、実家がいかに貧しく厳しい生活をしているかをこんこんと聞かされ、心が動いた。そして女性の実家を訪ねてみると、今にも壊れそうな家にたくさんの家族が暮らしていた。両親をまともな家に住まわせてやりたいという女性の気持ちが少し理解できた。しかし、二〇〇万円という金は斉藤さんにとっては大金だった。さんざん迷ったあげく、意を決して結納金を支払うことにした。

そして、待ちに待った結婚。斉藤さんは二〇〇万円を両親に手渡し、女性を日本に連れて帰った。ところが、結婚生活はひと月しか続かなかった。知らないうちに女性が中国に逃げ帰ってしまったのだ。その後は音信不通になり、紹介した知人に連絡しても梨の礫《つぶて》だった。

◎タイで少数民族と結婚して幸せを掴んだ斉藤良太さん（52歳・仮名）と妻（チェンマイ）

斉藤さんはそれ以来、女性恐怖症に陥り、ショックで仕事も手につかなくなった。その後、生きるために仕事を転々として食いつないだが、四〇歳を過ぎた頃から転職先も見つからなくなった。このとき斉藤さんは自分の人生は終わったと思ったそうだ。斉藤さんの手元には三〇〇万円の貯金があった。日本にいたらあっという間に使い果たしてしまう金額だった。

そのとき出会ったのが、第一章で紹介した三輪隆さんの写真集『アジア美少女街道』だった。自然と共に生きるタイの山岳少数民族の写真を見ているうちに、彼らに会ってみたいと思ったのだ。これ以上日本にいても自分に幸せは巡ってこない。山岳民族に会いにタイに行き、三〇〇万円の金を使い果たしたとき、死のうと。斉藤さんはそう思ったという。

北タイにやってくると、斉藤さんは精力的に山岳民族の村々を回った。ある村に何度か遊びに行くうちに、村人の一人から娘と結婚してほしい、と声をかけられた。斉藤さんは驚いた。しかし、女性に対する不信感はぬぐえていなかった。断るつもりで、「自分はお金もないので、結納金も払えない」と伝えた。どうせ金目当てに違いないと思っていたからだ。ところが驚いたことに両親からは「お金はいらない」という答えが帰ってきた。斉藤さんの心は動いた。そして付き合っていくうち、本人も家族もとても誠実な人たちだということがわかってきた。もはや結婚を拒む理由は見つからなかった。

「セックスには執着はないんですが、こちらの人は体温が高いんです。一緒に布団に横になっているだけで身体が温まって、幸せな気分になれるんです。一度は死のうと思った自分が、こんな幸せを手に入れることができ、夢のようです」

斉藤さんは自らの結婚生活をそう語った。

山岳民族の一員として彼らと交流を重ねるうち、村の苦しい暮らしぶりも手に取るようにわかるようになった。若い娘がブローカーに売られてゆく場面もいく度となく目撃し、心が痛んだ。どうせ不幸な結婚をするぐらいなら、思いやりのある日本の老人に面倒を見てもらった方が彼らの幸せにもつながるのではないか。自分のように孤独で不幸な人が他にもいるに違いない、そんな人に山岳民族の女性を紹介し、お互いが幸せになれればこんなに素晴らしいことはないのではないか、斉藤さんはそう考えた。

結婚する相手を探すためには、山に何度か足を運び、候補者を探す必要がある。いい娘を見つけたと思っても、日本人の希望に沿わない場合もある。その場合はまた探し直し、多くの時間をとられる。見合いの際には通訳もしなければならない。本当はお金を取らず、完全なボランティアで行えれば一番いいのだが、日本から持ってきた蓄えも、すでに二〇〇万円に減っていた。日本の仲人もカップルを一つ成立させたら仲人料をもらうのが普通である。斉藤さんは実費プラス実際に結婚にかかる費用の一割程度を手数料として依頼者からもらうことにした。だが、これが後で大きな問題になる。

例えばリス族との結婚にかかる費用は、結納金が一〇万円ほど。それに花嫁の母への宝飾品のプレゼントが数万円分。後は結婚披露宴の費用などだ。しかし、これはあくまでも目安であって、決まりではない。金にがめつくない家族もいれば、相手が外国人でお金が取れると思えば高額を要求してくる場合もある。また、相手が高齢であればあるほど高い金額を要求するという傾向もある。新居を要求されることもある。ときには総額で一〇〇万円を超える。もちろんこれで若い女性と幸せな結婚ができれば決して高い出費ではない。しかし破局したときはそうはいかない。

斉藤さんの下にやってくる老人たちは、タイや山岳民族の事情をほとんど何も知らないといっていい。一方、山岳民族の少女たちも日本のことなど何も知らないばかりか、一度も学校に行ったことさえない女性もいる。この両者が結婚し、一つ屋根の下に暮らすということになればトラブルは避けられない。

斉藤さんはこれまでに四組のカップルをまとめてきた。最も歳が離れたカップルは六〇歳の年齢差がある。そのうちの三組は幸せな家庭を築いているが、一組は破局した。斉藤さんは破局の原因の大部分は日本人男性の無理解だと考えている。しかし、日本の老人の方はそうは思っていない。そこで男性は斉藤さんを詐欺師呼ばわりし、仲介料以外に、婚礼のために使ったすべての金を返還するように求めている。

「金で買ったのだから俺に従えというような態度を見せたら、若い娘の心は離れていきます。結婚は絶対にうまくいきません。文化も年齢もまったく違う男女が一緒に暮らすのですから、年上の日本の老人の方が孫娘に接するような寛容さを持たないと難しいと思いますよ」

これからもトラブルはつきないだろうが、売られてゆく気の毒な山岳民族の少女のためにも、孤独な日本の老人のためにも、斉藤さんはこの仕事を続けていきたいと考えている。

第4章

恋愛・負け組

ここまでは主にタイで幸せな結婚をしたり、幸せなセックスライフを楽しんでいたり、日本で恋愛難民になった高齢者の中でも勝ち組になった人の話をしてきた。もちろんこれから先も彼らの人生は続くわけで、一〇年後、二〇年後を見なければ本当に勝ち組だったかどうかは判断できない。コミュニケーションに不自由しないはずの日本人同士の結婚でさえ、長年連れ添った夫婦が突然破局を迎える熟年離婚が流行っている。まして言葉、文化や習慣、さらに世代まで違う者同士の結婚生活を維持していくのは決してたやすいことではない。

ミアノーイ団地

そして実際に取材してみて感じたのは、こうした恋愛勝ち組、つまり幸福な国際カップルはあまり多くないということだ。高齢者ロングステイヤーが女性に大金を貢いだあげく、ゴミのように捨てられるという事件は掃いて捨てるほどある。あるいは幸せな結婚生活を掴み取るまでに、詐欺まがいの手口で高額な授業料を払わされた人も少なくない。

一人のロングステイヤーがチェンライ市郊外の高級住宅団地を案内してくれた。タイの町には、外国人や金持ち向けに、フェンスで仕切られている高級住宅地がある。住宅エリアの入り口にはゲートがあって、守衛が出入りをチェックしている。一軒一軒の土地の広さは区画によっても異なるが、平均的なもので二〇〇坪ぐらいはある。その敷地には、日本でいえば豪邸といえる瀟洒な家が悠然と立ち並んでいる。

「ここをミアノーイ団地と呼ぶ人もいます」

彼は言った。

ミアノーイとはタイ語で妾を意味する。

「あそこの家は日本語の達者な奥さんと子供がいますが、旦那の姿は見たことがありませんね」

おそらくこの家を騙し取られた日本男性がいるのだろう。

「隣の家は以前、日本人の表札がかかっていました。私はもう何年もここに暮らしていますが、一度も日本人の姿を見たことはありませんね」

二〇メートルほど車を走らせると、また車を止めた。

「この子を見てください。日本人に似ているでしょ。父親は日本人のようですけど、姿は見ませんね」

一つの高級住宅地のほんの一角を回っただけで、こうした家がいくつもある。兵どもが夢の跡、という言葉がふと頭をよぎる。彼の説明によると、奥さん、または愛人に家を騙し取られるのはなにも日本人の専売特許ではないようだ。台湾人を始めとしたアジア人やヨーロッパ人が貢いだと思われる家もあるという。

こうしたことが起こる第一の原因は、タイで外国人が土地を所有できないことにある。一九九一年の法改正以降、コンドミニアムのような集合住宅の権利は外国人でも買えるようになった。しかし、未だに土地付きの家を買うことはできない。だから、コンドミニアムを買うか、借家住まいにすればこうした問題は起こらない。ところが、なぜか日本人は結婚と自宅購入をワンセットに考えてしまう人が多い。

土地代が高く、マイホームを持つのが難しい日本で生まれ育った悲しい性なのか。あるいは、ここで一生頑張るのだ、と自分自身に言い聞かせるための決意表明なのか。本当のところはよくわからない。自分が死んだら、愛する女性に少しでも財産を残してやろうという高齢者ならではの、けなげな心遣いもあるのかもしれない。とにもかくにも、貧しいタイの人が一生働いても絶対手に入ることのないこうした豪邸の購入が、悲劇の引き金になることは少なくない。

日本人がタイで家を買おうとした場合、タイ人の名義で買うことになる。結婚を約束しているほどの女性がいるのなら、彼女名義で購入するのは当たり前のことだ。もちろん二人が愛で結ばれ、ラブラブの関係にあるうちは何の問題もない。だがひとたび関係がぎくしゃくし出すと、大きな問題に発展する。女性が、これらは自分の名義なのですべて自分のものだ、と権利主張したらたいていの場合、なすすべがないのだ。

日本では離婚の財産分与は様々な事情を配慮して、配偶者名義の持ち物でも一定の権利割合が認められたりする。しかし、タイの法律では原則、すべてが名義人のものになってしまう。

逆の立場で考えてみればわからないこともない。日本の水商売の女性が外国人の大金持ちに見初められ、自分名義で家を買ってもらったとする。もし二人の関係がその後うまくいかなく

◎24時間警備でセキュリティ万全の高級住宅地の入口は通称ミアノーイ（妾）団地とも呼ばれている（チェンマイ）

なったとしても、通常それを返却しようとは思わないだろう。ましてや日本と違い、たとえ一〇〇バーツでも貸した金がなかなか返ってこないタイの事情を考えると、妻名義の家を買った時点で、その家はプレゼントしたと考えるぐらい太っ腹であることが必要なのかもしれない。

乗っ取られるのは家だけではない。日本人高齢者は、出会った頃は女性を喜ばせるために、次には女性の気持ちをつなぎ止めておくために、次々にプレゼントをするからだ。一般に、日本人男性からタイ女性への貢ぎ物には順番がある。最初は携帯電話もしくはアクセサリー、次にバイクもしくは車（両方の場合も）、そして最後は家だそうだ。最近、携帯電話は価格が急落したので貢ぎ物の品目からはずれたようだが、アクセサリー、バイクや車は依然として貢ぎ物の重要品目だ。たかがバイクや車じゃないかと思うかもしれないが、タイの場合、中古車には関税や物品税を合わせると二〇〇パーセントを超える重税が課せられる。そのため日本製のバイクはオンボロの中古車でも一〇万円ほど、車に至っては一〇年落ちの中古車でも一〇〇万円を超え、新車に至ってはときには家より高価なこともある。

ハイ　それまでョ

日本では、もう何十年も女性から相手にされたことのなかった高齢者男性がタイに来た途端、若い女性が息のかかるほど近くにすり寄ってきて耳元で愛を囁かれたら、幸福感で舞い上がってしまうのは無理からぬことかもしれない。この幸福を一日でも長く持続させられるのだったら、金などいくら払っても惜しくないと思うのも理解できないこともない。金は所詮使うためにあり、墓場まで持ってゆくことはできない。目の前にいる女性こそが今自分が最も欲しいものであり、金で彼女をつなぎ止められるのだったら金に糸目はつけない、という気持ちになるのもよくわかる。ところがこうした高齢者の弱みにつけ込んで食い物にする事件が多発しているのだ。

あなただけが生き甲斐なの
お願いお願い捨てないで
テナコト言われてその気になって
三日とあけずにキャバレーへ
金のなる木があるじゃなし
質屋通いは序の口で
退職金まで前借りし
貢いだあげくが　ハイ　それまでョ
スザケヤガッテ　スザケヤガッテ
フザケヤガッテ　コノヤロー

一九六二年に流行った、植木等の「ハイ　それまでョ」という歌である。

タイではこの「ハイ、それまでョ」がたいへん短いサイクルで繰り返されている。さんざん貢がされたあげく、女性に逃げられるというでき事は枚挙にいとまがない。

逃げられる、という単純な結末だけならまだいい。かなりの苦しみを伴う幕引きを迫られるケースもたくさん聞かされた。

例えば六七歳のNさんのケース。Nさんは結婚後、妻の要望で実家のある北タイの山村に家を建て、一緒に暮らし始めた。しかし、楽しい暮らしは初めの一週間だけだった。やがて家に次々と奥さんの親戚が訪ねてくるようになった。タイの場合、親戚の線引きは難しい。少しでも血がつながっていて相性さえ悪くなければ、みんな従兄弟やおじさん、おばさんになってしまう。家の中を誰が誰だかわからない人がうろうろしている状態が続いた。

彼らはただ遊びに来るという風でもなく、明らかに家に居座わる気配もある。冷蔵庫に入れておいたビールも勝手に飲まれてしまう。初めは妻の手前穏便にと思っていたが、ついにNさんの堪忍袋の尾が切れた。そして妻に苦言を呈した。ところがその途端、彼女は逆ギレしてプイと家を飛び出してしまった。

「ひとこと小言を言ったなら
プイと出たきり、ハイ　それまでョ」

を地でいくような話だが、その後、いくら待っても奥さんは戻ってこなかった。必死で覚えたタイ語で、「ここは自分の家なので出て行ってほしい」と親戚の人たちに訴えた。ところが彼らは「ここは自分の家だ」と言い張って譲らない。確かにお金を出したのはNさんである。しかし家の名義は奥さんの名前になっている。法律に照らせば家の所有権は奥さんにある。そこで妻と話し合おうと必死で探したのだがいくら探しても所在が掴めなかった。家にいる親戚たちに聞いても、誰もが口裏を合わせたように、居場所は知らないと言う。

まったく言葉の通じない敵対的な親戚たちとの孤立無援の戦いに疲れ果てたNさんは、一カ月後、いったん家を引き払い町のホテルで暮らし始めた。そして、しばらくして家に戻ってみると、なんと家は売りに出されていたのだ。Nさんは警察に駆け込んだが、当然のことながら取り合ってもらえなかった。親戚一同に完全にはめられたのである。

もっと悲惨なKさんのようなケースもある。Kさんは日本で知り合ったタイ人ホステスと暮らすため、北タイに二〇〇〇万円もする豪邸を建てた。プールやゴルフのパター練習用のグリーンまである正真正銘の豪邸だ。あるとき所用があり日本に一時帰国した。そしてタイに戻ってみると家は施錠されていた。何度か扉を叩くと中から見知らぬ男が出てきた。鍵は開けられないと言う。腹を立てたKさんが、「ここは俺の家だ」と言って、塀を乗り越え中に入った途端、男が警察に通報、Kさんはあえなく御用となった。罪状は住居不法侵入である。

さらにDさんのようなケースもある。Dさんも似たような経緯ですでに家を乗っ取られていた。Dさんは腹の虫が治まらず、せめて五〇〇万円で購入した自分愛用の4WDだけは取り返そうと思った。車のキーは手元にあった。Dさんが家を訪ねてみると車も敷地に置いたままになっていた。隙を見計らって車に乗り込むと、一目散に家を後にした。しばらく走るとパトカーに追跡されているのに気づいた。実は自分の車も妻名義で購入してあったのだ。

Dさんは、車は自分が買って自分で運転していたものだと警察に説明したが、もちろんその主張は認められなかった。Dさんの罪状は窃盗。住居不法侵入より罪は重い。この一件でDさんは罰金を払わされた上に国外退去になり、五年間のタイ入国禁止を命じられるという悲劇に見舞われた。

こうした事件は大げさではなく星の数ほど起こっている。

なぜ、事件が後を絶たないのか。タイの「ハイ　それまでョ」事件について話を聞いてみると、大きく三つのケースに分かれる。

第一のケース。確かに初めは愛情で結びついたが、やがて夫婦間に亀裂が生じ、離婚にいたるケースだ。これは日本人同士の結婚でも起こりうることで、説明を要しないと思う。ただ一つ違いがあるとすれば、家が妻の名義になっていて、裁判で取り戻すのが非常に難しいことだ。

第二のケースは、さしたる愛情もないかわりにとりたてて悪意もなかった女性が、高額な家や大金が労せずして手に入るという現実を知り、欲望に目が眩むというケースだ。

こういうケースはややタイ的というかアジア的なのかもしれない。「やや」と書いたのは、日本やヨーロッパでも当然起こりうることではある。例えば、金に困ってサラ金に追われているとき、大金を持っている人が目の前に現れ、ちょっと信頼を裏切るだけで合法的にその金が手に入るとしたら、信頼よりも金を選ぶ日本人も少なくないと思う。あるいは、国民の収めた年金を自分のポケットに入れて涼しい顔をしている社会保険庁の役人を思い浮かべればわかりやすいかもしれない。

ただ、日本人の場合、信義に関する面ではそれなりに倫理観が強い。また、赤貧で追いつめられた状態に置かれている人もそう多くない。人を裏切ることによって失う社会的信用の方が得るものより大きいという現実もある。そのため、信義は一定程度守られる。

ではタイ人が信義を重んじないのかといえばそうではない。ここで問題になるのは、高齢の日本人ロングステイヤーが配偶者や愛人に選ぶ女性の多くが水商売の女性、しかも日本語ができる水商売の女性だということだ。つまり堅気の女性ではないのだ。

こうした場合、女性と日本男性との信頼関係の強さや女性の貧しさの度合いによって裏切りに踏み切る金額に差があるが、数百万円の金額であればかなり高い確率で裏切りが起こると考えた方がいいかもしれない。

さらにやっかいなのは、タイの場合は家族や親戚との結びつきが日本と比べものにならないほど強いことだ。本当の家族は自分が生まれ育った家庭であり、結婚してできた家庭は仮の家族だ、と言い切る人もいるぐらいだ。そうした場合、たとえ本人が誠実な人であったとしても、金に目が眩んだ親に頼まれたり、力のある親戚から命じられると断り切れないケースもある。だから結婚をするのなら、本人だけでなく、親兄弟や親戚の人柄や生き様をもチェックしておいた方がいい。

とにもかくにも、一〇〇万、一〇〇〇万単位の金を扱うときは慎重にしなければならないし、できれば相手の女性に邪心を起こさせないように大金の存在は隠しておいた方が賢明である。

少し余談になるが、家を丸ごと乗っ取られるのを回避する方法があると、タイの法律専門家から聞いた。購入と同時に、売買承諾書を作り、妻にサインさせるのだそうだ。そうしておけば、関係がこじれたとき家を売却できる。売却代金は夫婦で折半になるので、少なくとも半分は戻ってくるそうだ。いずれにしても損はするが一定の抑止力にはなるかもしれない。

そして第三のケースは最もたちが悪い。初めから日本の高齢者から金品を巻き上げるつもりで女性が近づいて来る場合だ。具体例であげたNさんやKさんやDさんはこのケースに当たると思われる。

タイにロングステイにやってくる高齢者の大半はタイ語ができない。それは当然のことだと思う。多くの人はタイに来てから語学学校に通う。しかし、英語学習の経験からもわかるように、タイ語が使いこなせるようになるためにはそれなりの時間がかかる。ましてや高齢者は記憶力の点で若い時代と比べてハンディがある。ガールフレンドや配偶者を求めてタイにやってきた高齢者にとって、タイ語が十分に話せるようになるまで待ってはいられない。

そこで手っ取り早く日本語が話せる女性と親密になるケースがほとんどだ。たいていは水商売の女性たちだ。以前紹介したタニヤのホステス、あるいは日本風居酒屋の仲居さん、または日本人がよく通うゴルフ場のキャディなどだ。日本語学科の女子大生や日本企業に勤めるＯＬなど、女性が日本に興味を持ち、学問や教養として日本語を学んできたのなら、出会いが心の通った交際に発展する可能性もあるかもしれない。だが、水商売系の女性たちの多くは生活の手段として日本語を身につけたのである。

彼女たちの生活を動かしている主なモチベーションは金である。中には「金ずるになる日本人を探すために日本語を学んだ」とはっきり公言する人もいる。異国の地で見つける老いらくの恋は、初めから危うい綱渡りになるのは当然である。

日本語が達者で日本人高齢者をカモにしようとしているプロ女性たちは、独自のネットワークを持っているケースもある。彼女たちはたえず仲間と情報交換し相手を物色している。そして、男性の資産、厚生年金の有無、さらにはどのくらいの金を貢がせることができるのかなどを聞き出すテクニックや貢がせ方もよく心得ている。もし相手が国民年金しかないようなら短期戦で今ある分を吐き出させておさらばする。また十分な年金があるようなら、しばらく付き合うなり、結婚を迫るなりして金づるにして徐々に巻き上げる。

さらに注意しなければいけないのは、この手の女性は日本の遺族年金制度、つまり、男性が死んだ後、本人の年金受給の約半分が自分の懐に入ることも知っている。月々二〇万円の年金受給者の場合の遺族年金はおおよそ一〇万円になる。これはタイ人にとってはかなりの大金だ。しかも自分が死ぬまで未来永劫入ってくるわけだ。こんなにおいしい話はない。

「金を取られるだけならまだいいよ。命まで取られることだってあるんだから」

ロングステイヤーの一人は言った。

保険金殺人ならぬ年金殺人が現実味を帯びてくる。

愛されていると思われていた妻に財産をすべて奪われ捨てられた高齢者が絶望して自殺したケースが何件か報告されている。中には財産目的の殺人と疑われるケースもあるそうだ。インシュリンで血糖値を上げ、日本人の夫を殺害した中国人妻が話題になったが、タイでも病死や自殺として片づけられている人の中に、こうした不審死が少なからずあると囁かれている。

こうした女性は注意して見抜くしかないのだが、相手はプロなのでそう易々とはいかない。まず、金持ちで脇が甘そうな人を狙いうちし、甘えてみせたかと思うと、今度はつれないそぶりをしたり、ときには別れ話を持ちかけて脅迫まがいのことをしながら目的を達成してゆく。

孤独な高齢者は女に捨てられ、以前のように独りぼっちになるのが怖い。またこれまで貢いだ金がパーになるのも悔しい、ということで、ほとんどの男性は、もう少しもう少しと思っているうちに女性の手練手管に負けて傷口を広げてゆくことになる。千万単位の大金を貢がされる日本人の多くは、たいていこうした巧妙なテクニックにはめられたためだ。若い女性にのぼせ上がったら負けである。

タイで暮らすあるお年寄りはいみじくもこう言った。

「自分がもてているのではない。もてているのは財布だ。それは肝に銘じておいた方がいい」

名言である。

程度の差はあるが、日本の高齢者がタイの若い女性と結びつく場合、ほとんどお金が介在していると考えて間違いない。

財布がもてているのか

「あなたがもてているのではない。財布がもてているんだ」

タイ人女性の巧妙なテクニックにのぼせ上がりそうになったとき、この言葉は何度繰り返しても、繰り返し過ぎということはないと思う。

「金に困ってさえいなければ、誰が棺桶に片足を突っ込んだような老人と結婚しようなどと思うか」

という意見がある。

私もこの意見は大筋では間違っていないと思う。だが同時に、多くの日本の老人と若いタイ人のカップルに会った感想を述べると、必ずしもそう言いきれないものも感じる。それがタイで無数の疑似恋愛が生まれる要因にもなっているのかもしれない。

二〇代のタイ人女性の中には、四〇代の男性と結婚することさえ考えられないという人も少なからずいた。一方で、相手がいい人なら歳の差はまったく関係ない、と言い切る女性もいた。突き落としておいてから引っ張り上げるようで恐縮だが、日本の高齢者が若い女性のハートを射止められる土壌がタイにはいくつかあるような気がする。

まず第一にタイの社会、とりわけ近代化が進んでいないタイの農村地帯では、年齢がそれほど重要な意味を持たないと思うからだ。そもそも年齢という数字そのものが意味を持つようになったのは、様々なものを数量化して序列化する近代的な思考と関係があるように思う。

世界には年齢が存在しない社会もたくさんある。そういう世界では、当然のことながら誰も自分の年齢を知らない。一六歳になっていないから結婚できない、という発想もない。結婚の条件はあくまでも、結婚生活が営める身体と心があるかどうかである。だから、七〇歳、と聞いただけで拒絶反応を起こすこともない。外見、人柄、資産、それにお互いのフィーリング。すべてを考慮した後に七〇歳という数字的な要素が加わる。七〇という数字は結婚において、日本で考えられているような大きな意味を持たないのだ。

第二の理由は結婚観の問題だ。結婚に際し、当事者がこれだけ選り好みするようになったのは、これもまた、結婚に個人主義が持ち込まれた近代以降のことのような気がする。伝統的な社会では、結婚は個人の感情以前に社会システムとして重要な意味を持っていた。結婚する主な理由は、その共同体に新たな働き手を確保し、子孫を繁栄させるためのものだった。そこから考えると、結婚に際して歳の差がどのくらい重要であったかは、はなはだ疑問である。もちろん若い者同士の結婚の方が子孫繁栄にもつながるし、秩序も保ちやすいというメリットはあるに違いない。しかし、もし財力がある老人が現れ、彼がその財力で共同体の繁栄に貢献すると申し出たとしたら、それを拒む理由はあまり見あたらない。

結婚を個人的な観点、とりわけ恋愛の終着点と考えれば、相手が老人であるかどうかは当事者の女性にとってかなり重要な問題かもしれない。しかし、結婚を共同体の維持装置と考え、当事者である若い女性もそれを受け入れていれば、歳の差は結婚の大きな障害にはならないと思われる。

第三の理由はお金に対する考え方の違いだ。

金目的で結婚した、と聞くと日本ではかなり侮蔑の対象になる。しかしタイの貧しい人たちにとって、お金というのは幸福になるための重要なアイテムである。彼らの中ではお金と愛情は不可分に結びついているケースが多い。少なくとも日本人が考えている以上にお金と愛情の結びつきは親密なのだ。

数年前、ミス・タイランドが将来の夢を聞かれ、「金持ちの中国人の妾になりたい」と答え、物議を醸した。思わず本音を言ってしまったわけだが、この女性が特別変わった考えの持ち主だというわけではない。タイのある中学校の教師は、子供たちに「将来の夢」という題名で作文を書かせると、クラスに一人か二人は必ず、「金持ちの妾になりたい」という作文を書く子供がいると言って苦笑していた。「妾」という制度は、今もタイ社会では生きている。

日本では金持ちと結婚することを、「玉の輿に乗る」という言い方をする。階級意識の強いタイの場合、貧しい家の娘が金持ちの正妻になるということはほとんどない。そこで現実的な選択肢である「妾」という言葉が口をついて出るのだが、日本人の意識に置き換えれば「玉の輿」だと考えればいいのかもしれない。

この「妾」についてもう少し考えてみる。

玉本ハーレム事件が日本でスキャンダラスに取り上げられた背景は、妻といわれる女性たちの年齢の低かったこと以上に、一三人という数の多さだった。それは一夫一婦制という社会通念に対する反逆だったからだと思う。

思えば長い歴史を持つ日本が、一夫多妻制から一夫一婦制に移行したのは今からわずか一〇〇年前のことだ。正確にいうと明治一五年までは「妾」、いわゆる二号さんは戸籍に登録できる正式な第二夫人だった。明治一五年以降、戸籍には二号の新規登録はできなくなったが、戸籍簿から完全に二号さんの姿が消えたのは明治三一年（一八九八年）の新戸籍法以降のことだ。しかし、それも戸籍簿から二号さんの名が消えただけで、事実上、その後も「妾」は存在し続けた。今でも、婚姻届を出していなくても、事実上の夫婦関係にあったことが証明されれば相続権を認めている。

日本に一夫一婦制が入ったのは明治以降の西洋化、つまり西洋キリスト教の影響だといわれている。世界の主だった宗教の中で一夫一婦制を奨励しているのは実はキリスト教だけだ。四人の妻を持つことが正式に認められているイスラム教を始め、仏教、ヒンドゥー教といった世界を代表する宗教を見ても一夫多妻制を容認している。生活力がなく、生産性が低かった時代の遺物だという見方もあるが、現実に世界の多くの国で一夫多妻、あるいは一妻多夫、あるいは多夫多婦制など一夫一婦制以外のシステムが存在している。

ただ、多くの配偶者を持つには、世界中どこの国でも、ある程度の財力があることが前提になる。タイでは月収が三万バーツ（一〇万円）を超えると男が最初に買うのは家や車ではなく妾だ、という冗談もあるくらい二号さんの存在は一般的だ。そして収入が増えれば増えるほど、どんどん妾を買い増ししてゆく。映画「王様と私」に出てくるモンクット王は二三人の妻と四二人の妾を持っていた。

女系継承の是か非かで話題になった日本の天皇が側室を取らなくなったのは、昭和天皇が即位してからである。それ以前は側室がたくさんいたので女児しか生まれないという問題も起こらなかったのだ。

タイに限らずアジア世界における一夫一婦制の歴史はかくも浅く脆弱であることは記しておこう。

さらに参考意見としてこんなことを言う人もいる。タイの女性にはファザコンが多いというのだ。理由は、タイの田舎では親が決めた相手と一〇代で結婚することが多い。遊び盛りのタイの男性は女性に子供ができると家庭を顧みず他に女を作り、離婚に至るケースが多いという。こうした父親不在の家庭で育った少女たちは、若くて未熟な男性よりも、年上で父親のような包容力を持つ男性に引かれる傾向があるという。

真偽のほどはともかく、これらの要素を総合してみると、タイの若い女性が日本の高齢者と結婚するのが「単に金目的だ」とは必ずしも言い切れない部分もあるような気もする。少なくとも高齢者が若い女性にもてる要素は日本より高いことは間違いない。

だがここに一つのパラドックスがある。金持ちの日本人と結婚し、貧しい生活から抜け出した途端、彼女の生活は近代的な生活様式に切り替わってゆく。生活も安定し余裕が出てきてまわりを見回すと、自分は何でこんな年寄りと結婚したんだろう、という新たな疑問と不満が生まれてくるのだ。

日本の高齢者とタイの若い女性との結婚には常に財布がつきまとう。財布だけがもてているとは言わないが、財布抜きで若い女性が高齢者に近寄ってくる可能性もまた低いと考えた方がいいと思う。

タイ女性は日本の老人をどう見ているか

これまで日本人高齢者の側に立って、金をむしり取られる被害者として彼らのことを描いてきた。しかし、それは一方的な見方だという意見もある。見苦しいほど、金の力で若い女性の気を引こうとするのは、実は日本の高齢者の方なのだ。

「あなたがもてているのではない。財布がもてているんだ」

その言葉を身をもって知っているのは、本当は日本の高齢者自身なのかもしれない。

バンコクのタイ語学校で教師をしている女性に話を聞いてみた。ジュンさん（仮名）は二八歳、名門大学を出た知的な女性だ。

タイ語学校は最近、日本の高齢者で溢れている。タイでのロングステイ希望者がタイ語を学ぶのは当然のことだが、中にはこんな不埒な高齢者もいる。

ある日、彼女は八〇歳を過ぎた日本人の生徒から預金通帳を手渡された。

「言葉が不自由なので、お金のおろし方がよくわからない。悪いけど、銀行に行ってお金をおろしてきてくれないかな」

男性が高齢だったこともあって、ジュンさんは快諾した。

「そのとき通帳に金額を記入してきてほしい。ここしばらく残高をチェックしていないんだ」

言われるままに彼女は銀行に行き、金をおろした。そして通帳に記入し、念のために記帳を確認した。通帳には日本円にして、なんと五〇〇〇万円もの大金が入っていたのだ。

彼女が金と通帳を老人に返すと、彼は「金額を見たでしょ」と聞いてきた。残金を見たことを正直に告げると、その老人はニヤッと笑った。そして、いきなり彼女に交際を求めてきたのだ。もちろん彼女は大金に目が眩んで八〇歳を過ぎた男性と交際する気などなかった。

「二度とこんなことをしない方がいいですよ。もし悪い人だったら、お金を全部おろして、持ち逃げされてしまいますよ」

彼女はそう忠告して、その場を後にした。

実際、その気になればいくらでも金を奪い取る方法はある。知人に連絡し全額おろさせ、暴漢に通帳を奪われたという狂言を使えば、まず犯人は見つからない。タイの警察は金持ちの日本人がタイ人に金を騙し取られた事件など、真剣に捜査する気はないからだ。

ジュンさんはその他にも、教え子の高齢日本人から女性問題などの相談も時々受けるそうだ。その度に、日本の高齢者の金に対する無防備さにあきれるという。四人の水商売女性に次々に騙され、無一文になって帰国した生徒もいたそうだ。

彼女に、普通のタイ人女性だったら、何歳ぐらいまでの男性を恋愛対象と見ることができるのか、尋ねてみた。

ジュンさんの見解によると、もし女性が二五歳の場合、気が合いさえすれば相手の男性が四〇代前半までだったら純粋に恋に落ちることがあるかもしれないという。しかし五〇歳を過ぎていたら、金目当てとはいわないまでも、恋愛以外の感情が交ざっていると考えた方がいいという。普通のタイ人女性の恋愛と年齢に対する考え方は、基本的には日本人女性とあまり変わらないようだ。

それでは水商売の女性たちはこの問題をどんな風に見ているのだろう。

チェンマイの夜の遊び場の一つ「ビア・バー」を訪ねた。ステージの上では歌謡ショーが開かれている。セクシーな衣装を着て歌を歌っているのはホステスたちだ。気に入ったホステスがいたら客はボーイにチップを預ける。チップは一〇〇バーツ（三五〇円）単位、レイにつけられ女性の首に掛ける。酔いが回るに従い、客たちは高額のチップを女性にプレゼントし、ホステスを奪い合う。人気のホステスには五〇〇バーツ、ときには一〇〇〇バーツものチップのレイが掛けられることがある。歌い終わったホステスは、一番高い金額を手渡した客の席に着き、しばしの歓談が行われる。だからといって、すぐに一夜を共にするというわけではない。ここはあくまでも疑似恋愛の場なのだ。こうした遊びが夜な夜な繰り広げられる。

タイの女性は元々スタイルがいい上に、水商売の女性の多くは整形をしている。チップ競争はともかく、こうした綺麗どころとビールを飲んでいるだけなら数時間いても一〇〇〇円ぐらいで収まる。懐に余裕のない日本人ロングステイヤーにとって格好の遊び場になっている。

まだチップ競争が始まる前に、店のナンバーワンとおぼしきホステスのエッさん（二五歳）を席に呼んで質問をしてみた。

「日本人男性の場合、何歳までだったら愛人になる?」

「七〇歳までならOKね」

エッさんは即座に答えた。

「七〇歳以下の場合、お金はいらないの?」

「そういうわけではないけど、いい人ならお付き合いはするわ」

「七五歳ではダメ?」

私がそう尋ねると、彼女はちょっと考えこんだ。

「ダメということはないけど、条件次第ね」

「どんな条件?」

「初めに二〇〇万バーツほしいわね」

二〇〇万バーツといえば、日本円にしておよそ七〇〇万円の大金である。

「一〇〇万バーツではダメ?」

私は好奇心からさらに尋ねた。

「一〇〇万バーツだと、車とコンドミニアムを買ったら遊ぶお金が一銭も残らないじゃない。やっぱりダメね」

彼女は真剣な顔で答えた。

七〇歳、七五歳というのは、エッさんのイメージの中で男として認められる高齢者とそうでない高齢者の分岐点なのだろう。厚生労働省が名付けた前期高齢者と後期高齢者の違いみたいな感じだろうか。リアルで興味深かった。

二五歳のエッさんの見解では、七〇歳まではならなりゆき次第でノーマル料金で愛人になれる

◎上：ビア・バーのホステスたち曰く、「75歳以上でも700万円貰えたら愛人関係になっても良いかな」（チェンマイ）
◎右：気に入ったホステスにはチップをレイにつけて渡す。最高額をつけた人が指名権を得る（チェンマイ）

が、七五歳なら初めにお金ありき。その金額は日本円にして七〇〇万円ということになる。

彼女はなぜ、こうもスッパリと金額の基準が言えたのか。おそらく先輩ホステスたちの告白や噂などから、ある程度、日本の高齢者に囲われたときの相場ができあがっているからに違いない。

女性に貢ぐという快楽

これまで恋愛を勝ち組、負け組と単純に分類してきた。信じた女性に裏切られ首を括った日本の高齢者もいる。これは少なくとも勝ち組とはいえない。いい配偶者に恵まれ、タイで天寿を全うした人もいる。まあ勝ち組といっていいのかもしれない。でも、ことはそう単純ではないようだ。そう感じたのはコンドミニアムを始め五〇〇万円相当を貢いだあげく、四カ月後に女性に捨てられた七〇歳のMさんの話を聞き終わったときのことだ。

Mさんが女性の写真を差し出した。色白で日本のアイドルタレントのように愛くるしい一〇代の少女だった。もちろん、後味の悪い別れ方、裏切られたというショックは残ると思う。五〇〇万円という散財も少ない金額ではない。だが、と思う。Mさんはどこにでもいる七〇歳の普通の日本の老人だ。日本で暮らしていれば絶対に接点がないこんなかわいい一〇代の娘をほぼ四カ月、独占したことになる。その対価が五〇〇万円だったと考えれば、その金額を高いと考えるか安いと考えるかは微妙だ。日本で実現できない夢を手に入れ、その結果、一瞬でも幸せを感じたのなら、負け組とは呼べないのかもしれない。

「一〇年間で四〇〇〇万円は貢ぎましたね。お馬鹿な人生です」

チェンマイの居酒屋でそう語り始めたのは畑山迅さん（六八歳・仮名）だった。

東京生まれの畑山さんは三歳のとき、父を亡くした。鉄道マンだった義父はまるで本当の父親のように優しくて大切に育ててくれたという。畑山さんは自分も将来は義父のように、温かい家庭を作りたいと思っていた。

家計を助けるため中学時代から家の仕事を手伝ってきた畑山さんだが高校を卒業後、製薬会社に勤務し、二五歳のときに結婚した。畑山さんの理想とする家庭的で料理の上手な女性だった。しばらくは幸せな暮らしが続いた。ところが、結婚後一〇年ほどしたとき、知人に頼まれて奥さんはパートタイムで健康食品の販売を手伝うようになる。それが家庭崩壊の引き金になった。初めは一日二、三時間の軽い仕事だったが、やがて奥さんは仕事にのめりこんでゆく。

頑張れば頑張っただけ見返りのある営業の仕事に、奥さんは生き甲斐を感じるようになってしまったのだ。早朝に出かけ、深夜に帰宅することも珍しくなくなった。すれ違いの日々が続く。畑山さんは何度も仕事を辞めてほしいと頼んだが、奥さんはどうしても仕事を辞めようとしなかった。結婚から二二年目、子供が独立したのを期に畑山さんは妻と別れる決意をする。四七歳のときだった。

「妻には何の不満もありませんでした。仕事さえ辞めてくれれば、今でも一緒に暮らしていたと思います」

離婚から二年後、失意の中で暮らしていた畑山さんを友人がタイに誘ってくれた。タイは夢のように楽しかった。女性たちは優しく、古い日本女性が持っていた情緒のようなものを感じたという。結婚するならタイの女性だな、畑山さんはそのとき思った。これが大きな失敗を招くことになる。

何度かタイに遊びにいくうち、歓楽街タニヤで二一歳のホステスと知り合った。日本で働いた経験があるため日本語も達者なだけでなく、日本人の気持ちもよくわかった。一緒になれば家庭的ないい奥さんになるに違いないと畑山さんは思った。畑山さんは容姿にとてもこだわる。その女性は畑山さん好みの女性でもあった。会社の休みが三日続けばタイに足が向くようになった。しばらく付き合ううち、女性との結婚を本気で考えるようになった。言われるままに一〇〇万円以上する車を始め、様々なものもプレゼントした。

しかし、やがて驚愕の事実を知ることになる。畑山さんが結婚話を切り出したとき、女性はこう答えたのだ。

「勘違いしないでください。あなたはただのお客さんよ。もっと金持ちのパトロンは私にはいくらでもいるのよ」

畑山さんはその言葉を聞いてショックで血圧が上がり、その場で倒れてしまった。病院に担ぎ込まれた畑山さんの枕元で女性は自分の身の上話を始めた。一七歳で売春婦として日本に売られていったこと。日本で一緒になった男は、彼女に働けるだけ働かせて金を絞り取ったこと。さらに二番目の男には監禁されて働かされ、逆らうと激しい暴力を振るわれたことなどだった。どれもショッキングな話だった。日本での地獄のような暮らしは二年間続いたという。ある日、彼女は隙を見つけて逃げ出し、警察に駆け込んだ。事件が明るみに出たため、彼女はようやく地獄から解放されタイに戻ることができた。

彼女の日本人に対する不信感は深かった。だから、堪能になった日本語と美貌を武器に、日本人男性から金を巻き上げることに何の罪悪感も覚えないと言い放ったのだ。畑山さんは彼女の過去を理解し、必ず彼女を幸せにすると何度も説得を試みたが、二人の溝はついに埋まることはなかった。病気が回復すると畑山さんは傷心のまま帰国した。このショックから立ち直るのに五年かかったという。

その後、営業方針を巡って畑山さんは上司と対立、会社を辞めることになる。そして、本格的なタイでのロングステイ生活をスタートさせた。今から一〇年前のことだ。やがてチェンマイのマッサージ店で知り合った女性にプロポーズをされ結婚をする。年齢は三〇歳、容姿も畑山さん好みではなかったが、頭のいい女性で話をしていて楽しかったという。台湾人の前夫からもらったという立派な家もあったので、新居を建てる必要がないという気楽さも妻にした理由の一つだった。

畑山さんは頭のいい彼女と一緒にビジネスをするのも悪くないかもしれないと思っていたという。家に住まわせてもらう代わりに、相手の求めに応じて、結納として三五〇万円もするホンダの新車をプレゼントした。ところが入籍を済ませると、彼女は車もろともどこかに消えてしまったのだ。畑山さんは傷口が大きくならないうちに離婚を決意した。

それから一年ほどしたとき、畑山さんは運命の少女と出会う。彼女はオープン形式のバーで働いていた一五歳の美少女だった。

「私は女性の容姿に対するこだわりが人一倍強いんです。彼女は何から何まで好みの容姿でした。こういう女性に会うと後先のことが考えられなくなるんです」

実は畑山さんが彼女とつきあい始めた当初、知人たちから、「あの親子には気をつけなさい」と何度か忠告されていた。しかし畑山さんは聞く耳を持たなかった。この子と一緒にいられるのならすべてを失ってもいい、そんな気持ちだったという。

結局、畑山さんはその親子に、家一軒、新車二台、トラック一台さらに新車のバイクを二台貢ぐことになる。こうした物品以外にも、一家の生活費月々二万バーツ、少女の学費や海外旅行の渡航費、さらには借金の肩代わりやアクセサリー類など、三年間に二〇〇〇万円以上の金を貢いでしまった。完全に足下を見られていたのだ。

もちろん畑山さんも何度か決別を考えた。イギリスに住んでいる少女の姉の家に遊びにいっ

◎「お馬鹿な人生です」。10年間で4000万円を貢いだが、人生に悔いはないという畑山迅さん（68歳・仮名）さん

たときのことだった。畑山さんという金づるを捕まえ金遣いが荒くなった母親に、イギリス人と結婚し、合理的な考えが身に付いている少女の姉が苦言を呈した。日頃から感じていたことだったので畑山さんもその意見に同調した。それが母親の逆鱗に触れた。その途端、親子は畑山さんを置いてタイに帰国してしまったのだ。その後は家にいても口もきいてもらえず針のむしろだった。このとき畑山さんは少女との決別を心に決め、家を出た。これで関係は終わるはずだった。

ところが強欲な親子は、金に困ると畑山さんの前に姿を現した。そして、身の回りの世話を焼いたり、畑山さんにせっせと尽くしてくれるのだ。心の底では少女に未練のあった畑山さんは、その度にほだされ、親子に貢がされた。畑山さんが家を飛び出して以来、少女は決して畑山さんと一緒に寝ようとしなかった。それがまた畑山さんの未練心に火をつけ、何とか少女の心を取り戻そうとして泥沼に入っていった。

そんなある日、決定的な事件が起こった。

久しぶりに金をせびりにやってきた少女の様子がおかしいのに気づいた畑山さんは、少女のTシャツの中をのぞき込んだ。これまでピンク色だった乳首が黒ずんでいる。少女はこっそり子供を産んでいたのだ。その瞬間、畑山さんは魔法が解けるように夢から覚めたという。今から三年前のことだ。

「タイではいい夢をたくさん見させてもらいました。もう、女遊びするお金も使い果たしました。

年金も出る年齢になったし、そろそろ日本に帰ろうかとも考えています。時々、おいしい日本料理を食べたり、温泉にゆっくり浸かりたいという気持ちになるときがあります。でも、まだ決心はついていません。タイは魅力的な国だし、ここで暮らしていると退屈することがありませんからね」

畑山さんは自分の貢君的人生を語り終わると、さばさばした表情でそう言った。

四〇〇〇万円という金額は大金であることに違いない。しかし、畑山さんの一途に貢ぎ続けた一〇年は、老後の生活費を心配するあまり通帳残高とにらめっこしては一喜一憂している高齢者には、決して体験できない宝のような充実したひとときだったのかもしれない。

「金を騙し取られたのは自業自得ですからね。未練はありません。思えば楽しい一〇年でした。最近こちらにやってくる日本人たちは、この町を我が物顔で闊歩し、タイやタイ人を利用することばかり考えています。私はこの一〇年、誰にも迷惑をかけずに生きてきたので、まあ、良しとしていいんじゃないですか」

第5章

結婚に失敗しない方法

「タイで結婚するのはさほど難しいことではないんです。問題はいかに持続させるかなのです」

タイ人女性と結婚した一人の高齢者が言った。

ある程度の所持金さえあれば、日本の高齢者がタイ人女性と結婚するチャンスはいくらでも転がっている。しかし、結婚生活を持続させるにはたいへんな努力がいる。それがタイで若い女性と結婚するという夢を叶えた多くの高齢者たちの偽らざる感想だ。育ち、考え方、そして世代も違う女性との暮らしには誰もが苦労しているようだ。

タイは男女平等

近頃はスピード婚が流行したりして、日本の若者たちの結婚に対する意識は少しずつ変化している。しかし団塊の世代が結婚適齢期だった時代、日本社会には家柄や学歴のバランス、親との同居問題など、結婚に至るまでに超えなければならないハードルはいくつもあった。ところが、いったん条件をクリアし入籍を済ませてしまえば、その後は大きな努力をしなくても結婚生活は続いてゆくというのが日本のスタイルだ。思えば、大学の入試や終身雇用時代の企業など、入り口が狭く、いったん中に入ってしまうとぬるま湯、というのは日本社会の特徴の一つなのかもしれない。

最近では、日本でも熟年離婚という形で妻たちの反乱がしばしば起こっている。しかし、結婚がゴールインという基本的な考え方はあまり変わっていない。そんな事情もあってか、私の見る限り、日本男性の多くはタイ人女性を釣り上げることのみに力を注ぎ、釣り上げてしまった後、つまり結婚生活を持続させてゆくための明確なプランは持ち合わせていないような気がする。

ところがタイでは日本とは対称的に、金銭的な合意さえ得られれば結婚にさしたる障害はない。タイでは結婚は単なるスタートライン、あるいはそれ以前と考えた方がいい。終の棲家にと考えたタイで結婚生活を実り豊かなものにしてゆくには、それなりの努力が必要になるのだ。この問題をもう少し考えてみたいと思う。

タイの女性たちが豊かなホスピタリティの持ち主であることはすでに述べた。しかし、ホスピタリティ、つまり「もてなしの精神」と、日本男性が妻に求める「奉仕の精神」とは根本的に質が違う。タイの女性には社会でも家庭でも、一歩さがって夫を立てるなどという発想は皆無であると思った方がいい。その最大の原因は、タイの社会が日本と比べて遙かに女性の自立が進んだ社会であるということだ。

例えばタイの職場を見学してみるとよくわかる。日本とは比べものにならないほど女性の社会進出が進んでいる。統計的にみると仕事を持つ女性の割合は、男性を一〇〇とすると日本の場合は女性が四〇パーセント台であるのに対し、タイでは八〇パーセントを超える。世界的にみても女性の社会進出が高い国なのである。ちなみに大学の進学率に至っては女性が男性を上回っている。

官公庁や銀行などの大企業に行くと、末端の労働者がすべて男性であるにもかかわらず、中間管理職以上がすべて女性という職場も珍しくない。初めて見たときは異様な感じさえしたがそれがタイのスタイルのようだ。

今から二〇年近く前、タイ人女性の社会進出というテーマで、タイ最大の銀行、曼谷《バンコク》銀行のサイアム支店を取材したことがある。日本でいえばさしずめ三菱東京UFJ銀行の銀座支店のような大銀行の看板営業所の一つだ。この支店では一九七三年以来、ガードマン、支店長を含めすべてが女性だけで運営されていると聞いたからだ。

銀行に到着すると、まず入り口には凛々しい制服姿の女性ガードマンが立っていた。情報に嘘はないようだ。ところが中を覗くと、三人の男性職員が窓口業務をしていた。なんだ、やはり女性だけではやりおおせないんだ。そんな考えが脳裏をかすめたときだった。

品のいい中年女性が現れた。支店長だった。生き馬の目を抜く金融業界で看板支店を任されているとは思えない、気さくで品のいいおばさんだった。

彼女は私の視線に気づくと悪びれずに言った。

「月末で忙しいから、急遽、アルバイトを雇わなければならなかったの」

もし日本だったら、「女性だけの支店」と銘打っている以上、アルバイトには女性を使うし、どんな理由があろうと男子禁制を死守するのではないだろうか。ところがタイではこのときすでに、そんなキャッチフレーズなどどうでもいいほど、労働現場における男女の機会均等が進んでいたのだ。

軍隊や政治の場など、男性中心の、職場は今でも厳然としてある。しかしタイの一般的な会社では、労働の機会均等はほぼ完全に保証されているといってもいい。それはこんな現象にも表れている。建設ラッシュが続くタイで、ある日、建設中の高層ビルを見学した。作業用のエレベーターで上ってゆくと、まだ骨組みしかできていない四〇階建てのビルの最上階で、セメントをこねる作業をしていたのは地方から出稼ぎに来ている二〇代から四〇代ぐらいの女性たちだった。肉体労働の現場でも女性は男性と互して堂々と働いていたのだ。

このようにタイの男女機会均等は日本のように形式的なものではなく、筋金入りなのだ。当然のことながら、そんな自立した女性たちが家庭に入ったからといって、急に男性を立てるなどということはありえない。女性を釣り上げるときだけチヤホヤし、夫婦になった途端、「風呂、飯！」と叫ぶ日本の男権主義は一〇〇パーセント通用しないと考えた方がいい。

さらにもう一つ、女性の強さの理由は、北部タイなどでは基本的に末娘が親の面倒をみて家を継ぐ母系制が中心であることだ。従って、家庭の中で一番発言力を持つのは一家の長である自分だという意識は女性の中に強くある。いくら日本男性が「経済的に面倒をみているのは俺だ」と威張ったところで、妻はまったく意に介さない。女房子供を養ってやっている、などとは間違っても考えない方がいい。

日本でも最近、家事育児を夫が行ったり、男女関係は少しずつ変化の兆しを見せている。しかし今回の取材対象である団塊の世代以前の高齢男性たちは、どうしても男性中心社会へのノスタルジーを強く持っている。もし、タイ女性と幸せな家庭を築きたいのなら、このあたりの意識改革を周知徹底しておかなければ、必ず痛い目にあう。

ある高齢日本人は、口げんかになって妻が必ず口にする言葉は「出て行け！」だ、と言って嘆いていた。しかも、夫婦喧嘩が激しくなると手も足も出る。普段は優しく思いやりもあるタイの女性だが、喧嘩となれば対等だ。「この家は誰が買ったと思ってるんですかね」などと言っても後の祭りだ。

一〇代ぐらいの若い妻をもらい、一から躾ければなんとかなるだろうという甘い考えを持っている男性もいるが、これも大間違いだ。彼女たちは最初のうちだけは従順に振る舞うかもしれない。しかし、そもそも彼女たちの辞書には、「男に従ってさえいれば幸せになれる」などという世界観はまったく記載されていないからだ。こうした文化的なギャップが存在することはくれぐれも肝に銘じておいた方がいい。

コミュニケーションの重要さ

例えば何のつてもない上、日本語が一言もしゃべれない外国人が日本にやってきたとする。

あるいは逆に日本語以外まったくしゃべれない日本人がフランスで生活したとする。考えただけでも恐ろしい現実が待っているのは容易に想像がつく。ヨーロッパ型の社会では言葉がコミュニケーションにおいて決定的に重要な役割を果たす。ところがタイ、特にバンコクではタイ語がまったくわからなくてもなんとか生活ができてしまう。タイに限らず東南アジアに来ると、コミュニケーションにおける言葉の役割は思ったほど大きな位置を占めないということに気づく。感応力と相手を思いやる心があればノンバーバルコミュニケーション、つまり表情やボディランゲージでかなりのことが伝わることを実感できる。

若い頃、無謀な旅をよくした。タイ語が一言も話せないのにタイの東北地方の片田舎の町へバスで旅したことがある。その上まずいことに、両替したタイバーツをすべて使い果たしていることに気づいていなかった。私は無一文で言葉の通じない土地に降り立ってしまったのだ。バスを降りると、サムロー（人力車）やバイクタクシーの運転手が近づいてきた。英語ができる人は一人もいない。言葉がまったく通じないのだ。そうこうしているうちに、バイクタクシーの一人がとにかく後ろに乗れ、とジェスチャーをする。私は空の財布を見せて金がないことを示したが、男はおかまいなしに私のカバンをバイクに乗せた。いつまでも同じ場所にいても仕方ないのでバイクに同乗すると、農村を走って小さなＮＧＯの事務所の前で止まった。そこに日本人がいるらしいのだ。

ところがあいにく、バンコクに主張中で留守だった。クルンテープというバンコクの現地名を盛んに言いながら、バスがビューンと行ってしまったというようなジェスチャーをしてみせるから、多分そういうことなのだろう。

運転手と村人は言葉のわからない私にさらに話しかけてくる。そのとき、カバンの中に辞書があるのを思い出した。その辞書を介してやりとりするうち、どうやら鍵を取ってくるから、しばらくここに泊まっていけと言っているようだ。嬉しくて、涙が出てきた。結局、泊まらずにバス停に引き返したが、最後までバイクタクシーは金を請求することはなかった。

しかし、結婚生活でもこういうことが通用するかといえば、もちろんそうは問屋が卸さない。ところが、タイ人女性と結婚した日本人の家に遊びに行くと、そういう現場にしばしば遭遇する。ある人が「フィリピンパブのような家庭」と形容していたが、結婚した二人がお互いに片言の日本語やタイ語でやりとりしているのだ。片言の会話ができるのはまだましな方で、中にはほとんどコミュニケーションが成り立たない状態で共同生活を送っている人さえいた。これでは長く連れ添うことができる方が不思議である。

こうした状況で最も大きな問題になるのは不満の蓄積である。タイ人と結婚した日本男性から話を聞くと、結婚生活を維持するために涙ぐましい努力をしていることがよくわかる。タイの女性には気分屋が多い。一緒にどこかに出かけようと決めていても、当日になって気が変わることは日常茶飯事だ。また、買い物に行って欲しい物があると我慢できなくなって買いまくる。こうしたわがままを必死で許容し、自分は妻のために相当我慢していると思っている日本男性は多い。しかし、その気持ちが相手にうまく伝わっているかどうかは疑問だ。

一方、日本男性が思っている以上にタイ人女性の方も我慢しているに違いない。タイ人と日本人では多くの文化ギャップを抱えているからだ。例えば、親との関係を例にとってみるとわかる。タイ女性の大半は親に仕送りをしている。世話になった親の生活を面倒見るのは子供の最低限の責務だと考えているからだ。まして、現地人より遙かに裕福な外国人と結婚したとなれば親の期待も自ずから大きくなる。親は様々な要求を子にぶつけ、子供は精いっぱい親の期待に応えようとする。月々三万円から五万円ほどの仕送りを要求されることも少なくない。

言わずもがなのこうした慣習も、タイ社会を知らない日本の高齢者にはよく理解できない。こうした親の態度をたかりの一種だと考えている日本人も多い。もし言葉によるコミュニケーションが可能なら、話し合って妥協点を見つけるのもそう難しくはないかもしれない。ところがそれができないとなると、女性の方は、仕送りを渋る男性に次第にストレスを溜め、それが高じてやがて不信感に変わってゆく。

親への仕送りをケチるなど、この男は恐ろしくケチな上、冷酷だ。そう感じるかもしれない。それでも夫婦間の信頼があるうちはまだ乗り切れる。しかし、ひとたび歯車が狂い出すとこれまで溜め込んでいた様々な不満やストレスが一気に噴出する。

「親にあげる金までケチりやがって、この親不孝のボケナス」

そんな言葉でののしっているかもしれない。

そこまでいかないにしても、話し合えば簡単に解決できたかもしれないことが、会話が成り立たなかったばかりに両者に亀裂を生じさせたとしたら、それはとても不幸なことである。生涯連れ添っていこうという気持ちがあるならば、コミュニケーションはしっかりとれるように努力しておくに越したことはない。

タイ人女性の方に日本へ出稼ぎに行った経験があれば、家庭の公用語は日本語になるケースが多い。逆に日本人の方がタイに造詣が深かったりして、タイ語が流暢に話せるというケースも稀にある。その場合、家庭の公用語は当然タイ語になる。だが、どちらのケースもそう多くはない。やはり、言葉を学ぶ努力を怠ってはならないと思う。

また、私がいくつかの国際結婚カップルを見てきた感想でいうと、例えば英語のように第三国の言葉を家庭の公用語にしているカップルは比較的うまくいくケースが多い。例えばタイ人と日本人の結婚の場合、タイ語もしくは日本語を家庭の公用語に選んだ場合、どちらかにとって母語である言葉が相手にとっては外国語になる。その場合、よほどの努力をしない限り、所詮ネイティブから見ると至らない点が多い。外国語が上手に話せることと、その人の本質的な能力や人柄とは何の関係もない。そのことはみんなわかっている。ところが実際に生活を重ねているうちに、自分の言っていることをなかなか理解しない相手に侮蔑感やいらだちを抱いたりすることは誰にでもあるはずだ。

逆に、外国語を話している方も言い争いに負けたりすると、自分の国の言葉だったらこんなことにはならないのに、と必要以上にストレスを溜める。このストレスや侮蔑間は巡り巡って必ずや夫婦関係に暗い影を落とすことになる。前置きが長くなったが、私は家庭のコミュニケーションについてはできれば第三国の言葉、例えば英語などでやりとりした方が対等な良い関係が作れると思う。

とはいっても、高齢者が一から英語なりタイ語を習うのはたいへんかもしれない。そこでもう一つの案がある。それは信頼でき、何でも話すことができるバイリンガルの友人を一人見つけておくことだ。そしてその人にお礼を払ってでも、問題が起こる度、あるいは定期的にお互いの気持ちを報告する場を持つことが大切だと思う。当たり前のことだが、文化や考え方の違う人同士の結婚の場合、常にお互いに理解し合うための工夫や努力が不可欠だからだ。

欲張らないこと

今回、多くのカップルを取材させていただき、結果的に、理想的な配偶者選びをしたと思われる一人の男性の例を伝えようと思う。なんとその人は一度も相手の顔を見ずに国際結婚していた。

中津川晴彦さん（六〇歳・仮名）。家はチェンマイ市郊外の高級住宅地にある。チェンマイでは五〇〇万円あればそれなりに立派な家が建つ。しかし、中津川さんの家は二〇〇〇万円もする超豪邸である。高級住宅地の中でもひときわ輝きを放っている。

「父親が比叡丸の機関長という職業軍人だったため、敗戦後、村人から仲間はずれにされ、子供の頃は村はずれにある掘っ立て小屋のような家で暮らしていました。それがとても辛い思い出として残っています。いつしか大きな家に住んで、自分たちを仲間はずれにした人たちを見返してやりたいと思っていました」

御殿のような家を建てた理由を中津川さんはこう説明した。

こうしたトラウマは本人にしかわからないことなので、なんと申し上げたらいいのかわからない。しかし、この大きな家を建てるに当たって、何度も夫婦喧嘩になったという。奥さんが立派な家を建てるのに断固反対したからだ。

理由は、遺産が目減りするからではない。両親がみすぼらしい家に住んでいるのに、自分たちだけ立派な家に住むことに心が痛んだからだという。私はこの話を聞いたとき、いい奥さんを見つけたな、と感じた。

中津川さんは見合い結婚だった。しかも、業者に委託したので結婚するまで一度も相手の姿を見たことがなかったという。散々吟味し、熱愛の末選んだ配偶者に財産を持ち逃げされた人をたくさん見てきたので、初めは少し驚いた。しかし話を聞くに従い、偶然にも理想的な嫁選びをしていたことがわかってきた。

中津川さんは福島県の高校を卒業し、大手電機メーカーに就職した。激務に加え、業績の低迷でリストラの嵐が吹き荒れていた。将来に不安を感じた中津川さんは、再就職を決意した。そして首都圏の市役所を受験、首尾よく合格した。これで生活は安定したものの時代はバブル真っ盛り。当時のトレンドだった三高（高学歴、高身長、高収入）からほど遠く、おまけに口下手だった中津川さんに振り向いてくれる女性は一人もいなかった。結婚願望は人一倍強かった中津川さんだが、四〇の声を聞く頃から自分は結婚には縁がないとあきらめるようになっていた。典型的な結婚難民の一人といってもいいかもしれない。

中津川さんは組合活動に精を出し、休みは趣味の旅行に費やした。在職時代に中津川さんが回った国は全部で二五カ国にのぼる。結婚資金にと考え貯めていた一五〇〇万円の金はすべて旅行で使ってしまったという。

いくつかの国を回るうち、中津川さんはタイが気に入った。すでに多くの人の例で述べているように、女性のホスピタリティに惚れ込んだのだ。タイで出会った多くの結婚難民高齢者同様、この国だったら結婚できるかもしれないという予兆を感じたという。そして、タイで知り合った結婚仲介業者に夢を託したのだ。

業者を通じた結婚の場合、仲介者に金だけ騙し取られたり、詐欺師まがいの女性を紹介されて金を巻き上げられたりするケースが少なくない。ひどいケースでは、騙し取った女性から男性を紹介した仲介業者にバックマージンが支払われることまである。だが中津川さんには運が味方した。紹介者は誠実に、良い女性を中津川さんに紹介したのだ。それが現在の妻ティーカンポーンさんだった。中津川さんが四七歳、妻のティーカンポーンさんが三六歳のときのことだった。

奥さんのティーカンポーンさんは初婚だった。田舎で暮らす女性で三〇過ぎて未婚というのは極めて珍しい。話を聞くと、末っ子だった彼女は両親の世話に追われているうちに婚期を逸してしまったそうだ。結婚生活で苦労している親戚や友人たちを見ていて、特に結婚したいと思わなかったことも婚期を遅らせた理由だという。しかし、三〇半ばにさしかかる頃から、少しずつ彼女の中に変化が出てきた。両親の死後、たった一人で年老いてゆく自分の姿を思うと、なんともいえない寂しさを感じるようになったのだ。だが結婚の適齢期はとうの昔に過ぎていた。タイの田舎ではすでにまともな結婚が難しい年齢になっていた。

そんなとき、中津川さんとの縁談話が持ち込まれたのだ。初めは断るつもりだった。ところが、同じ村に住む友人がたまたま日本人と結婚し幸せになった姿を見て心が動いた。ティーカンポーンさんはおおいに悩んだという。というのは、日本人と結婚し幸福になった友人がいる一方、日本のヤクザに騙されて身売りされた女性たちの噂もたくさん聞いていたからだ。結局、この縁談を断ったら結婚のチャンスは永遠に巡ってこないかもしれないと思った彼女は中津川さんのプロポーズを受けることに決め、意を決して日本に飛び立った。

中津川さんが、日本で結婚生活を始めた当初のこんなエピソードを披露してくれた。

ある日、二人で町を歩いていたら道に迷ってしまった。気がつくと、ネオンきらめく歓楽街を歩いていた。その瞬間、ティーカンポーンさんが顔面蒼白になって立ち尽くした。そして、「ウルミー」と呟いたという。中津川さんにはその言葉の意味がわからなかった。「売る・ミー」、つまり、「あなたは私を風俗に売るつもり」という意味だったという。国際結婚のリスクは日本人の側からばかり伝えられるが、タイ人女性にとってもスリルと危険がいっぱいなのだ。

環境の違う日本での暮らしは決して楽ではなかった。差別も何度か体験した。しかし、その都度、中津川さんは彼女を守り、夫婦の絆は深まっていった。中津川さんには一〇歳の子供がいる。子供の頃、いじめも体験している中津川さんは、母親がタイ人であることで、将来子供がいじめにあうことがとても心配だった。そこで中津川さんの定年を期に、奥さんの実家がある北タイに移り住んで新たな生活を始めることにしたのだ。

中津川さんは今でもタイではタブーである亭主関白を通している。

「こんな短気で、威張りちらす人、見たことがありません」

奥さんはそう中津川さんを評したあと、すぐにこう付け加えた。

「でも心はとても綺麗な人です」

二人からは幸せのオーラが伝わってきた。

中津川さんは巧まずしていい配偶者選びをしたと思う。

まず、ティーカンポーンさんが生まれてからずっとタイの田舎で暮らしていたことだ。農家の女性の多くは、清く貧しい生活をしている。歓楽街で生きる女性たちと比べると格段に物欲も生活に対する要求水準も低い。

親の世話をしていて婚期を逸したのも本人の人柄の良さを感じさせる。そしてもう一つ、ティーカンポーンさんを取り巻く家族や親戚がとてもいい人たちだったことだ。

あるロングステイヤーはこんなことを言った。

「大金を持った日本人は角砂糖だと思ってください。まわりにアリがいれば必ず寄ってきます」

本人に問題がなくても親の欲が深かったり、親戚に邪悪な人がいると、必ず財産を狙って悪知恵を働かせる人が出てくる。幸いにも彼女は家族と愛情で結ばれていて、親戚たちも教養があり、善良な人たちばかりだったことだ。

そしてもう一つは三六歳という年齢である。タイの女性は三〇歳を超える頃から、地に足のついた人生を真剣に考えるようになる。もちろん生活環境にもよるが、ある程度年齢のいった女性の方が結婚の成功率は高くなるようだ。

こうした配偶者選びと同時に、もう一つ好結果をもたらしたと思われる要素がある。それは結婚後六年間、奥さんに日本の生活を体験させたことだ。

日本人がタイの庶民の暮らしをイメージできないように、普通のタイ人女性には日本人の日常生活をイメージすることは困難だ。日本人が金持ちに見えるのは単に為替によるメリットであり、日本国内では決して優雅でリッチな生活をしているわけではないことも知らない。毎朝満員電車に揺られ、タイ人より遥かに厳しく、ときには惨めな暮らしを強いられていることももちろん知らない。タイの女性の中には有り余る金をもてあまし、毎日ぶらぶらしている日本人を見て、日本人はノーテンキなボンボンだと考えている人も多いのだ。だから、厳しい日本の現実を見せ、その生活を体験させることで、日本人に対する共感や頑張っている夫の姿に尊敬の気持ちも生まれる。同時に金のありがたみも理解するようになる。

さらに奥さんが日本語を自由にしゃべれるようになったことで、お互いのコミュニケーションもとりやすくなった。もしゆとりがあればの話だが、タイで結婚相手を見つけたら、本格的にタイで暮らす前にしばらくは日本で生活してみるのがいいと思う。

「日本人はたいへんだと思いました。それに日本人にはいい人も悪い人もいることもよくわかりました」

奥さんは日本で何度も見下された態度をとられた。しかし逆に、困っているとき何度か助けられたこともあったという。リアルな日本という現実を目の当たりにして、夫婦の絆は確実に強まったという。

タイの女性は素朴で心も綺麗な人が多い。見た目や年齢にこだわらず、相手の文化や気持ちを理解すれば、それなりに幸せな結婚ができる可能性は高いと思う。そもそも日本では、還暦を過ぎた普通の男性が三〇代の女性はおろか、結婚すること自体たいへん難しいのが現実である。ところがタイでは金さえあれば若い女性がよりどりみどりである。人間である以上容姿の好みはあるだろうが、我が身を省みて、ある程度妥協して人柄重視で相手を選べばいいのだが、実際にはそういかないようだ。

まわりを見回してみると、若くて見目麗しい女性と一緒にいる同年代の仲間をたくさん見かける。そこでついつい欲が出て理想とする二〇代前半、もしくは一〇代の若い女性を追い求めるようになる。遊び相手として付き合っているうちはまだいい。しかし、結婚相手までも容姿や見た目で選ぶようになると、悲劇に見舞われる確率はぐっと高くなる。生涯の伴侶を求めてタイに行くなら、高望みをせず、自分の身の丈にあった配偶者を探すことが大切だと思う。

日本人村騒動

バンコクから西に車で一時間ほど行ったところにナコンパトムという町がある。地方都市ではあるが、渋滞のバンコクを避け、この町からタイ各地へアクセスできることから交通の要衝として知られている。インターネットで、この町の郊外に日本人村（仮名）というのがあるのを見つけ、見学に行った。

その昔、日本にシルバーコロンビア計画というものがあった。大仰な名前だが平たくいえば、定年退職後の日本の高齢者を海外に移住させる、国の計画だった。この計画は通商産業省の役人の発案で始められたという。

コロンビアとは新大陸を発見したコロンブスにあやかったそうで、「シルバーコロンビア計画

92」と命名し、一四九二年のコロンブスによるアメリカ大陸発見から五〇〇年という節目に一定の成果を上げるようプログラムを模索していた。当時、フィリピンやスペインなどコロンブスに縁の移住先が盛んに宣伝された。しかし、日本のバブル崩壊や、諸外国から「日本は老人まで輸出するのか」と非難を浴びたこともあり、計画は頓挫した。

もう一つ、国際的に評判が悪かったのは、日本人の居留地を作るというコロニー的な発想であった。しかし現実的には、海外にロングステイもしくは永住する日本人は年齢に関係なく、現地の人と交わるより日本人の共同体を作りたがる傾向がある。言葉もできず国際感覚が欠如している高齢ロングステイヤーにとって、コロニーは必要悪なのかもしれない。

その後、このシルバーコロンビア計画が、近い将来起こるであろう年金制度の崩壊を見据えた上での国策だったことも判明し、なにをか言わんやではある。だが一方で、現実の年金不安や物価高の日本を脱出し、海外で豊かに暮らそうという発想自体は、明らかに時代の要請を反映したものでもあった。そして、すべての高齢者が日本で生活できるだけの年金支給ができないことが明らかになった現在、物価の安い海外に高齢者を送り出す計画は今も水面下で続けられている。

この日本人村は日本政府とは一切関係がない民間の施設だ。しかし高齢者たちの現状を思うと、一つのビジネスモデルたりえるのではないかと思ったのが見学の理由だ。この村には政府の計画にはないユニークな点が一つあった。単に日本からタイにやってくる高齢者に向けて住宅を販売するだけではない。ここではハウスワイフ、つまり配偶者の斡旋とワンセットで住宅を販売しているのだ。以下、ホームページの記述である。

一人暮らしは老後が心配。老後の介護を考慮しタイで再婚、日本人村で永住するご縁談を無料でお世話しております。ご紹介するタイ女性は三〇~四〇代で子供がいますが、結婚後は女性の両親と暮しますので同居はありません。月三万円の仕送りで済みます。タイの女性は夫や家族を大切にし、心から尽くします。老後も安心して介護を任せられます。

斡旋してくれる配偶者というのが、地元で暮らす子持ちのバツイチ女性というのもユニークな点である。

二〇〇五年の統計によると、タイでは結婚カップルの四組に一組が離婚している。しかも田舎の場合、結納の儀式さえ行えば結婚は認知されるので結婚当初は役所に届けを出していないカップルも多い。こうしたカップルは離婚してもカウントされないので、実際の離婚率はさらに高いとみられる。

離婚の場合、女性が子供を引き取るのが一般的である。こうした子供を抱えたバツイチ女性が再婚するのは現実にはかなり難しい。女性の側にも一度結婚に失敗すると、結婚はもう懲り懲りと考えてしまう人が多い。バツイチ女性は子供を養うため、両親に子供を預けて出稼ぎに

◎上：高級住宅地の中でもひときわ目立つ中津川さん（60歳・仮名）の2000万円の豪邸
◎下：ナコンパトムの象徴、高さ120メートルのパラパトムチェッディ寺院の仏塔。この先に日本村（仮名）がある

いかざるをえない。

日本人のロングステイヤーが二〇代前半の水商売の女性と付き合い、いざ結婚という段になって田舎に子供がいることが判明するというケースはよく聞く。それはこうした事情だと考えていい。

日本人村が目をつけたのはこの点だった。まず、一度結婚に失敗している女性は浮わついた考えを持っていない。子供がいれば、子供を養い育てようという責任感もある。子供の教育なども含め経済的な不安を取り除いてくれ、かつ誠実で信頼できる人であれば、年齢は大きな障害にはならない。タイのバツイチ子持ち女性と日本の高齢者を結びつけるのがこの日本人村計画の狙いだったのだ。

バンコクの東ターミナルからバスでナコンパトムに向かう。バンコク市内を抜けると空気が嘘のように綺麗になる。やがて大きな仏塔が見えてくる。ナコンパトム市の象徴パラパトムチェッディ寺院の仏塔である。高さ一二〇メートル、タイ最大の仏塔だ。日本人村はそこからさらに一〇キロほど先にある。川をせき止め、大きな池のようになっている畔に瀟洒な新築住宅が四軒並んでいた。避暑地の別荘に来たようでロケーションは申し分ない。ここが日本人村の一号地、そして、少し離れたところにはさらに広い二号地がある。

このコミュニティを作ったのは六七歳になる坂口邦彦氏（仮名）だ。坂口さんはタイ生活歴一九年。地元の女性と結婚、このコミュニティの一角で暮らしている。

インターネットでタイのロングステイを検索すると、この「日本人村」に関する記事がたくさん出てくる。お会いして理由がわかった。坂口氏は工学系の大学を卒業後、日本で大手金属メーカーに勤めていた。当時、創生期にあった磁気ドラム式コンピューターの開発に関わった経験がある。タイに来て以来、コンピューターから遠ざかっていた坂口氏だが、日本人村のホームページを作るにあたり、コンピューターのシステムをもう一度学び直したという。その際、インターネットのロボット検索の特質を分析し、関連するどんなキーワードで検索しても検索サイトの上位に登場するホームページを作ったのだという。

しかし、坂口氏は会社勤めが性に合わずやがて独立。自ら立ち上げた工務店の仕事などをしていた。工務店の仕事も長続きはしなかったが、そのとき手にしたノウハウは日本人村づくりに生かされたという。その後、洋ランの栽培を始めたのが坂口氏とタイとのなれそめである。

四五歳のときランのガイドであったタイ人女性と結婚、しばらくしてタイに移り住み、本格的に洋ランの栽培を始めた。日本で離婚歴のある坂口氏だが、タイに来てからも二度の離婚を体験し、現在の奥さんは三人目である。この三人目の奥さんの実家がナコンパトムだったことから、ここに「日本人村」を作ることにしたのだ。

「タイの田舎の女性は日本の高齢者が結婚に求めるものをかなり高い確率で満たしています」

坂口氏は自信を込めて言った。

妻を四人も取り替えている坂口氏に女性を見る目があるのかどうか不安は残るが、タイにハウスワイフ付きの住宅を作るという発想にも伏線があった。坂口さんは日本にいるとき、知人に頼まれてお見合いサイトの立ち上げを手伝ったことがある。あくまでもサイト設計のみだったが、その際、希望条件の項目を何にしたら良いか、男女が結婚に何を求めているかなど、ある程度の調査をしてサイトづくりに反映させたという。そのため坂口氏は日本の高齢男性が女性に求めるものや優先順位もよく知っているつもりだという。

「日本の結婚紹介所は一〇〇万円単位のお金を取るところが少なくありませんが、なかなか希望の女性には出会えません。お見合いの会などに出席すると、時折魅力的な女性を見かけますが、多くはお金を払って雇ったさくらです」

坂口氏の分析では、真面目に結婚を考えている高齢男性は、決して女性が若ければ若いほどいいと思っているわけではないという。優しい心の持ち主で、容姿もそれなりであれば、むしろ三〇代ぐらいの方が安心できると考えているという。そこで三〇代バツイチの子持ち女性を斡旋することを思いついたという。

「普通、タイの田舎の女性はお金を騙し取ろうなどとは考えませんよ。それに母性本能が強いので、子供がある女性は養育費を払ってくれる男性を決して裏切ったりしません」

養育費の相場は一万バーツ（三万五千円）ほどだという。

日本人村のもう一つのメリットは、言葉によるコミュニケーションができない日本の高齢者のために、夫婦間で問題が生じたとき坂口さん自身が仲介に入ってくれることだ。

「コミュニケーションがたいへんなのは最初の二カ月だけですね。後は男と女。相性さえ合っていれば、あうんの呼吸でうまくやっていくようになります」

現在、日本人村には三組のカップルが暮らしている。一人は移住後間もなく癌が発覚し、日本に帰国したそうだが、基本的にすべて、夫婦関係は良好にいっていたという。坂口氏はこの仕事に手応えを感じている。

「日本人村に住むことを決意した日本人から連絡があり、空港に迎えに行きますよね。特に写真なども要求しないので空港で初めて対面します。あるとき、この人でなければいいな、と思うような、しょぼくれて風采のあがらない老人がゲートから出てきました。まさにその人だったんです。ところが、ここで女性と一緒に暮らし始めた途端、まるで別人のように表情が豊かになり、見る度に魅力的になってゆくんです。ひと月もしたら完全に別人でした。それを見たとき、このビジネスをやってよかったと思いました」

何もかも、ハッピーなように見える日本人村。しかし、同時に危ういものも感じた。

まず、価格である。永住入居費は六〇〇〜九〇〇万円となっている。チェンマイ市内の高級住宅地でも五〇〇万円あれば立派な家が建つ。タイの事情を少しでも知っている人なら、こんな田舎の、しかも本人に所有権のない住宅にしては高すぎると感じるはずだ。もちろん、配偶者の斡旋料とアフターケアが含まれていることを思えば、良い配偶者と巡り会えさえすれば、高い金額ではないのかもしれない。しかし、それでは「無料で女性を紹介する」という謳い文句とは矛盾する。また、共同購入した車の使用料など、入居後の共益費が数万円に達するのも高すぎる気がした。

そこで、住んでいる人たちに話を聞くことにした。

住民の一人、亀山隆さん（仮名）は六六歳。大手ゼネコンに勤務し、早期退職後も土木の専門技術を請われて水処理関係の研究所に勤務、六四歳まで勤め上げた。インターネットで日本人村の存在を知り、何度かメールでやりとりするうちここが気に入り、一昨年、下見に来た。

亀山さんは日本に妻がいたが二〇年あまり別居生活が続いていて、退職後はすべてをリセットしたいと考えていた。村の見学に来たのが初めてのタイ旅行だった。そのとき、現在の奥さんを紹介された。三〇分ぐらい話をしただけだが、お互いすぐにうち解けた。そして半年後、結納を交わし、この村で結婚生活を始めたのだ。

「働き者で気だてがよく、申し分ありません。朝五時に起きて掃除、洗濯、朝食の準備すべてを完璧にこなします。兄弟や親戚もみんないい人たちで、地域の人からも愛されているんです」

亀山さんは日本村で紹介された三〇代の妻を絶賛した。特に彼女はマッサージはプロ級で、毎日施してくれるそうだ。そのおかげで、日本にいるときは体調が悪いことが多かった亀山さんだが、今ではすっかり元気になり農園作りに精を出しているという。

いくつか危ういものを感じたものの、とりあえず、入居人たちも幸せそうなので取材を終えた。それから数カ月後のことだった。「日本人村がたいへんなことになっていますよ」

バンコクの知人から連絡があった。このビジネスが予想外に儲かることがわかった坂口氏の妻が金に目が眩み、反乱を起こしたのだ。タイに長く在住している坂口氏だが、当然のことながら土地は買えない。日本人村の広大な土地もすべて妻名義で購入したものだった。彼女は親戚と組んで坂口氏を追い出しにかかったのだ。何のことはない、タイで繰り返されている不動産乗っ取り事件が日本人村でも起こってしまったのだ。

これが夫婦の痴話喧嘩なら笑ってすませられるが、当然のことながら居住者にも飛び火した。アフターケアが売りだったにもかかわらず、この騒動で一切のサービスが受けられなくなった。それればかりか、我が物顔に振る舞うオーナー夫人は共有財産として購入した車を三台とも売り飛ばしてしまったのだ。困った居住者たちはそれぞれ自家用を購入し、共益費を払わないことを申し入れた。すると今度は日本人村への道路を封鎖したり、電気を止めたりと嫌がらせを始めたのだという。

当の坂口氏は土地の所有権を巡り裁判を起こしたが、村に近づくと親戚に暴力を振るわれるため、別の場所で新しい事業を模索しているという。居住者はいい面の皮である。二人の居住者がこれまでに出資した金額は家の購入費、月々の共益費、さらには坂口氏から共同事業を持ちかけられ出資した分もあわせると、ゆうに二〇〇〇万円は超えるという。

「幸い妻は土地の人間なので、近くに家を買い直し引っ越そうと思っています。空気は綺麗で自然も豊かなのでここは気に入っていますから」

亀山さんは毎日が腹の立つことばかりだが、いい配偶者と巡り会えたのもこの村のおかげだと思うと複雑な気持ちだという。しかし、どんなことになっても日本に戻るつもりはないという。

「長い間、土建業界で飯を食っていると、政治の裏の裏まで見てしまいます。日本の政治は何もかも腐りきっているので、このままでは未来はないと思っています。タイにもいろいろな問題があることはわかっています。しかし、日本より遙かに暮らしやすいし、年金も有効に使えますから。日本に帰る気はまったくありませんね」

亀山さんは話をそう締めくくった。

第6章

ザ・ロングステイヤー

ロングステイ三年限界説

いわゆる海外ロングステイをテーマにした雑誌や本はこれまでにもかなりの数、発行されている。こうしたメディアに登場するロングステイヤーの定番は、物価の安い異国での生活を満喫している仲のいい熟年カップルだ。とりわけ経済格差が大きいアジアの場合、このメリットを最大限に利用して優雅な年金暮らしをしている人々が必ず登場する。

住んでいる国やライフスタイルの違いはあるものの、どの本をめくっても、その像は一様に似通っている。青い海や広いプールサイドを背景にした写真。豪華なコンドミニアムに住んで、週に三回（ときには毎日）ゴルフをし、残りはショッピングやエステ通いを楽しんだり、友人たちと談笑したりというこの世の春を謳歌している幸福そうな高齢者の姿が描かれている。それが日本の高齢者が海外ロングステイという言葉を聞いたときに思い浮かべる一般的なイメージなのかもしれない。

実際そういうロングステイヤーは存在する。しかし今回、ロングステイヤーたちを訪ね歩いて話を聞こうとすると、雑誌に紹介されているような、いわゆる絵に描いたようなロングステイヤーがなかなか見つからないことに気づいた。

そんなとき、あるベテランのロングステイヤーからこんな言葉を聞いた。

「私のような人がなかなか見つからないのか、ロングステイの取材が殺到して困っているんです」

リタイア後、タイにやってくる熟年カップルの数は決して少なくないはずだ。ところがいざ探してみると、ロングステイの雑誌で取り上げられているような人に出会う機会はそれほど多くない。それはなぜなのだろうか。

ロングステイヤーの間で囁かれているものの一つに「ロングステイ三年限界説」というのがある。ロングステイを始めて三カ月目、一年目、三年目に倦怠期がやってくる。中でも三年目の倦怠期を超えるのがなかなか難しいというのだ。

団塊の世代の高齢者たちの多くは企業戦士として厳しい日本の社会で戦い抜いてきた。定年退職でやっと勝ち取った自由な第二の人生、夢はふくらむ。人によって夢はまちまちだが、異国の地で何にも縛られず気ままなときを過ごしたい。海外ロングステイを実行する人たちにはそんな夢があるに違いない。こうした夢を心の糧に、自分にむち打ち厳しい競争社会を生き抜いてきた人は少なくないはずだ。

待ちに待った定年。晴れてタイにやってくる。すでに述べたように、タイは日本のロングステイヤーの望みをかなり高い水準で叶えてくれる。食べ物も安くておいしい。何よりもタイ人は人のことをあれこれ詮索しない。こちらが紳士として振る舞えば温かく迎えてくれる。

初めの何カ月かは物珍しさも手伝って、瞬く間に楽しい時間が過ぎてゆく。しかし滞在が長くなるにつれ、あれほど新鮮だった出来事がありきたりのことのように思えてくる。気が狂うほど好きだったゴルフも、一年間毎日、無制限にゴルフ三昧に浸れる環境を手に入れると魅力は失せてゆく。悲しいことに、人は有り余る自由にはそう長くは耐えられないのかもしれない。

タイは観光的な見所が多いことも魅力の一つだ。南に行けばプーケットやサムイなどに代表されるリゾートの島々がたくさんある。北部に行けば少数民族の村々をトレッキングすることもできる。アユタヤやスコータイなど見応えのある遺跡も多い。アンコールワットのあるカンボジアを始め、ラオス、ベトナムなどの周辺諸国にも魅力的な観光コンテンツがあり、陸続きであるため国内旅行の感覚で足を伸ばせる。鉄道好きだったらマレー鉄道でマレーシア、シンガポールに足を伸ばすのもいい。旅行好きならずとも観光地巡りはタイの魅力の一つだ。ところがこうした旅行生活も、一年もするとたいていの場所は行き尽くしてしまうという。

ロングステイを決めた人の多くは、当初は現地のタイ語学校に通う。午前中はゴルフ、午後はタイ語学校という生活パターンを取る人も少なくない。その国の言葉が話せることは生活をエンジョイする上で欠かせない要素であるから、おおいに結構なことだと思う。学校に通うようになれば、タイ人スタッフを始め同級生の日本人、さらには外国人の友達もできる。語学学習はかけた時間だけ上達するので、達成感があって人生の張りにもなる。

しかし、半年、一年と続けるうちに徐々に壁にぶつかるようになる。特に高齢者の場合、記憶力は年々低下する。学べども学べども上達しない日々が続くようになる。その頃にはタイ語で簡単な日常会話ぐらいはできるようになっているから、生活にさほど不便を感じていない。そうなると言葉を学ぶモチベーション自体も下がり、学習意欲も失せてくる。

こうしたことが次々に重なり、やがて心の中にすきま風が吹き始める。タイ料理も悪くはないが、やはり日本食が恋しくなる。日本食レストランは山ほどあるものの、シャキッと脂ののったブリの刺身や打ちたてのこしのあるソバなど、素材を厳選した上質な日本料理にはまずお目にかかれない。こんな生活をいつまでも続けていていいのだろうか、という疑問が頭をもたげてくる。

倦怠期はロングステイヤーを波状的に襲うが、三年目にやってくる倦怠期の壁を乗り越えるのは容易でないそうだ。そんなわけで、リタイアしタイで暮らそうというロングステイヤーは次々にやってくるものの、しばらくすると一定数は日本に引き揚げてしまうそうだ。またタイに留まったとしても、倦怠期を迎えたロングステイヤーにはメディアのインタビューで海外暮らしの素晴らしさを声高に語るのは難しいのかもしれない。

それが、絵に描いたようなロングステイヤーになかなか出会えない真相のようだ。それでもそんな倦怠感の波状攻撃をものともせず、タイで快適に暮らしているロングステイヤーたちがいる。

絵に描いたようなロングステイ

バンコクにあるロングステイヤー団体の一つ「タイ・ロングステイ日本人の会」の役員、福岡丈夫さんもそうした一人だ。

福岡さんは現在六六歳。一九八三年から五年近く、大手電機メーカーの現地法人の代表としてバンコク生活を経験している。定年退職後、タイで会社を立ち上げたいという知人から会社のオペレーションを依頼され、二度目の来タイ。仕事は二年で終了したが、それを期に夫婦で話し合い、第二の人生をバンコクでスタートすることにした。

最大の理由は、転勤生活が多く地域社会に馴染んでいなかったことだという。一から始める慣れない近所付き合いは煩わしいことの連続だった。そこで人生をリセットするには、しがらみのなく勝手知ったるバンコクがいいと考えたのだ。

福岡さんはバンコクの中でも日本人が多く住む高級住宅街、スクンビット通りにあるサービスアパートメントに奥さんと共に暮らしている。サービスアパートメントというのは、簡単にいうとホテル感覚で暮らせるコンドミニアムのことだ。部屋だけを貸す通常のコンドミニアムより家賃が張るが、家具もすべて付いているので身体一つでやってきてもその日から生活ができるのが特徴だ。

掃除、洗濯も頼みさえすればコンドミニアム付きのメイドがやってくれる。食事も電話一本で一階のレストランから部屋に運んでもらうことも可能だ。日本人が苦手とするメイドを雇う必要もなく、女性は家事から解放される。もちろんセキュリティも万全だ。敷地内にはプールもフィットネスクラブもある。

福岡さんは週に二、三度、ゴルフを楽しんでいる。夫人はエステに通ったりショッピングを楽しんだり、夫婦でそれぞれの趣味の時間を過ごしている。端から見ていても羨ましいほど優雅な暮らしをしている。

海外ロングステイの目的の一つに老後資金の節約がある。ロングステイヤーの中にはいかに生活費を切りつめ、将来の生活費を目減りさせないかをテーマにしている人も少なくない。しかし福岡さんの場合は違う。一流企業の現地法人代表だった福岡さんには、日本で暮らしても不自由しない年金と蓄えがある。それを物価の安いタイで使えばより豊かな暮らしができると考え、タイにやってきたのだ。

雑誌メディアなどでは、タイで暮らせば蓄えを切り崩さず、一カ月二〇万円の年金だけでかなりリッチな生活ができるように描かれている。中には一〇万円そこそこの生活費でもそれなりの生活ができるように伝えるものもある。確かに一カ月一〇万円以下の暮らしも可能である。しかし、そのためには多くのものを我慢しなければならない。現実には、ロングステイ本に出てくるような優雅な暮らしをしたいなら、アジアのどこの国で暮らそうとも一カ月二〇万円は覚悟していた方がいい。ちなみに福岡さんの暮らすサービスアパートメントは諸経費を含めると家賃だけで二〇万円を超える。

福岡さんのリタイア生活はすでに四年を超えた。福岡さんが三年目の壁を乗り越え、タイで楽しく暮らしているのは、理想どおりの暮らしができているからだけではない。その秘訣はボランティア活動にある。駐在員時代を含め、長年のタイ暮らしで培ってきた知識を新たにやってくるロングステイヤーたちに無償で提供しているのだ。

福岡さんが駐在員としてタイで暮らしたのは一九八〇年代の五年間。日本が国際化してゆく黎明期をバンコクで過ごした福岡さんは、そこで天国と地獄を体験している。

日本が敗戦の痛手から立ち上がり、奇跡の経済復興を遂げたのは東京オリンピックに象徴される一九六〇年代のことだ。しかし、脇目もふらず、がむしゃらに働きまくる日本人の姿は、次々と市場を奪われてゆく欧米人から妬みとさげすみを込めてエコノミックアニマルと呼ばれた。やがて東南アジアにも日本製品が溢れるようになり、タイやインドネシアでは日本製品のボイコット運動が起こるようになった。

一九七四年、当時の首相である田中角栄氏がタイを訪問した折り、日本の経済侵略に抗議する五〇〇〇人の学生に取り囲まれ、警察の助けでようやく脱出するという事件が起こった。この事件は日本の産業界に大きなショックを与えた。以後日本はアジアとの関係改善の必要性に気づき、ＡＳＥＡＮ諸国との対話を行うようになる。

一九八〇年代になると、それまで閉鎖的だったアジア市場にも変化の兆しが表れる。一九八二年、経済力をつけてきたタイが外国企業の出資規制を緩和、これを機に日本企業は大挙してタイに進出することになる。福岡さんが企業のトップとしてバンコクに赴任したのはちょうどそんな時代だった。

当時、タイに進出していた日本企業はごくわずかだった。当時のバンコク駐在員には危険地手当てという名目で特別な給料が支給されていたほどで、多くの日本人はタイはまだまだ発展途上の野蛮な国という印象を持っていた。そんなこともあって、当時の駐在員は会社の手厚い保護が受けられたという。

現在でも、企業の駐在員はあらゆる意味でロングステイヤーよりワンランク上の暮らしを保証されている。しかし、福岡さんの赴任した時代、駐在員は今とは比べものにならないほど厚遇されていた。セキュリティ万全の高級住宅に暮らし、メイドも複数雇い、外出は公私を問わずすべて会社の車で送り迎えされた。公共交通機関は危険だと考えられていたからだ。高級レストランやクラブでの飲み食いも事実上自由で、接待費という名目で身銭を切ることはなかった。トラブルが起こっても、すべて会社が対応してくれた。日本の一流企業の現地代表とあれば、タイ政府主催の公式の席に招待されることもしばしばあったという。

「当時の良い思い出がなかったら、第二の人生をタイで送ろうなどとはとても思わなかったでしょうね」

と福岡さんは振り返った。

一方、当時タイはまだまだ貧しく、近代化も遅れていた。そのため、仕事をするにはものの考え方や仕事のスタンスも含め、日本とは大きな隔たりがあった。一方の日本企業の方にも、アジアでビジネスを行うためのノウハウがまだ蓄積されていなかった。そのため商習慣の違いで取引先とのトラブルが起きたり、タイ人従業員との仕事の仕方を巡る問題も頻繁に起こっていた。そして、こうしたトラブルはときに殺人事件に発展するケースがあった。

タイの人たちは一見温厚だが、とてもプライドが高く、人前で侮辱されることを嫌う。しかし、当時の日本の経営者たちはタイのそういう文化やタイ人気質をよく理解していなかった。そのため、ミスをした従業員を日本式に人前で怒鳴りつけたり、口で言ってもわからない不良社員に対しては鉄拳制裁も辞さなかった。

しかし、タイ人にとってはこうしたことは絶対に許せない侮辱だった。そのため恨みを買い、殺されたり、脅迫を受けて命からがら日本に逃げ帰った駐在員の話は枚挙にいとまがない。当時のタイにはわずかな金で殺人を請け負うプロの殺し屋がたくさんいたからだ。

企業のトップに立つものにとって、最も注意しなければならないのは従業員の解雇だった。現地の営業所には事情を知らない本社から、イケイケドンドンの厳しいノルマが課せられた。生産効率を上げるため、働きの悪い従業員はどしどし解雇しなければ、本社の要求に応えられなかった。そんなとき逆恨みされ、トラブルに巻き込まれる。

福岡さんも経営責任者として、従業員の解雇はもちろんのこと、取引で不正があった場合にも、先頭に立って追及せざるをえない立場にあった。そのため常にこうした危険と隣り合わせの激務が続いた。何度か殺人予告を受けたこともある。

「一番緊張するのは車に乗っていて、信号で止まったときです。後ろから近づいてきたバイクが追い越しざま、ババババンとやるんです。こちらは身動きできないので百発百中です。こうして殺された日本人を何人か知っています。しかも犯人は絶対に捕まりません。向こうはプロですから」

そのため、通勤のルートを変えたり、一人で外出するのを控えたりと、おおいに苦労したという。

現在ではタイも国際化し、会社に勤めるということがどういうことか多くの人は理解するようになった。日本の駐在員たちもタイ人の気質を理解し、労使間のルール作りもすすんだ。従ってトラブルは激減しているが、福岡さんの現役時代には頻繁にこうしたことが起こっていたのだ。

タイ社会の裏も表も知っている福岡さんだが、基本的なルールを守って暮らしている限り、タイ人は温かく豊かな心を持った人々だと確信している。

駐在員時代も含めた二度の長期滞在で、福岡さんは自分がタイ社会をよく知っていると思っていた。ところがいざロングステイを始めようと思ったとき、思わぬ壁にぶつかった。

「会社に勤めていた時代は、一言頼んでおけば何でも会社がやってくれました。ところがロングステイを始めてビザの申請からアパート探しなど、いざすべてを自分一人でやろうとしてみるとわからないことの連続だったんです。そのとき初めて、自分はタイのことを何もわかっていなかったのだと思い知らされました」

タイでロングステイをするようになって、福岡さんはトラブルに巻き込まれる多くのロングステイヤーに出会った。彼らの姿を見ているうちに、自分の知識と経験を生かして何か手助けができればと思うようになったという。

こうして福岡さんのボランティア活動が始まった。タイの役所はまだまだ閉鎖的だ。またロングステイビザを含め外国人への対応は試行錯誤の状態で、しばしばシステムの変更も行われる。こうした手続きなどの手伝いは、誰にでも簡単にできることではない。タイ社会をよく知っている福岡さんだからこそできるボランティアである。

「右も左もわからずタイにやってきたロングステイヤーの中には、タイの相場を知らず、不動産物件を高い値段で買わされてしまう人もたくさんいます。また、年金受給資格を得る前に早期退職してタイに来る人もいます。こういう人の場合、年金受給年齢まで資産を目減りさせまいと、うまい投資話を持ちかけられると簡単に騙されてしまうことも少なくありません。結果、退職金を目減りさせて、タイでの生活が続けられなくなったりします。そういうことのないように力になりたいと思っています」

日本に居場所がないと感じ、海外に移住する高齢者たち。しかし、自分で居場所を作り出さない限り、実は地球のどこにも自分の居場所などないのかもしれない。これが「ロングステイ三年限界説」の真相のような気がする。自分の能力を生かして行動することで助かる人がいる。こうした自己重要感を持てることこそが海外ロングステイ生活を長続きさせ、充実させる秘訣なのかもしれない。

福岡さんは「第二の人生」という言葉にこだわる。

「六〇代はまだまだ元気です。六二歳になるまで必死で働き続けてきました。だから定年後は自分の努力に対するご褒美として楽しく暮らしたいと思っています。年老いて、あるいは病気になって、自分で老後だと感じるようになったら、私は日本に帰って静かに隠居生活を送ろうと思っています」

第二の人生はNGO「さんたの家」

アジアのリゾート地に行くと、長期滞在している欧米の観光客によく出会う。彼らは来る日も来る日もプールサイドに寝ころんで読書を続けている。夜、レストランやバーなどに繰り出すことがあっても、昼間は必ず決まった時間にやってきて同じ場所に陣取り読書にふける。こうした生活を一カ月、二カ月と平然と続けている。一泊三日などという駆け足旅行を平気でこなす日本人にはなかなか理解し難い境地に思える。そんな様子を見るにつけ、アリのように働き続けてきた日本人に、無限の時間とのんびり戯れるというタイプのロングステイは不向きなのかもしれないと思ったりする。

そこで日本人が陥るロングステイ倦怠期を乗り越える知恵として、ロングステイ系のメディアでは趣味や生き甲斐を持つことを推奨している。生き甲斐創出は海外ロングステイに限らず、人生八〇年時代を生きるすべての定年退職者に向けてのメッセージとして通用するに違いない。しかし、「趣味を持ちなさい」、「生き甲斐を持ちなさい」といわれて、「はい、わかりました」とすぐに趣味や生き甲斐が持てるほど人間は単純ではない。

もちろん、たまたま見つけた趣味が自分にしっくりきて、生き甲斐に発展してゆくケースはないとはいえない。しかし所詮付け焼き刃の趣味は次第に飽きがくるだろうし、自分の内側から湧いてこない生き甲斐も、時間と共に色あせてゆく。

そんな中でリタイア後、ボランティアをするという明確な目的を持ってタイにやってくる高齢者も最近では珍しくなくなった。ボランティアにも様々あるが、退職金と一カ月二〇万円の年金でNGOを運営している吉田登さんの生き方を紹介する。吉田さんはいろいろ考えた末、第二の人生を北タイでエイズ孤児のためのボランティアとして生きることを選んだ。

ボランティアは学校の課外授業に取り入れられ、また生き甲斐の一つとして日本社会でも広く認知されている。しかし、その歴史は意外と浅い。中でも国境を越えた国際ボランティアが始まったのは一九七〇年代末のことである。きっかけは、ベトナム戦争の落とし子であるインドシナ難民だった。難民たちを支援するための海外のNGO組織が日本に支部を作るようになったのがきっかけである。だが当時はまだボランティアという行為は特殊な人たちの特殊な活動だと思われていた。

第一章で紹介した三輪隆さんが代表を務めるNGO「さくらプロジェクト」が北部タイのチェンライ市で活動を始めたのは一九九二年のことだ。北部タイのNGOの草分けの一つであったが、現在では多くの日本のNGOが活躍している。その理由は、北タイには貧困、麻薬、エイズ、人身売買や児童買春など顕著な社会問題がいくつもあるからだ。

要因の一つとして考えられるのは、一〇〇万人を超えるといわれる山岳少数民族と中国、ビルマ（ミャンマー）から豊かなタイを目指して越境してくる多くの少数民族の存在だ。

北タイで暮らす山岳少数民族はカレン、モン、ラフ、アカ、リスなどを始め二〇民族を超える。文化も習慣も多様だが共通点もいくつかある。最大の共通点は多くが貧困の淵にあるということだ。この貧困が引き金になって、人身売買や麻薬禍、さらにエイズや児童買春などの社会問題が生み出される。

北タイの中心都市チェンマイから車で一時間ほど走った田園地帯にエイズ孤児の援助団体「さんたの家」がある。このNGOを立ち上げた吉田登さんは今年六六歳になる。多くのNGOが外部からの資金援助に頼っている中で、「さんたの家」のユニークな点は、その多くを吉田さんの個人の蓄えと年金からまかなっていることだ。

通信関係の会社を経営していた吉田さんは、一九七六年、インド、バングラデシュを旅したとき、同じ地球に暮らしながら貧しさから労働を強いられ、病気になっても満足な医療も受けられず死んでゆく子供たちがたくさんいることにショックを受けた。そして自分のポケットマネーやロータリークラブやＹＭＣＡといった団体から寄付を募り、恵まれない子供たちの援助を始めた。

しかし、援助活動を続けるうちに、こうした国々に資金援助だけをしても不透明な使われ方をしたりして、せっかくの善意のお金が生かされていないケースが多いことに気づくようになった。こうした現実を目の当たりにして、資金援助ではなく血の通った援助をしようと考えたのが吉田さんがタイに渡る決意をしたきっかけだった。吉田さんが五八歳のときだった。

仕事を辞め、タイに渡ることについては妻の京子さんに猛反対をされた。リタイア後、京子さんはのんびりとした夫婦の生活を夢見てきたからだ。吉田さんがタイに行くことを巡って、何度も家族会議が開かれた。そのとき、すでに成人していた二人の子供が吉田さんの志を知って応援に回ってくれた。一度言い出したら聞かない吉田さんの性格もあって、妻の京子さんも認めざるをえなかった。

しかし、京子さんは吉田さんの気持ちを理解したものの、自分はこれまで作り上げてきた人間関係や生活の場を失いたくないと日本に留まることを宣言、吉田さんは単身、タイにやってくることになったのだ。

二〇〇二年、現役時代からキリスト教団体と共に継続してきたバンコクのエイズ孤児の施設が落成した。この建物をタイ政府に寄贈すると、いよいよ自らの手によるNGOづくりが始まった。吉田さんは、当時最も大きな社会問題になっていたエイズ孤児のための施設を自分で作りたいと考えていた。場所をチェンマイ県に選んだのも北タイがエイズの多発地帯だったからだ。

ここでエイズ大国でもあるタイの状況について、大まかに伝えておこうと思う。

タイ政府がエイズ患者の存在を最初に認めたのは一九八四年のことだ。それ以前にもタイにはエイズ患者はたくさんいて、インドと並ぶアジアのエイズ大国といわれていた。WHOは再三タイ政府に対策を迫っていたが、タイ政府は観光収入などの減少を懸念して、頑としてエイズ患者の存在を認めようとしなかった。業を煮やしたWHOはもし対策をとらないなら、自分たちが把握しているエイズ患者の数を公表するとタイ政府に迫った。当時すでにタイのエイズ患者は一〇万人を超えているといわれており、公表されれば大混乱に陥るのは必至だった。そうなれば国家プロジェクトである観光産業は壊滅的な打撃を受ける可能性もあった。そこで、タイ政府はたった一人の同性愛者がエイズであることを公表し、同時にこのときからコンドーム普及運動を始め、エイズ対策に取り組むことになる。

しかし、すでにこのときタイのエイズは手の施しようもないほど猛威をふるっていた。同性愛者だけでなく、セックスワーカー、麻薬中毒患者、さらには家庭内感染までもが始まっていた。現在は啓蒙運動や特効薬の開発で下火になりつつはあるものの、タイでエイズを発症した人の数は一〇〇万人を超え、うち五〇万人がすでに亡くなっている。こうした状況下で膨大なエイズ孤児が生み出され続けている。吉田さんはエイズ孤児だけでなく、エイズと闘う患者自身にも援助の手をさしのべることを決めたのだ。

三〇年にわたって国際援助活動を続けてきた吉田さんだが、個人で、一からNGOを作る作業は困難の連続だったという。いくら善意の手をさしのべようとしても、タイの役人は海のものとも山のものともつかない吉田さんをなかなか信用しようとしなかった。吉田さんは地元の人との地道な関係づくりに努めた。そして、病院の医師を初めとした人間関係の輪が広がってゆくに従い、吉田さんの熱意も理解されるようになっていった。

三〇〇〇坪の広大な敷地に建てられた「さんたの家」には、現在一四人のエイズ孤児が暮らしている。また施設で面倒をみられない孤児たちには奨学金支援を行っている。二〇〇三年から五年間の間に奨学金を手渡した子供の数はすでに二六六人にのぼった。さらに四六に及ぶエイズ禍による困窮家庭の生活支援も行ってきた。

ボランティア活動の醍醐味は与えられるものだけでなく、与える側にも受け取るものがたくさんあることである。吉田さんにとって思い出深い二人のエイズ患者の話をしようと思う。

吉田さんが「サンタの家」を立ち上げた直後のことであった。ある病院からオファーがあった。一人はNさんという山岳少数民族モンの女性だった。そしてもう一人は、やはり少数民族タイヤイの女性Kさんだ。最初に引き受けたNさんにはタイ人の夫がいた。次にやってきたKさんはすでに夫をエイズでなくし、四人の子供の母だった。しかも子供の一人もエイズに冒されていた。

夫をエイズで失ったばかりのKさんは夫が暮らしていた家に住むと病気が悪化すると信じていて、初めて吉田さんが家を訪れたとき、エイズに感染した子供と一緒に鶏小屋で暮らしていた。Nさんは鶏小屋の中で、どうせ死ぬのだから早く死にたいと泣き叫んだという。吉田さんは必死で説得を試みた。やがて吉田さんの熱意が通じ、Nさんは子供たちのためにもこの病気と闘おうという気持ちに至った。そのときの感動は今でも忘れられないという。

現在、エイズは必ずしも不治の病ではなくなっている。しかし、治療のためには規則正しい投薬を続けることと体力をつけることが不可欠である。吉田さんは薬を届けると同時に、鶏など栄養価の高い食べ物もKさんに届け続けた。その甲斐もあって、Kさんは順調に回復していった。同じく感染していたKさんの子供も病気の発症が抑えられ、現在は学校に通えるまでに回復した。吉田さんの努力もあり、子供のために生き続けなければという母親の強い思いが、彼女と子供の生命を支えるという感動の場面に立ち会えたのだ。

一方、ご主人がいるのでKさんよりも安心だと思っていたNさんは命を落としてしまった。実は、吉田さんはKさん同様，Nさんにも鶏肉など栄養価の高い食べ物を差し入れていた。しかし、その食べ物の大半は夫やその親族に食べられてしまっていたのだ。さらに致命傷になったのは夫の交通事故だった。事故で入院した夫の看病を徹夜ですることを強いられたNさんはすっかり体力を使い果たし、急速に病状を悪化させていった。Nさんを助けられなかった後悔の念と共に、やるだけのことはしてやれたという充実感もあった。話を聞き終わり、表に出ると子供たちが吉田さんに抱きついてきた。満面の笑みでそれに答える吉田さん。ここには吉田さんを必要としている子供たちがいた。

年々ふくらんでゆく必要経費。多くの民族が混在する子供の社会はいじめや喧嘩も絶えない。子供たちの命を預かっているので、自分の時間もなかなか持てない。吉田さんの悩みは尽きない。しかし、日本で暮らしていたら粗大ゴミとして居場所のないまま、無為な時間を消費していたかもしれない自分の人生を思うと、必要としてくれるたくさんの子供たちに囲まれた吉田さんの人生には充実感が漲っていた。

北タイで起業「こめや」

人生が八〇年に伸びた今、退職後起業する人も少なくない。企業マンとして会社に尽くしてきた団塊の世代の人々にとって、第二の人生では、これまで培ってきた知識や経験を生かし、自らの手で会社を経営したいと思っている人も多い。しかもそれによって老後の経済生活まで豊

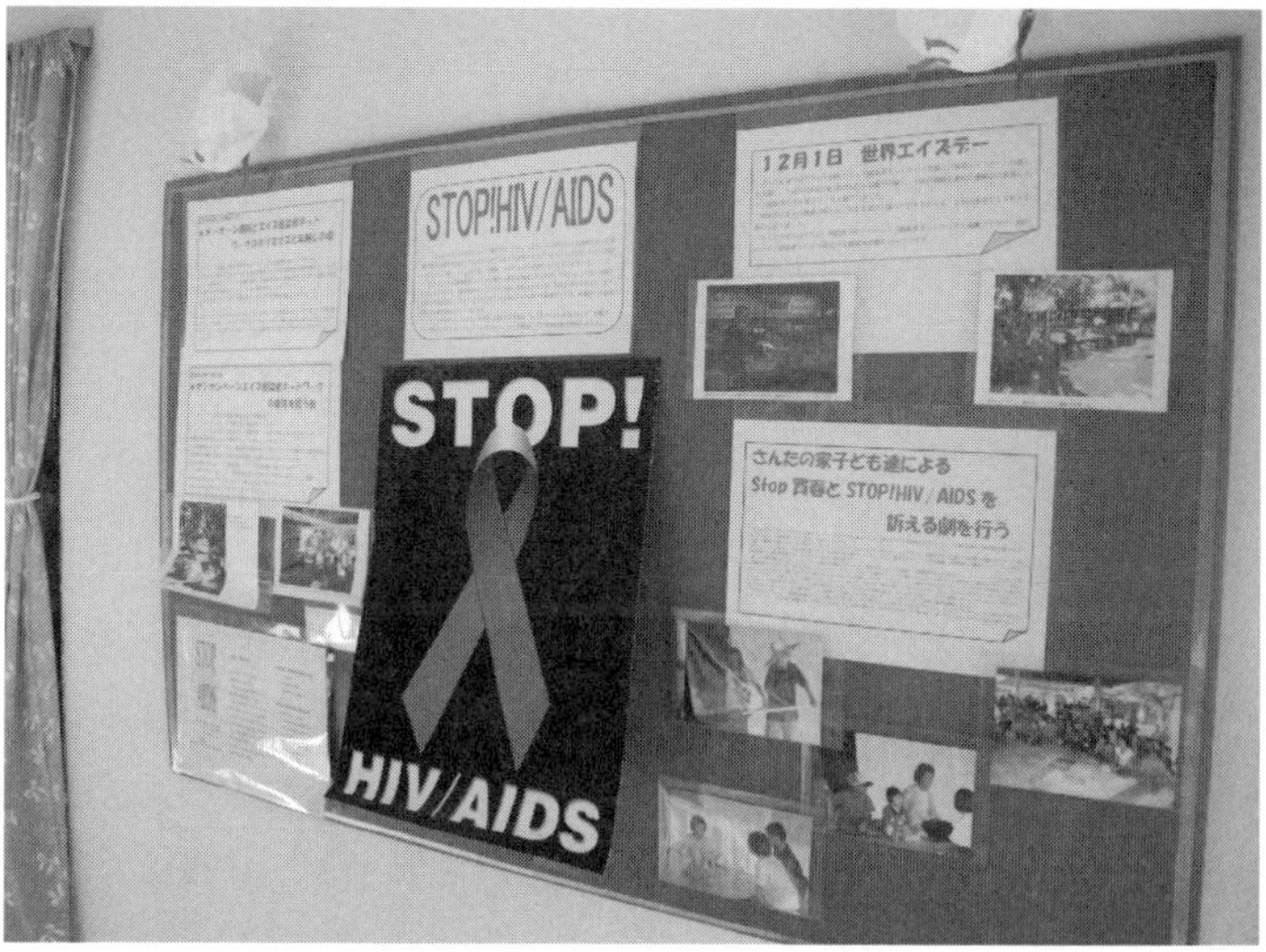

◎上：エイズ孤児施設「さんたの家」を主催する吉田登さん（66歳）。忙しいが生き甲斐は子供たちの笑顔（チェンマイ）
◎下：エイズ大国タイのHIV感染者は100万人超。そのうちすでに50万人が亡くなっているという

かになるのならまさに一石二鳥である。

だが、こうした夢は無惨な結果を迎えることが少なくない。たいへん申し訳ないが、タイでビジネスをやろうと渡ってくる高齢者の多くは、老後の資金を減らして日本に帰ることが多い。社会システムの近代化が遅れているタイは日本に比べ、素人でも参入できる隙間産業が多いのは事実である。しかし、それ故に法整備も遅れていて、現地の言葉もろくにできない高齢者が、四〇の手習いならぬ五〇、六〇の手習いで始めたビジネスが成功するほど甘くもないからだ。

タイ北部の町、チェンライ。この町で見事にその夢を実現した人がいる。「こめや」という日本米（ジャポニカ米）の生産と精米の仕事を営む平岩逸雄さん（六三歳）夫妻である。

ご存じのように、タイ人が主食とするタイ米と呼ばれる米はインディカ種といって、日本の米とは種類が異なる。細長い形をしていて米自体に粘り気がないのが特徴だ。チャーハンなどの炒め物にすると、きれがあって日本米よりおいしいという人もいる。しかし、日本米を食べたことがあるタイ人の多くはふんわりと甘みのある日本米のおいしさに軍配を上げる。

平岩さんには一つの夢があった。日本米のおいしさをぜひタイの人々にも伝えたいと思っていたのだ。平岩さんのビジネスは金儲けではなく、この夢から始まった。

精米機器の製造会社に勤めていた平岩さんが夢の実現のため会社を早期退職したのは五三歳のときだった。きっかけは、すでにタイで暮らしていた同郷の知人から、「タイで一緒に米を作らないか」と誘われたことだった。平岩さんの夢に賛同する仲間も二人いた。精米器は一機で二〇〇〇万円もするが、会社から在庫の機械を破格の安値で譲ってもらい、仲間と一緒にタイにやってきた。

平岩さんが最初にしたことは、近隣の農家にジャポニカ米を生産してもらうことだった。しか

し、ここにまず一つの壁があった。実は平岩さんの前にも同じことを考えた日本人がいた。農民たちはその男を信用し協力したのだが、買いたたかれたり、報酬が払われなかったりと散々な目にあっていたのだ。農民たちはなかなか平岩さんを信用しようとはしなかった。それでも平岩さんはあきらめなかった。弁護士を通じて契約書を作り、時には代金の前払いもした。やがて誠意が通じ、普通の米より高値で買ってもらえるジャポニカ米を作る農家が少しずつ増えだしたのだ。

精米器の開発一筋に関わってきた平岩さんは、米の性質も知り尽くしていた。平岩さんにはある哲学があった。おいしい米を作るには品種や土壌も大切だが、それに負けず劣らず乾燥技術と精米技術が重要であるということだった。

生産が軌道に乗り始めると、平岩さんの米はたちまち評判になった。ジャポニカ米の生産者は他にもいたが、精米技術で勝る平岩さんの米が一枚も二枚も上手だったのだ。おまけに金儲けを目的としていない平岩さんの米は他に比べ値段も安かった。仕事は順風満帆に思われた。しかし、そこに大きな落とし穴が待っていたのだ。

日本人がタイで会社を起こす場合、株の四九パーセントしか持てない。さらに代表者はタイ人

にした方がいろいろな事がスムーズに運ぶ。商売にはあまり興味がなかった平岩さんは、タイ在住の共同経営者にすべてを任せていたのだ。初めは仲間のような顔をしていたその男が、会社が軌道に乗ったと思うや突然態度を変えたのだ。そして平岩さんたちに解雇通告を言い渡したのだ。

よい米を作ることだけに邁進していた平岩さんにとって、寝耳に水の出来事だった。しかし、平岩さんたちの会社は登記上、その男性のタイ人妻がオーナーでその男性自身も役員になっていた。一方、平岩さんたちの立場は単なる共同出資者に過ぎなかったのだ。こうして平岩さんは会社設立につぎ込んだ退職金を始めとした多くの財産を失ってしまった。

財産を失ったこともショックだったが、それ以上に辛かったのは信頼していた仲間に裏切られたことだった。平岩さんは失意のまま日本に帰る決意をした。

そのとき日本の商社から一人の男が平岩さんの下にやってきた。

「タイには日本米を作る農家はたくさんありますが、あなた以上の米を作れる人がいません。米作りを続けてください。資金援助はできませんが、できた米はすべて買い取ります」

自分の作った米が評価され、平岩さんの気持ちが動いた。

頭を下げて知り合いを回ると、培ってきた信用で開業資金は瞬く間に集まった。

現在、平岩さんは「あきたこまち」や「ひとめぼれ」など数多くの品種の米を作っている。日本を代表する銘柄コシヒカリはその中にない。優秀な米ではあるが繊細なため、温暖な北タイでは良いものが作りづらく、収穫も少ないそうだ。

チェンライでは二期作が可能である。平岩さんの「こめや」ブランド米は、年間生産量一五〇〇トンを超え、タイ最大級のジャポニカ米の生産者になった。現在、各大手スーパーマーケットを始め、八〇〇キロ離れたバンコクの日本食レストランでも「こめや」の米が使われている。

平岩さんの成功の秘訣はいうまでもなく、長年培った技術と、ジャポニカ米をタイに根付かせたいというビジョンがあったことだと思う。平岩さんの生産するジャポニカ米はキロで二七〇円。良質のタイ米に比べて三割ほど高いだけだ。自分たちが暮らしていけるお金さえ残れば、残りは地元に還元したいというのが平岩さんのモットーだ。

平岩さんの試練はビジネスだけではなかった。もう一つ平岩さんには夢があった。貧しい山岳民族の子供たちの支援活動だ。

日本で暮らしているときから、あるNGOを通じて、里親支援を続けてきた。平岩さんがタイに来たとき、支援を続けてきた青年がちょうど高校を卒業したので、平岩さんは自分の会社に迎え入れた。会社の跡継ぎにと思い、会社運営のノウハウや精米の技術などを心血を注いで教え、息子同然の扱いをしてきた。しかし、彼に大きな権限を与えた途端、会社の金を持ち逃げされてしまったのだ。そのときのショックは言葉にならなかったという。

彼がなぜそんなことをしたのかは今もってわからない。日本人から見ると馬鹿なことをしたとしか思えないのだが、会社経営というつらい仕事を一生やり続けるのがプレッシャーだったのかもしれない。平岩さんはタイの人々と付き合ってゆくことの難しさを思い知らされた気がした。

その後も見所のある青年を見つけると技術を教えたが、その都度、期待を裏切られ、未だに後継者は育っていない。

「タイ人も山岳民族も悪い連中じゃないけど、日本人と考えが違いますね。会社を任せるといったら、日本人なら頑張りますよね。跡継ぎがいないことも知っているわけですから。努力次第では会社の代表になるのも夢ではないんです。そんなことわかりそうなものなのに、目先の利益に惑わされて金をくすねたり、さぼったりして、まったく意欲が感じられないんです。残念ですがこのごろは、自分の代で会社を閉じようと思い始めています」

それでも平岩さんは前向きさは失っていない。新鮮な野菜を食べたい一心で農園を作り、恵まれない少数民族の若者たちの雇用を作り出している。タイの土質はラテライトという粘土質だ。だからその上に土を入れないと農耕には適さない。しかし、気候は農業に向いているので、いくつかの問題をクリアすれば、日本より遙かに良い作物ができるという。

「最近、山に分け入ったとき梅の木を見つけたんです。その実を取ってきて妻に梅干しを作らせたところ在タイの日本人たちに好評でね。注文がいっぱい来るようになったんです」

平岩さんの、常に好奇心を失わず、何があっても前向きに生きてゆく姿はおおいに励みになる。

◎ジャポニカ米の生産で成功した「こめや」の平岩逸雄さん（63歳）夫妻と少数民族リスの養女（チェンライ）

平岩家では一人の少女を育てている。少女との出会いは、平岩さんが貧しい山岳民族リスの村に行ったときだ。仲間から離れて一人遊ぶ五歳のその少女の寂しげな表情を見たとき、自分を呼んでいるような気がしたという。平岩さんは彼女の両親に話し、家に呼んで学校に行かせてやることにした。ところが平岩さんの善意は親には伝わらなかった。子供をあげたのだから代金をよこせといってきかない。しばらくは学校に通わせていたが、度々親から金をせびられるのに閉口し、一度は村に返すことにした。

ところがしばらくして再び村に行ってみると、環境の激変からか少女はストレス性の脱毛症になっていた。不憫になった平岩さんは村長に直訴、教育は子供のためになるのだということを理解してもらい、再び家に呼んで教育を受けさせるようにした。その少女もすでに一一歳。平岩家の家事の手伝いもするようになった。

「今はこの子の成長が楽しみです」

平岩さんは目を細めた。

三年で退屈し、日本に帰る人もいる。その一方で、ボランティア、ビジネスなど、様々な分野で精進し、タイで生き甲斐を見つける高齢者もいる。規制が多く、夢を持つことが難しい日本に比べ、おおらかなタイは遥かに夢が持ちやすい。これからもこうした高齢者は増えてゆくに違いない。

第7章

ロングステイ格差社会

ビジネス負け組

今回の取材で三〇代、四〇代の元気な日本人青年実業家にはたくさん出会った。ところが、ビジネスの世界で成功した日本人の高齢者はあまり多くない。言葉の問題も含め、どこの国でも外国人が仕事をするのは容易ではなく、大小様々な落とし穴が仕掛けられている。若い起業家であれば一度や二度穴に落ちても、そこからはい上がるパワーも体力もある。しかし、歳をとってから異国の地で始めるビジネスは頭の柔軟性、ハングリー精神、フットワーク、あらゆる点からみて若い人のようにはいかないのかもしれない。

「勝ちに不思議の勝ちあり、負けに不思議の負けなし」

プロ野球、楽天の野村克也監督がよく口にするこの台詞は元々、肥前平戸（今の長崎県平戸市）藩主で剣の達人、松浦静山の言葉である。勝ちはときに運が作用するが、負けるときには必ず敗因があるという意味であるが、多くの落とし穴が待ち受けているタイのビジネスを見ているとこの言葉を思い出す。

「ここは私たちが知っている資本主義の世界ではないんです」日本でフランチャイズビジネスに成功、バンコクで日本レストランを開こうとして辛酸をなめた伊丹宗助さん（仮名）はこう語った。

伊丹さんは一九四一年生まれの六六歳。岩手県出身の伊丹さんは一九七〇年代、まだ黎明期だったコンビニエンスストアー経営で成功を収めた。彼の経営したコンビニは岩手県南部の第一号店だった。セブンイレブンなど大手のコンビニチェーンが日本に進出してくる以前の話だ。

「コンビニではおおいに稼がしてもらいましたよ。だからこうしてタイで優雅に暮らしているわけですが、こちらではだいぶ吐き出してしまいました」

東京の大学を卒業した伊丹さんは岩手県の小さな大学の経済学部の教員として採用された。しかし、大学進学率が上がると共に大学教員は大学院卒が一般的になり、伊丹さんは自ら志願して事務職に退いた。その間、多くの経済学者との交流を持ち、これからはグローバル化の時代だと知らされた。その学者の一人から、当時アメリカで最先端ビジネスとして脚光を浴びていたコンビニエンスストアについての話を聞いた。

興味をもった伊丹さんは、コンビニについて独自で学習し開業に漕ぎ着けたのだ。営業時間は朝七時から夜の一一時半。夜七時には町中のシャッターが閉まってしまう当時の地方都市で、コンビニの需要は抜群だった。開業資金として銀行から借りたローンは契約期間の半分、五年で完済した。

だがやがて、大手コンビニチェーンが全国で大展開を始めると、伊丹さんはコンビニの売り上げも落ち、良い時代は終わりを告げたことを感じた。一九九〇年頃から暇を見つけてはタイに遊びに来ていた伊丹さんは、タイで新たなビジネスを考えるようになった。これも大学職員に教えられたグローバル化時代を念頭に置いてのことだった。

伊丹さんがタイでワーキングビザを取得し、レストランを開くために本格的なロングステイを始めたのは今から一〇年前のことだ。フランチャイズで成功した伊丹さんは、二匹目のドジョウを狙っていた。タイの財閥と組んでビジネスを始めようとしていた、ある居酒屋チェーンのフランチャイズに参加しようとしたのだ。用意した資金は一億円だった。

しかし、本部が大量の利益を吸い上げる構造になっているフランチャイズ方式は、実は極めて日本的なビジネスだった。結局、タイの財閥は日本側の提示した条件に首を縦に振らず、フランチャイズ構想は破談になる。伊丹さんは方針転換を迫られた。そして西暦二〇〇〇年、用意した資金を元手に単独で和食レストランを開業することにした。これがとんだ災難を伊丹さんに引き起こした。

わずか八年前とはいえ、当時のタイは今よりも遥かに資本主義のルール作りが成熟していなかった。タイ語もタイの事情も知らずに事業を始めようとした伊丹さんのもくろみは惨憺たる結果になったのだ。まず、複雑な法律面での問題をクリアするために頼んだ日本語のできる弁護士に、数百万円を騙し取られた。

やっと開業に漕ぎ着けた後も苦難が続いた。伊丹さんは当時まだ日本のコンビニの経営も細々ながら続けていた。そこで一週間毎に日本とタイを往復するという生活になった。日本人は仕事を任せればある程度は真面目に働く。しかし、タイではこの常識は通用しなかった。伊丹さんの目の前では真面目に働いているように見えた従業員も、ひとたび伊丹さんが日本に戻るとほとんど仕事をしていなかったのだ。コックたちが店で酒をあおり、挙げ句の果てに店内で眠りほうけていることも日常茶飯事だったという。また、伊丹さんが相場を知らないとみるや、仕入れ代金を二倍三倍に申告し、そのため店は毎月膨大な赤字を出した。

指示だけ出しておけば、日本のようにみんながそれなりに動いてくれると思っていた伊丹さんが甘かったといえばそれまでだが、こちらの事情を理解せずにビジネスを始める多くの日本人が陥る罠に伊丹さんもまんまとはまってしまったのだ。気がつけばフランチャイズ事業のために伊丹さんがタイに持ち込んだ一億円の大半は消えていた。伊丹さんはタイで生活できるだけの資金を残して店を閉めることにした。

「いろいろ反省点はありますが、いいタイ人のパートナーを見つけられなかったことが最大の敗因ですね」

伊丹さんは自分の失敗をこう振り返った。

成功の鍵はパートナー

タイで大企業の後ろ盾もなく、外国人が単独でビジネスを行うのは極めて難しい。タイの日本人社会では、個人が起業して成功する確率は一パーセントと囁かれている。成功するためには、少なくともビジネスパートナーが必要になるわけだが、このパートナー探しがまた難しい。ビジネスの才覚のある人は倫理観に欠けるきらいがある。逆に人柄の良い人はビジネスに向かないケースが多い。

伊丹さんはこう言っている。

「良いパートナーさえ見つかれば、もう一度ビジネスにチェレンジしたいと思っているんですがね。もう何年も探していますが、未だにいいパートナーが一人も見つからないんですよ」

まず、外国人がタイでビジネスをしようとしたら株式会社を設立しなければならない。しかしこれには七人の役員が必要で、日本人が役員に入るとすると、一人につき二〇〇万バーツの資本金と諸費用を負担しなければならない。さらに出資金を全額自己負担したとしても、外国人は全株式の四九パーセントしか所有できない。それなりの資金が必要な上、過半数の株をタイ人が所有するというリスクがある。また、外国人名義の会社は税金も高い。伊丹さんのようにある程度の財力がないと始めることさえ難しいのだ。

そこで日本人ロングステイヤーが貯金や退職金でささやかなビジネスを始めようと考えた場合、タイ人名義で有限会社を立ち上げるのが一般的だ。信頼できるタイ人の知り合いがいればそれに越したことはない。だが、タイ社会とこれまで付き合いのなかった高齢日本人の場合、たいていは奥さんや愛人を会社の名義人、つまり名目上のオーナーにして仕事を始めることになる。こうした場合、最悪のケースは不動産同様、パートナーに会社ごと乗っ取られてしまうこともある。

そこまでいかなくても、愛人や妻にビジネスセンスがあるとは限らない。中には、商売が転がりだした途端、目の前で大きな金が動くのを見て、突然金遣いが荒くなり、売上金を使い込む輩もいる。これではとても店の経営など成り立たない。

女性を名ばかりのオーナーにし、すべて自分が取り仕切ろうとする人もいる。だが、これも難しい。タイでのビジネスは言葉の問題もさることながら、法律の知識や国際ルールとは違う商習慣、さらには顧客や従業員への対応など、タイ独特の決まり事がある。タイ社会に対する深い理解と洞察がなければとても対応できない問題が山積みだ。妻や愛人にそれをさせないのなら、新たにこれらを的確に裁けるパートナーを探さなければならない。結局のところ、パートナー探しに尽きるのだ。

個人で起業し、成功するのが難しいといわれている風俗店を成功させた一人の日本人がいる。タイの道はタノンと呼ばれる大通りとタノンに交わるソイと呼ばれる小径で構成されている。東京では行き止まりの通りというのはそう多くない。しかし、都市計画が後手後手に回っているバンコクの場合、行き止まりのソイが多い。

日本人が多く暮らすスクンビット大通り。この通りにもそこから枝分かれする一〇〇を超えるソイがある。あるソイは別の通りに行き着くが、あるソイは行き止まりになっている。その一つソイ三一。タイに滞在する日本人にとって、聖地のような存在、フジスーパーがある通りだ。この店はタイに移住ブームが起こる以前の一九八五年から日本の食材を扱うスーパーとして駐在員や永住者に利用されてきた店だ。在留邦人が増えた現在、この界隈には多くの日本食レストランや日本のテレビドラマなどをレンタルするビデオ店など、日本人向けの店が建ち並び、ちょっとしたリトル東京の様相を呈している。

この通りの一つ隣、ソイ三三からさらに奥まったところに「三三横町」という日本語の看板を掲げた小さな路地がある。車がやっと通れるほどの小さな通りだ。この突き当たりに二軒の日本風居酒屋と二軒の風俗店が軒を連ねている。この二軒の風俗店を経営しているのが今年五五歳になる折田篤彦氏だ。一〇年前にタイでビジネスを始め、店を軌道に乗せた中高年起業家の一人だ。

「まあ、隙間産業なんですけどね」

経営者の折田氏は控えめに言った。

折田氏の経営する風俗店の一つは、タニヤなどにも多く見られるいわゆるカラオケクラブだ。ただ工夫がある。タニヤなどの店ではヘネシーやジョニーウォーカーなどいわゆる高級洋酒しか置いていないため、飲み物代だけで高額になる。それに対し彼の店ではタイ産の焼酎など大衆酒が置いてある。そのため同じ遊びをしても低料金で楽しめるのだ。

そしてもう一軒はタイでは珍しい日本式のスナックだ。店内はカウンターが中心で、その他にいくつかのテーブル席がある。客はカウンターに座り酒を飲みながら中にいる女性とおしゃべりをしたり、カラオケを歌ったりする。日本ではどこの町でも見かけるありきたりのスナック店だが、実はこうした店はタイでは珍しい。酒の席に女性がつきもののタイでは、店の多くがもう少し直接的で濃厚なサービスを売り物にしているからだ。この店では身体へのタッチよりもおしゃべりが中心だ。この中途半端さがタイのハードなサービスに辟易している駐在員たちに結構受けているという。といってもここはタイ。客とホステスの合意があればお持ち帰りは可能である。

ここで店を始める前、折田氏もご多分に漏れず一度、高い授業料を払わされている。最初に始めた風俗店が、マネージメントを任せていた日本人に事実上乗っ取られてしまった経験がある。そのためこの二軒の店の管理は人に任せず、すべて妻のダーさんと二人でやっている。

留学経験のある折田氏は、大学を卒業後、大手自動車会社に勤務していた。そのとき英語力を買われ外資に引き抜かれる。そこは、能力のある日本人ビジネスマンを外資系企業からの依頼でヘッドハンティングする会社だった。しばらく続けていたが仕事のコツをつかむと、人に使われてする仕事ではないことに気づき独立した。その後、世界を回りいろいろな仕事を手がけたが、タイにやってきた折り、夜遊びの聖地タニヤで売れっ子のホステスだったダーさんと出会った。折田氏が四五歳、妻のダーさんが二五歳のときだった。

「歳が離れすぎていて、かっこ悪いでしょ」

二〇歳の歳の差について折田氏は恥ずかしそうにそう言った。

しかし、三〇歳、四〇歳離れたカップルをすでにたくさん見てきた私にはむしろ控えめな年齢差にさえ思えた。この控えめな年齢差が二人に夢を共有できる、本当の恋愛が生まれるチャンスを与えたのかもしれない。以後、二人三脚のビジネスが始まった。

タイにも他の国同様、近代的な法律体系はある。しかし、社会は必ずしも法体系に則って運営されていない。わかりやすい例をあげれば売春である。タイにも一九六〇年以来、売春禁止法なるものは存在する。しかし、国策としてセックス産業を振興してきたタイでは有名無実の法律である上、売春をした女性のみを厳しく取り締まる法律で、実情に即さないものだった。

そこで一九九六年、法律を一部改正、斡旋業者や買い手に厳しい国際基準にあった法律が作られ、鳴り物入りで施行された。これでようやく売春の取り締まりが始まるのかと思いきや、実際には施行以前同様、星の数ほどある売春業者が摘発を受けたという話は聞かない。警察と癒着していることもあるのだが、こうした店は政府高官と関係があるところも多い。下手に摘発すると自分の出世や将来にもかかわるので、警察も触らぬ神にたたりなしを貫いている。

もちろん、各店舗は警察に付け届けをしている。このあたりのさじ加減は難しく、隙を見せたら食い物にされるし、付け届けを怠ったら瞬く間に潰される。特に風俗店の場合は、例えば売春をしていなくても難癖をつけようとしたらいくらでも理由はあるからだ。このあたりの駆け引きは外国人にはなかなかできない。

この取材中、タイの国会議員選挙があった。選挙当日は酒類の販売が一切禁止された。飲食店からビールを始め、一切のアルコールが消えた。やかんの中にこっそりビールを入れて客に出す店があったりするのはご愛敬だが、多くの店が休業を余儀なくされる中、堂々と酒を売って営業している居酒屋もあった。そういう店は警察と太いパイプがあるために取り締まりから逃れられるのだそうだ。一事が万事この調子である。

警察との関係だけではない。人脈造り、業者との付き合い、さらには移り気な従業員の管理に至るまで、外国人には難しい問題が山積している。ビジネスを成功させるにはこうしたことを一つ一つクリアしなければならない。幸いなことに、折田氏の妻ダーさんにはこうしたビジネスの才覚があったのだ。

ダーさんの出身はタイの中でも最も貧しいといわれる東北地方だ。タイで唯一、餓死者が出る地方といってもいい。ダーさんは四人姉妹の長女として生まれた。幼い妹たちの世話をするため中学校も満足に卒業していない。田舎で暮らす貧しい一家が貧困から抜け出すためには、能力のあるリーダーの出現を待たなければならない。ダーさんの叔母がそれに当たる女性だった。一六歳のとき、この叔母の誘いでバンコクに上京、ウエイトレスの仕事を始めたのが彼女のキャリアの始まりだった。

ところが彼女が叔母と働いていた店は町の再開発のためにあっけなく消滅、突然職を失ったダーさんはいったん田舎に引き揚げざるをえなかった。しかし、一家を養わねばならないという強い責任感に燃えていた彼女は、そこで終わるわけにはいかなかった。すぐにバンコクに上京、自力でゴーゴーバーのウエイトレスの職を得る。その後、美貌と才気でタニヤのホステスに上り詰めていった。

地方から出てきたホステスにとってタニヤは憧れの地である。そこで日本人のパトロンを見つけさえすれば、夢の高級車やマンションを持つことも可能だ。シンデレラガールになるチャンスを手に入れたことになる。水商売を目指した女性のごく一部だけが手にできる栄誉を得たことで、彼女は一族のリーダーになる資格をも得たのだ。ダーさんは夜の街で働く女性たちの気持ちをこう代弁した。

「田舎から出てきたときには恥ずかしくて、自分が接客の仕事ができるようになるなどとは思ってもいませんでした。でも、生活のために少しずつ段階を踏んでゆくと、度胸が据わってくるというか、やがてどんなことも抵抗なくできるようになるんです」

ダーさんはこの店で、京都の材木問屋の若旦那に見初められ妾になる。彼女が二〇歳のときのことだった。当時の材木業界はまだ今よりは元気があり、彼女は男性に連れられて京都の料亭で豪遊したり、日本人や日本社会についての勉強をする機会を得た。しかし、この男性に新しい愛人ができ、破局を迎える。彼女はこの男性のことを本気で愛していたのでショックは大きかったという。そしてこの傷を癒してくれたのが折田氏だった。

二人のビジネスはまずアイディアマンの折田氏がビジョンを語る。そして妻のダーさんが形にしてゆくという二人三脚だ。風俗店経営の場合は警察対応もさることながら、質のいいホステスの確保が鍵になる。幸い折田氏の店は価格設定が安いこともあって客が絶えない。客が絶えず来るということはチップ収入に頼るホステスにとっては一番の魅力だ。そこで努力せずに志願者が自然に集まってくるという好循環が生まれる。

ただし、ホステスを定着させるのは簡単ではない。一〇〇円でも給料を多く出す職場があると簡単に移っていってしまうのがタイ人の気質である。せっかくノウハウを教え、ようやく仕事に慣れたかと思ったら、他の会社に引き抜かれてしまったと悲鳴をあげる日本企業は多い。そこはダーさんの腕の見せ所だ。

タイでビジネスをする日本人はよくタイ人を怠け者だという。アリのごとく勤勉な日本人から見るとそう思うのは仕方ないかもしれない。しかし、タイ人は日本人とは違う価値観やプライオリティを持って働いている。その一つが快不快の感情を大切にすることだ。ダーさんは楽しい職場づくりを心がけている。楽しい職場であれば、タイ人は率先して働く。ダーさんはホステス一人一人に声をかけ、ホステスの先輩として悩み相談を聞き、ホステスの誕生日には花束を贈ることを忘れない。閉店後にはケーキを買ってきてバースデーパーティーも行う。

また、女性の職場で大切なことは分け隔てなく平等に扱うことだ。これを怠るとたちまち内紛が起こる。自らが経験していることなので、そうした細かいところまで目が届く。そんな努力もあって女性たちの定着率がいい。それが常連客を増やすという好循環になっている。

また、折田氏の店ではタイ的経営を実践している。タイでビジネスパートナーを探すことの難しさはタイ人自身もよく知っている。店ではダーさんの妹たちや親戚を呼び寄せ教育し、重要なポストは彼らに任せている。親族なら信頼して金を任せられる上、家族孝行に繋がるからだ。

しかし、こんな失敗もあった。二人にはマッサージ店を作る計画があった。妹の一人を一年間マッサージ学校に通わせ、将来は運営も任せる計画だった。タイのマッサージ師は一カ月足らずの短期の研修で、すぐに仕事を始めるケースが多い。だから、長い時間かけてみっちりと修行を積めばかなりのレベルに達するはずだと考えた。そこでダーさんは彼女を一年間マッサージの学校に通わせ、修行を積ませた。そして満を持して店を開いたのだ。ところが、彼女のマッサージの評判を聞き、他店からも盛んに引き抜きのオファーがあり、すっかりテングになってしまったのだ。遊び癖がつき、金遣いが荒くなって借金まで抱えるようになった。ダーさんは仕方なく店をあきらめ、彼女を田舎に帰したという。

二人は今、三店舗目の出店を計画している。それはダーさんの田舎であるイサーン地方の郷土料理を出すおしゃれな居酒屋だ。目指すのは女性目的でなく、客が仲間と楽しく過ごせる空間づくりである。急速に中産階級が増えているバンコクにあって、経済的にゆとりのできたタイの若者たちをターゲットにしているこうした飲み屋はまだまだ少ないからだ。

「タイにはまだまだビジネスチャンスが転がっています。がめつく儲けようとしないのが商売のコツですね。これからも、安く楽しくをモットーにやっていきたい」

折田氏は胸を張った。

格差社会

タニヤの女性に一〇〇〇万円を貢ぐロングステイヤーもいる。そうかと思うと、国民年金の数万円でカツカツの生活をしいられている人がいる。でもそれはまだましな方だ。中には借金で首が回らなくなり、逃げるようにタイにやってきた人もいる。タイが階級社会だとお伝えしたが、タイで暮らす日本人の社会もまた極端な格差社会なのだ。

これまで漠然とロングステイヤーとひとまとめに述べてきたが、一口にロングステイヤーといっても様々な階層の人がいる。そしてそれは、ロングステイの形からも見て取れる。

日本の家や財産道具はすべて処分し、終の棲家としてタイにやってくる、いわゆる「永住型」の人がいる。そうかと思うと、日本の財産はそのままにしておいて、とりあえずタイに魅力を感じている間はタイで第二の人生をエンジョイしようという文字通り「長期滞在型」のロングステイヤーもいる。そういう人はタイに魅力を感じなくなったら日本に戻るか、また新たな国に居住先を見つけてロングステイを続けるケースが多い。

「永住型」の中には日本で暮らせなくなって、物価の安いタイに逃げるようにやってくる人もいるが、一般的には、「永住型」にしろ「長期滞在型」にしろ、その多くはタイが気に入り、タイで豊かな生活をしようとやってきた人たちだ。彼らはリタイアメントビザを取って暮らしている。

このビザを取得するためにはいくつかの条件がある。まず五〇歳以上であること。さらに八〇万バーツ（二八〇万円）以上の銀行預金がタイの銀行の口座にあるか、同等額の年金のような所得がなければならない。口座と収入を合わせて八〇万バーツというのでもかまわない。この八〇万バーツは一人あたりの金額なので、夫婦で暮らすには二倍の一六〇万バーツが必要になる。いずれにしろ、このビザを取得するには、ある程度の資産を持っていることが前提になる。

実はすべてのロングステイヤーが、このビザを持っているわけではない。理由の一つは、一年のうち何度か日本とタイを行き来し、両国のいいとこ取りをしようとする「リピート型」のロングステイヤーがかなりの数いることだ。日本の寒い冬と暑い夏はタイで過ごし、比較的気候のいい春と秋は日本で暮らすという、三カ月周期で行き来するパターンの人もいる。あるいは基本は日本をベースにしていて、年に二、三カ月タイで過ごすという人もいる。

彼らは三カ月まで延長が許される観光ビザを利用したり、ビザを持たずにタイでの生活をエンジョイしている。ビザがなくても、日本人は一カ月間はタイにいられ、延長したい場合は近隣の第三国にいったん出れば、再び一カ月の滞在権利が得られるからだ。

だがリタイアメントビザを取らず、さりとて、このような明確な方針を持たないままタイで暮らす人たちもいる。人により事情は様々だが、一番多いのはリタイアメントビザの八〇万バーツが払えないため、事実上は一年を通じてタイで暮らしているにもかかわらず、観光ビザやビザなしでタイに長期滞在している貧しい高齢者たちだ。優雅なロングステイヤーを尻目に、物価の高い日本から逃れた膨大な数の経済難民の高齢者がタイで暮らしているのだ。

大西研次さん（六五歳・仮名）。彼が有名私立大学を卒業したのは日本が高度成長真っ盛りの一九六七年のことだ。大西さんは就職せず、知人の誘いで宝石ビジネスの世界に足を踏み入れた。宝石会社の依頼で宝石を買い付ける仕事だった。ビルマのルビーやスリランカやカンボジアのサファイヤ、中国の翡翠、あるいは香港のマーケットなどアジアを股に掛けて飛び回った。ダイヤモンドの買い付けにはベルギーのアントワープやイスラエルにも行ったことがある。

初めてタイに来たのは一九七〇年代初頭、立松和平の著書でも知られるフランス郵船の客船「ラオス号」でだった。当時フランス郵船は、横浜―マルセイユ間に「カンボジア号」「ベトナム号」「ラオス号」の三隻を運行させていて、東南アジアを旅する日本人にはよく知られた存在だった。

日本経済の上昇を反映し、宝石ビジネスは面白いほど儲かったという。景気のいいときは一〇〇〇万円で購入した商品が瞬く間に裁けたこともあった。中南米でビジネスをしていた頃は、円が変動相場制に移行したばかりで、為替差益だけで飛行機代が出たこともあった。

しかし、日本のバブル崩壊とその後の世界的な宝石の価格破壊で利幅は急に薄くなった。宝石業界は縮小の一途をたどり、若い人材の台頭もあり、大西さんは四〇代後半で契約していた会社から解雇通告を受ける。その後、これまで培ってきたノウハウを生かし、個人で宝石の売買を試みたものの、すでに宝石が大きな利益をもたらす時代は終わっていた。薄い利幅で売買を行うため、購入時に少しでも値踏みを誤ると大きな損失につながった。結局、大西さんは宝石の世界から足を洗い、新たな仕事を探すことにした。

だが、ときは就職氷河期。すでに五〇を過ぎていた大西さんの就職探しは難航した。ようやく見つけた仕事は高温でダイオキシンを出さない焼却炉を売る仕事だった。固定給なしの歩合方式だ。一台の値段が億単位する高額商品である。一台売れさえすればかなりの収入になるものの、大手企業が類似品の販売をしていることもあって、商品が一台も売れない日々が続いた。やがて生活費にも事欠くようになる。そして、お決まりのサラ金に手を出してしまった。借金は雪だるま式にふくらんでいった。激しい取り立てに悩まされるようになった頃には借金は数百万に達していた。結局、この借金生活が元で妻とは協議離婚、ローンが残っていた家を売却し、逃げるように親友が暮らすバンコクにやってきた。大西さんが五五歳のときであった。

親友は撮影のコーディネイトを中心に、旅行会社を経営していた。大西さんは彼の家に泊まり込んで、従業員として働くことになった。しかし、撮影のコーディネイトという仕事は映像制作について、ある程度の知識がないと難しい。大西さんは慣れない仕事でミスを連発した。

そこで旅行業の方を任されたのだが、折りからのスマトラ沖大地震に遭遇。担当地域だった

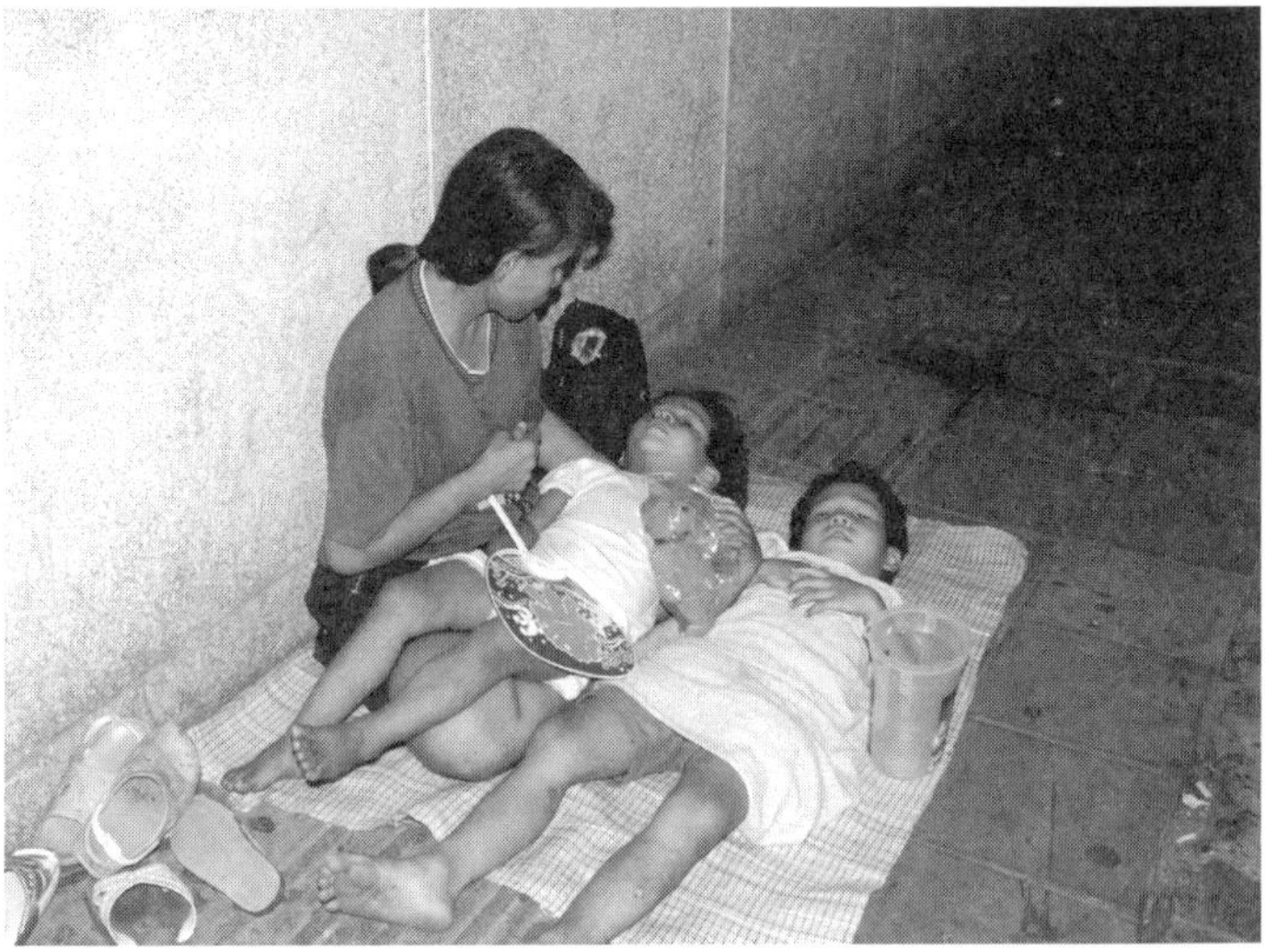

◎上：夫婦二人三脚で風俗店を成功させた折田篤彦さん（54歳）夫妻（バンコク）
◎下：タイは日本と比べものにならない格差社会だ。バンコクの町には路上で暮らす親子をしばしば見かける

プーケット島が津波で壊滅するという不幸も重なって、大西さんの受け持った仕事はまたもや失敗に終わった。そうこうするうちに知人との関係もぎくしゃくするようになり、大西さんは会社を去ることになった。

「一時は月に五万円以下の国民年金のみで暮らしていたこともありましたね。女遊びなんてとんでもない。一食一〇〇バーツ（三五〇円）の日本食すら食べられない毎日でした」

その後、日系企業で職を見つけたが、すでに六四歳という年齢を考えるといつまで仕事を続けられるかはわからない。

実はバンコクでは、大西さんのように底辺の生活を体験したり、現在もこうした生活を送っている人がかなりの数にのぼるのだ。

タイ政府は一昨年からこうした貧乏な日本人に対する締め付けを厳しくしている。例えば三カ月観光ビザで滞在した者には次の三カ月はビザを発給しなくなった。ビザなし滞在についても、半年のうち九〇日を超える滞在を許可しなくなった。さらにロングステイビザについても、これまではタイの代行業者と通じ、見せ金を一時的に銀行に入れておけばなんとか条件をクリアできた。しかし、新しいシステムでは日本国内からの振り込みが条件になり、しかも一定期間、銀行に置いておかなければビザの発給をしなくなったのだ。そのためこれまで曖昧な形でタイに滞在していた日本人たちの間でちょっとしたパニックが起きていた。

日本人の敵は日本人

タイ人女性との甘い生活を夢見てタイの地を踏んだ日本人ロングステイヤーが女性に騙されたケースはすでにお伝えした。しかし、ロングステイヤーが女性以上に注意しなければならないのは実は同じ日本人ロングステイヤーであるというのは広く知られた事実である。

タイで第二の人生をスタートさせる日本の高齢者たちがまず頼るのは、現地に古くから暮らしている日本人である。だが、そこに大きな落とし穴がある。異国の地で同国人に親切にされれば、たいていの日本人は心を許してしまう。彼らはそこにつけ込むのだ。親切そうな顔をして、不動産物件を二倍、三倍の値段で売りつけるのはざらで、中には抵当付きの物件を買わされてトラブルに巻き込まれる人もいる。言葉巧みに投資話を持ちかけられ、まとまった金を出資したが、これがまったくデタラメであったなどという話も日常茶飯事だ。こうした事件は年々増えている。

最近ではさすがに大使館も注意喚起を促しているが、日本社会のぬるま湯で暮らしてきた高齢ロングステイヤーには、善意を装って言葉巧みに近づいてくる詐欺師から身を守るすべがないのが現実である。不動産、結婚紹介業など、こういう人は日本人ロングステイヤーが利用するあらゆる職種に潜り込んでいる。

中でも一番多いのは事務所を持たず、携帯電話一本でビジネスをしている、いわゆる便利屋と呼ばれる職業の人たちだ。タイ語の不自由な高齢者に代わって、電気製品の購入や取り付け、トイレの水漏れなどの補修工事、あるいはトラブルの相談など、生活上の雑務全般を快く引き受けてくれる。何度か助けられるとほとんどの高齢者は心を許す。そしてすっかり安心させておいてから、まがい物を売りつけたり、金を騙し取ったりするのだ。彼らは孤独な高齢者の懐に飛び込む術を心得ている。親しくなった便利屋に金を貸してほしいと泣きつかれて大金を貸したところ、そのまま音信不通になってしまったなどという事件は日々起こっている。

それほど規模の大きくない日本人社会。同じ手口がいつまでも続けられるわけがないと思われるかもしれない。ところが実際にはロングステイヤーは常に新陳代謝している。そのため新たなカモはいくらでもネギを背負ってやってくるのだ。

その上、この種の外国人がらみの事件は、警察に訴えたところであまり真剣に捜査してくれない。万一、事実が立証でき裁判に持ち込めたとしても、タイには信頼できる弁護士も少ない。依頼人から金だけせしめて、ちゃらんぽらんにやるケースが多い。また、相手は法の網の目をくぐるテクニックを知り尽くしているプロであることも少なくない。そうなると、たとえ訴えを起こしたところで骨折り損になってしまう事もしばしばだ。結局、自分で相手を捕まえ話しをつけない限り、こうした犯罪はほぼ野放し状態だと考えていい。

こうした事件が後を絶たない背景には、日本社会の負け組が生活物価の安いタイをめざし、大挙して落ち延びてきているという現実があるのだ。

「日本人には二種類あります。年金がちゃんともらえる人ともらえない人です。厚生年金のある日本人はまず悪さはしません。でも、話を聞いて厚生年金がなかったり、年金受給年齢に達していない場合は要注意です」

あるベテランのロングステイヤーは私にこう語った。

バブル経済が崩壊し企業の倒産やリストラの嵐が吹き荒れたとき、職を失った中高年の中には、退職金やわずかな蓄えを持って物価の安いタイにやってきた人も少なくなかった。当時、日本とタイの経済格差は今よりも遙かに大きかった上、タイの銀行金利は一〇パーセントを超えていたからだ。一〇〇〇万円程度の蓄えがあればそれをタイの銀行に預けると、利子だけで生活ができた。

しかし、それはあくまでも贅沢をしないという条件で、日本並みの暮らしを維持しようとすればそれなりに金がかかった。まして女遊びなどしようものなら、一〇〇〇万円の金など数年で消えてなくなってしまう。その後は地獄のような貧困生活が待っている。物価の安いタイでいくら働いても、当然の事ながら給料はとても安い。経済発展した現在でさえ、大学教員の給料はせいぜい七万円程度である。現地人並みの暮らしならともかく、年金生活者のような優雅な生活は望めない。こういう人の多くは納税期間も少ないため、六五歳の年金受給年齢になっても年金をほとんどもらえないケースが多い。

そんなとき目の前を大金を持った無防備な日本の高齢者が通りかかれば、つい邪心が頭をもたげるのは仕方ないことかもしれない。生まれた時代が悪かったばかりに倒産やリストラという辛酸をなめた人たちにとって、のうのうと年金暮らしをし、若い女性を侍らせ我が世の春を謳歌している高齢者から金を騙し取ることに、大きな罪悪感を覚えないのかもしれない。

相場を知らない高齢者に不動産を少し高めに売りつけるだけで、タイで汗水垂らして働いた年収の何倍もの大金が手に入ることもある。この毒まんじゅうの味は一度覚えたらなかなかやめられなくなるようだ。

伊勢丹やそごうなど日本のデパートが並び、日本人ロングステイヤーにとって銀座のような町になったチットロム。ここから一・五キロほど北に向かうとマンション群が立ち並ぶ一角がある。広告を見ると家賃は一万円台。「NHK視聴可能」という日本語の広告もある。この一角が日陰者やギリギリの状態でタイで暮らす日本人のたまり場としてバンコク在住者の間では知られている場所だ。

とはいってもこの界隈には膨大な日本人が暮らしている。タイで起業することを目指して勉学中の若者もいるし、タイが好きで現地企業で働きながら暮らす真面目な青年もいる。ビルマで殺されたジャーナリストの長井健司さんもこの地域のマンションに部屋を借りていた。現実には、駐在員や優雅な年金生活者を除いた雑多な日本人が暮らす地域と考えていいのかもしれない。

この界隈に何軒かの日本食の食堂がある。町の中心で食べると一品四〇〇円ほどする日本食が、ここでは二〇〇円ほどで食べられる。店に入ってくるなり、棚にある漫画本を取り出し続きを読み始める人。短パン姿で入ってきてメニューも見ずに注文する人。その慣れた雰囲気を見ると客の多くがこの界隈に住む常連客であることがわかる。やってくる日本人の年齢は三〇代から七〇代とバラバラだ。そのうちの一人、五〇代ぐらいに見えるロングステイヤーに声をかけてみた。

「ここいらあたりには確かに怪しい年寄りがいますね。長くこちらで暮らしていると、どうしても日本が恋しくなるものです。でも、絶対に日本に帰ろうとしない人がいるんです。飛行機代がもったいないということもあるかもしれませんが、そういう人は十中八九、日本に帰れない事情がある人だと思いますよ」

それからいくつかの例を話してくれた。

以前同じアパートに住んでいたFさんは、日本でイベント会社を経営していた。経営に行き詰まり億単位の負債を背負って倒産寸前だった。借金取りに追われる日々が始まった。そのとき、知り合いからこんなアドバイスを受けたという。

「資産をかき集めたら、今ならまだ一五〇〇万円ぐらいはなんとかなるでしょ。一五〇〇万円あったらタイに逃げなさい。借金取りは外国まで追ってはきませんし、それだけあれば利子だけで食べていけますよ。向こうにはそうやって借金を踏み倒した連中がいっぱいいますから」

借金取りに追いまわされ、藁をも掴みたい気持ちだったFさんにとってそれは悪魔の囁きだった。残った資産を計算してみると確かに一五〇〇万円ほどにはなった。Fさんは借金を踏み倒し、タイへの逃亡を決行したというのだ。

「安アパートに住んでいるのですが、大金持ちの人も知っています。一緒に飲んだときにこんな話をしていました。その人は昔、ある専門学校の理事長をしていたそうです。しかし学校経営に行き詰まり、五〇億ぐらいの借金を背負ってしまいました。とても返し仰せる額でないと思い、借金を踏み倒してこちらに逃げてきたらしいんです。彼の場合、まだ億単位の現金が銀行にあるといいます。事実かどうかはわかりません。こちらの人たちは身を守るために適当な嘘を言いますから。ただ、日陰者が住むアパートに暮らしていますが、彼の金の使い方を見ていると一億や二億は持っていると思いますね」

そのロングステイヤーはそう言った。

「その人はこんなことを言っていました。真面目に借金を返そうとして、電車に飛び込む奴がいる。金を持ち逃げして、タイで酒池肉林の暮らしをしている奴もいる。人生いろいろだね、と」

私が、「できればその人に会わせてほしい」と頼むと、彼は顔色を変えた。

「それは勘弁してください。こちらの身が危なくなります。でもたくさんいるはずですよ、そういう人は」

夕方、安アパートが立ち並ぶ路地裏に立っていると、短パンにTシャツ、野球帽姿にリュックサックを背負った一人の日本人高齢者が別の路地から早足で出てきた。後を追ったが、複雑に入り組んだ路地のため見失ってしまった。おそらく大通りに出る抜け道があるのだろう。姿形や歩き方、さらには夕闇が迫る頃から活動を始める様はゴキブリを想像させた。

バンコクの裏路地では、こうした得体の知れない日本の老人が確実に増殖を続けている。

ヤクザも暗躍

日本人を騙すのは食い詰めた日本人だけではない。タイにも日本のヤクザが少なからず進出している。タイ人の間では、農村や山岳地帯で貧しい家庭から若い女性を買って風俗に売り飛ばす人買いとして知られている。その情報はタイ社会に広く流布しているので、「ヤクザ」という日本語はタイでは知らない者がいないほど有名な言葉になっている。だが、ヤクザは田舎にだけいるわけではない。バンコクでも暗躍している。

といっても、拳銃や麻薬の密輸で有名なフィリピンなどのように日本の組織暴力団はタイでは目立った活躍をしていない。理由は、フィリピンよりも警察の取り締まりが厳しいこともあるが、タイの警察は力がある分、大きな利潤を生む仕事は自分たちが取り仕切っているからだ。そのためタイ国内にはフィリピンのようにしっかりした組織暴力が育っていない。

一般のビジネスに地元の協力者が必要なのと同様、海外の暴力団がある国で仕事をする場合、地元の暴力団と手を組まない限り大きな仕事はできないものだ。そこでヤクザたちは日銭を稼ぐため、隙間産業にも手を染める。彼らはロングステイヤーを狙った裏ビジネスにもかなり進出している。定番の悪徳不動産業やセックス産業はもちろんだが、あまり知られていないのが闇金業である。彼らは日本のように闇金の看板を掲げているわけではない。その看板はときには旅行代理店だったり、在タイ日本人向けのサービス業種だったりする。

ある人の紹介で、日本の広域暴力団の関係者とタニヤのクラブで会って話を聞く機会を得た。一目見ただけではそれとわからない柔和な雰囲気を漂わせている五〇代の男性だった。私がロングステイヤーを騙す手口について尋ねると、「それは差し支えがあるんですが、一つだけ特別にお話ししましょう」と言って例を示してくれた。

それはロングステイビザ取得にかかる八〇万バーツの銀行預金に関するものだった。こちらで長期滞在したいのだが、ビザを取得する金に困っている一人の高齢者がいたとする。彼らがそういう情報を入手したとき真っ先にすることは、そのお年寄りの資産調査だ。日本の高齢者の場合、タイでは三〇〇万円の金に困っているような人でも、日本に戻ると不動産なり、なんらかの資産を持っているのが普通だという。

資産があるとわかると友人のような顔をしてお年寄りに近づくのだ。そしてある程度の信頼関係ができたと思ったら、何食わぬ顔をしてリタイアメントビザ取得のための金を貸してあげる、と持ちかけるのだ。その際、手続きも代行してあげると言えば、まず断る人はいないという。日本人の多くは日本人であるというだけで気を許す。まして日頃から親しくしていて友人だと思っている男からの提案だ。断る理由は何もない。

金を貸すとき、彼らは「一応形だけだから」といって借用書にサインをさせる。日本人は元々契約書を読む習慣がない。ましてタイ語である。貸し手を信用していれば、軽い気持ちで契約書にサインをしてしまう。しかし契約書は契約書だ。当然のことながら法的な効力を持っている。そして少しでも返済が滞ろうものなら、そこから厳しい取り立てが始まる。もちろん所持金があればすぐに返せばいいのだが、元々そんな金がないから借りているわけだ。

借金の利子はどんどんふくらんでゆく。しかしこの時点ではまだ、借り手はタイで借りた金が日本で取り立てにあうなどとは思っていない。親戚に取り立てがやってきたと知ったときは後の祭りだ。厳しい取り立てに音を上げた親族が支払うこともあるし、不動産を持っていれば抵当に取られてしまう。これは数ある手口のうちのほんの一つだという。悲劇はかなりの頻度で起こっているのだ。

こうした手口にはめられないためにも、ロングステイヤーは常にタイの事情に詳しい信用できる仲間を作っておくことが大切なのかもしれない。もちろん敵の手口は巧妙で次々に新しい手法を考え出してくる。だが、常に仲間と情報交換をしていれば見破れることもあるかもしれない。

社長さん

バンコクの生活物価はタイの中でも際だって高い。だから経済難民のような高齢者といっても、バンコクで暮らす以上、それなりの収入や資産があるケースが多い。本当に食い詰めた人は地方都市やさらに生活費のかからないラオスやカンボジアに移住してしまうからだ。

そんなとき、風俗情報を満載したタイの有料誌の一つに興味深い記事を見つけた。『タイで死にたい』というタイトルのルポルタージュだった。著者はコラゴット藤井氏というバンコクをベースに記事を書いているフリーのライターだ。

物語の主人公はバンコクの場末のカラオケ屋さんで、皿洗いをしている「社長さん」と呼ばれる日本の高齢者だ。「社長さん」とは単なるニックネームで、食い詰めたあげく、カラオケ店の女主人に拾われて住み込みで皿洗いをしているという。客はすべてタイ人でタイ語のカラオケが鳴り響く場末の店だ。

社長さんはかつて、大手自動車会社のエンジニアとしてタイに赴任した経験がある。赴任期間が終わり日本で暮らしているとき、タイで知り合った女性から突然、妹という美しい女性を紹介され舞い上がってしまった。そして、三〇年連れ添った奥さんと離婚し、二人で長野にカラオケスナック店を開いた。ところが社長さんの蜜月は長くは続かなかった。女性が長野の冬の寒さに耐えられず帰国したいとだだをこねだしたのだ。社長さんは彼女の願いを聞き入れ、開店資金として借りた数百万円を踏み倒し、店を閉めて女性と一緒にタイにやってきてしまったというのだ。

ところがご多分に漏れず、その女性は社長のことを金づるだとしか思っていなかった。タイに着くなり車のローンや店の開店資金などを払わされ、瞬く間に所持金は消えてしまった。それでも社長さんは彼女との甘い暮らしを夢見ていたが、女性は金づるではなくなった社長さんをポイ捨てして別の男に走り、無一文でバンコクの町に放り出されてしまったのだ。そして、路頭に迷っていたところを親切なカラオケスナックのママに拾われ、皿洗いをしながら生き延びているという内容だった。

皿洗いといっても給料が出るわけではなく、店の片隅に住ませてもらいながら、わずかな食べ物と煙草銭を恵んでもらっている状態だという。この乞食同然の生活はもう四年目になる。

タイに来るといつも感じることがある。タイの人たちは金を持っている人から金を奪うことにあまり罪悪感を感じない。その反面、困っている人や弱者に対してはとても優しい。

プーケット島が津波の被害にあったとき、タイ在住の日本人ジャーナリストからこんな話を聞いた。炎天下に何千もの死体が何日も放置されたままになっていたので、海岸全体が恐ろしい腐臭に包まれていた。多くの戦場を見てきている彼もこんな凄惨な現場は初めてだったという。一時間ほどその場にいるだけで、腐臭が身体にまとわりつき、何度も嘔吐したそうだ。そんなとき、全国から続々とやってくるタイのボランティアの若者たちが、この地獄のような状況にひるむことなく、粛々と遺体をトラックに運んだり、負傷者たちに食料を配ったりと献身的に立ち働く姿を目撃した。彼はタイが好きでもう二〇年もタイをベースに仕事をしている。長く住んでいれば、タイ人のいやな面を見ることもある。正直、タイに嫌気がさし、日本に帰りたいと思ったことも何度かあった。しかしその現場を見たとき、タイの人たちの底にある慈愛の心の深さに改めて感銘したという。

捨てる神に拾う神。このタイ的なコンセプトに興味を引かれ、著者の藤井さんに頼んで社長さんの働く店に連れて行ってもらった。

タイ人の間でも、カラオケは庶民の娯楽として定着している。小さな店は常連客とおぼしき人で盛況だった。店に入った途端、雑誌で紹介されていたとおりのポニーテール姿の小柄で愛嬌のある老人が出迎えてくれた。日本では三〇年間も家庭を持ち、タイに来た当初も羽振りが良かったそうだが、今は見る影もないレゲエおじさんという感じだ。ただ、店で働く女の子と冗談を言い合ったり、不幸な境遇を感じさせない突き抜けた明るさがあった。生まれつき思い悩まない性格なのか、あるいはタイのマイペンライ（なんとかなるさ）の精神が身に付いているのか、とにかく先のことを考えず、その日その日を楽しく暮らすことを信条としているようだ。

しばらく身の上話を聞いていたら、突然店の奥に姿を消した。後について行くと、洗い場で山積みになっている汚れた皿を慣れた手つきで、まさに洗っている最中だった。そのプライドのなさは感動的な光景だった。「旅で金に困ったら皿洗いでもして」という台詞はよく聞くが、高齢者が本当に住み込みで皿洗いをして生き延びている姿を見るのは初めてだった。

社長さんは一日一食しか食べないという。後は店で客の食べ残しをつまみ食いしたり、店のビールを適当に飲んだりしているそうだ。

タイで全財産を貢いだあげく女性に捨てられ、自殺した高齢者の話はいくつか聞いていた。日本でも生活に行き詰まったあげく将来に絶望し、自ら命を絶つ人は後を絶たない。そういう人は、社長さんのマイペンライ精神を見習った方がいいのかもしれない。

日本とタイを単純に比較すれば、タイの方が貧しいのは明らかだ。しかし貧しさが身に応えるのは、金がなくなることが即、飢え死にに繋がる日本の方かもしれない。社長さんの生き様は、貧しいタイの豊かさに触れた瞬間だったのかもしれない。

第8章

国境の町と少女売春の今

国境の町・メーサイ

タイ最北の県チェンライ県。県庁のあるチェンライ市から北に向かう国道一号線は広々とした美しい道路が続いている。東西冷戦時代、共産主義に対する防波堤の役割を果たしていた北タイの幹線道路はアメリカの援助で綺麗に整備されている。日本の北海道同様、有事の際、戦車を始めとした軍用車両が自由に動けるように設計されているからだ。

チェンライ市を出ておよそ一時間。ビルマとの国境の町メーサイに着く。冒頭で紹介した、この物語を書くきっかけになった高齢者と出会った町だ。ビザなしで滞在する日本人ロングステイヤーには滞在期間を延長するための町として知られるメーサイだが、この町には様々な顔がある。

バンコク、スワンナムーム国際空港がタイの表玄関だとすればメーサイはタイの勝手口といっていいのかもしれない。この勝手口を通って様々な物資が入ってくる。アジアハイウエー二号線に当たるこの道はビルマの先、さらに中国の雲南省に続いている。そのため今や世界の工場になった中国から安価な工業製品や食品が続々と運び込まれてくる。さらに海賊版ＤＶＤやコピー商品、さらには覚醒剤などの密輸の品々も、表玄関を避けてこの勝手口からタイに入ってきている。

勝手口を利用するのは密輸品だけではない。招かれざる者たちもまたこの入り口を利用するのだ。中国やビルマの経済難民たちだ、その中にはタイでは年々供給が難しくなっている児童買春の幼い少女たちもいる。

チェンライ市から国境の町メーサイまでの距離はおよそ六〇キロ。この間に三つの検問所がある。覚醒剤などの密輸品を始め経済難民たちがタイの中心部に入らないよう水際で防ぐためである。

国境の町メーサイを歩いてみる。

最後のチェックポイントを過ぎてしばらくゆくと、道の両側に商店が目立つようになる。国境貿易でにぎわうメーサイの町である。やがて道の突き当たりに大きな建物が見えてくる。ビルマとの国境のゲートだ。この国境はメーサイ川という幅二〇メートルほどの小さな川で仕切られている。

メーサイ市の人口はおよそ五万人、国道を中心に左右に広がるそれなりに大きな町だ。ただし、かつては田舎の寒村だったビルマ側の町タチレクが国境貿易が開始された一九八〇年代以降、急成長を遂げて飛行場まである大都市になったのに対し、メーサイは以前と変わらぬ辺境の小都市の面影を残している。

この町の通りではビルマの土産物始め、中国から届いた様々な物が売られている。まず目につくのが食べ物だ。天津甘栗やタイの他の町では滅多にお目にかかれない大きな白桃が並んでいる。白桃は見た目どおり、甘みがあっておいしい。日本で買えば軽く数百円はするような上等品だ。ところが、辺境の地を何日もかけて旅をしてきた割には傷みが少ない。おそらく大量の防腐剤が添加されているに違いない。

町のビデオ屋さんを覗いてみると、中国製のコピー商品のオンパレードだ。コピー商品の中には本物以上に豪華な装丁のものもある。スタジオ・ジブリ全作品集とか「〇〇七」シリーズなどだ。コピー商品の特徴はシリーズ全作品を網羅していることだ。それらが豪華なケースに入れられ、あたかも最初から全集であったかのような装丁で売られている。一〇〇巻セットのBBCドキュメント傑作選などは専用のアタッシュケースに入れられて売られている。誰が見るのか知らないが大島渚監督の全作品集もあった。シリーズもののDVD一枚単価は二〇〇円弱。しかも、製品の表には堂々と「オリジナル版」と印刷されている。確かにコピー商品のオリジナル版のようだ。制作している会社の所在地は福建や上海など中国でも東のはずれの地方だ。これらのものが中国を横切り、さらにビルマを経由してメーサイまで数千キロの旅をしてきたのかと思うと不思議な気持ちにさせられる。

そのほか珊瑚や宝石、虎の皮や各種動物系の漢方薬などワシントン条約で取引が禁止されている品目を中心に、思いつく限りの怪しい商品が売られている。まさに国境の町独特の妖気が漂っている。町を歩いていると覚醒剤ヤーバーを売る売人が近づいてきた。売値は一錠二〇〇円以下、バンコクの数分の一の値段だ。

実はメーサイのもう一つの顔。それはタイ、ビルマ、ラオスの三ヶ国にまたがる麻薬の大生産地ゴールデントライアングルの中心都市であることだ。生産量こそアフガニスタンに抜かれたものの、国境を越えたビルマ側では今もヘロインを始めアンフェタミン系の薬物ヤーバーが大量に生産されている。海外に開かれたタイのメーサイは、それが全世界へと拡散してゆくための出口になっている。

国境を接するビルマのシャン州には、二〇世紀の終わりまで麻薬王クンサーの支配地域が広がっていた。クンサーとタイ政府は深いつながりがあり、クンサーの私兵たちは、戦況が不利になるとよくこの国境を越えてタイ側に逃げ込んできた。そのため、それを追ってメーサイの町にやってきたビルマ政府軍との間で銃撃戦が繰り広げられたこともある。

メーサイと国境を接するビルマ側のシャン州はシャン民族が多く住む地域である。シャン民族はその名から類推できるようにシャムがなまったものでタイ系の民族である。かつては北タイにあったランナータイ王国の一部だったこともあり、北タイ語とシャン語の差異は北タイ語とタイ語の差異より小さいそうだ。そのため今でも様々な文化的、人的交流がある。従って長い間、地元の人には国境を開放していたが、タイ政府は最近になって様々な規制を設けるようになった。少女買春に対する取り締まりが厳しくなって以来、未成年者は許可証がない限りこの国境を通れない。また最近では不法就労者の流入を防ぐために、タイ側の労働証明がない者も国境を通りづらくなった。

とはいうものの、メーサイの町には今でもビルマからの出稼ぎ労働者が溢れている。様々な法的な抜け道もあるのだが、なにしろ国境線は一本の小さな小川である。至る所に不法な渡し船があり、その気になれば簡単に不法入国が可能なのだ。

実は、この町に着いたら一人の日本の老人に会いたいと思っていた。複数の人から聞いたその老人の話を総合するとこんな感じになる。

歳の頃は七五歳。タイにやってきて、まだ半年も経たないそうだ。彼は人生の最後を少女と一緒に暮らしたいという夢を実現するためだけにタイにやってきたらしい。初めはチェンマイにホテル住まいをしながら相手を探した。しかし、なかなか相手を見つけることができなかった。ようやく一人の若い女性と巡り会った。彼女は刑務所から出所してきたばかりの行き場のない女性だった。しかし彼にとってそれは重要なことではなかった。初めての恋人に舞い上がった彼は、言われるままに新車のオートバイをプレゼントした。しかし、女性はプレゼントされたその日に、買い物に行ってくるといったままバイクと共にどこかへ消えてしまったのだ。

その後、チェンライに移動して、別の女性との結婚話がまとまりそうになった。ところがその女性は結納金や両親の家の新築代など総計で二〇〇万円ほどの金を要求してきた。老人にとって、もちろん払えない金額ではなかった。しかし前回の苦い経験もある。金を払った途端、ドロンされるという事態だけは避けたかった。そこで彼は分割払いを提案した。だが女性がそれを拒否したため、結局破談になった。

◎上：ビルマとの国境。安価な中国製品に混じって、麻薬や不法就労者なども密かにこの国境を越える（メーサイ）
◎下：タイとビルマを隔てる幅20メートルほどのメーサイ川。豊かなタイをめざして経済難民がここを渡る（メーサイ）

そのとき知人から、「メーサイに行けば望みが叶う」と言われたそうだ。そして、この町にやってきたという。そこまでして若い女性を追い求める執念について聞いてみたいと思っていた。私はメーサイの町にあるゲストハウスをいくつか回って、この男性の所在を確かめようとした。しかし結局、それらしき人物には出会えなかった。そして彼を探し回ったことで、あとで大きなつけを払わされることになる。

児童買春の中心地は今

今から一〇年ほど前まで、タイの児童買春は事実上野放し状態だった。児童買春が盛んな北タイの中でもメーサイは別格だった。町の一角にはたくさんの置屋が軒を連ね、そこには身体を売るローティーンが溢れていた。小児性愛者にとってこの町は桃源郷の一つだった。老若問わず、多くの日本人を含む外国人が置屋の前に行列を作り不思議な活気を呈していたという。しかし、今は見る影もない。国際的な児童買春に対する反対運動の高まりの中、タイ政府も重い腰を上げて取り締まり強化に乗り出したからだ。それにつれて、この町をベースにする外国人の数も激減してしまったのだ。

私は児童買春に特に興味があったわけではない。しかし、例の老人の件から取材目的でこの町に来たことがわかり、この町に住む日本人だけでなく、驚いたことに町全体が心を閉ざしてしまったのだ。この町の人々は児童買春の取り締まりが厳しくなった原因は、メディアがこの問題を取り上げたせいだと信じているようだった。

日本政府が児童買春の規制に動いたのは一九九九年のことだ。町の人たちに言わせると、この法律制定ができる前後、日本のメディアが大挙してこの町にやってきて、児童買春の実態と称し、あることないことを記事や番組にしていったそうだ。当時、たくさんの日本人が児童買春目的でこの町を訪れていたからだ。

初めは児童買春の取り締まりには積極的ではなかったタイの警察当局も、この取材攻勢で実態が海外にまで知られるようになるにつれ、沽券をかけて厳しく取り締まらざるをえなくなった。これが町の人たちの解釈である。

そして児童買春の取り締まりが厳しくなるにつれ、この町は観光客にとって徐々に魅力のない町になっていった。当然のことながら、観光客の減少は観光業で食べている多くの町の人の生活を直撃した。

日本で一九九九年に制定された「児童買春・児童ポルノ処罰法」には大きな特徴がある。たとえそれが外国で行われた犯罪であっても、証拠さえあれば帰国後に罪を問えるという点だ。例えば麻薬に関する犯罪であったら、海外で犯した罪はその国でしか裁けない。つまりいったんその国を出さえすれば安全圏である。ところが児童買春は証拠を掴まれたら最後、逃げ場がない。そのため児童買春に関わった人は、たとえ口が裂けてもその事実を公にしない。

一般に児童買春をする人間は大きく二つのタイプに分かれるといわれている。一つは「選択型」といって、子供にしか性的興奮を感じない真性の小児性愛者だ。こういう人たちは性的嗜好に障害があるとして、治療を要すると考えられている。

この「選択型」の小児性愛者になる原因はまだよくわかっていない。先天的な要因や幼い頃の虐待による環境的な要因もあるといわれている。だが最大の原因は、本来成人女性に向くはずだった欲望が、成人女性とうまく関係を持てないことによって性欲の対象がゆがめられたせいだと考えられている。調査によると、小児性愛感情を持つ者の数は欧米で人口の二〇パーセントを超えるのに対し、日本では一〇パーセント以下と圧倒的に少ない。それは日本の女性が欧米の女性に比べ、男性に対して従属的であるため、関係づくりに失敗するケースが少ないからかもしれない。

子供にしか性的欲望を感じない「選択型」に対し、成人女性に対しても性的興奮を感じる「状況型」と呼ばれる人がいる。このタイプは好奇心などから小児と性交をする人も多い。児童買春をする日本人の多くはこのタイプだといわれている。つまり、日本人に関していえば、興味本位の児童買春が圧倒的に多いということだ。

町を歩いていると一人の青年が話しかけてきた。青年はバイアグラを盛んに勧めてくる。詳しく話を聞くと、装丁まで本物そっくりのバイアグラは中国製の偽物で、真っ赤な毒々しい錠剤がインド製の本物の勃起剤だという。どちらも値段は四錠で一〇〇バーツ、三五〇円ぐらいだ。話をしているうち、彼が以前、日本のジャーナリストの児童買春の取材に協力したことがあると知って、メーサイの町を案内してもらうことにした。

国境のメーサイ川に並行してある一本の道を歩いていくと小さな五叉路に出る。その角に社のような建物があり男根が奉られている。メーサイにやってくる日本人が「チンポタワー」と呼ぶその社のまわりが、この町の置屋街になっている。現在、営業している置屋は五軒。昼間歩くと普通の商店か仕度屋にしか見えない。しかし夜になると赤い電飾がつき、化粧をした若い女性たちが座っている。一〇代とおぼしき女性はいるものの、明らかなローティーンという感じの少女の姿は見あたらない。

青年が言った。

「子供は注文すればどこかから連れてくるよ。値段は一〇倍か二〇倍するけど」

ちなみにローティーンで処女、ということになると一〇〇倍ぐらいの金額を請求されるそうだ。少女が男性と交わった回数に応じて、徐々に値段が下がっていくらしい。それは嗜好の問題だけでなく、エイズ禍ともおおいに関係があるという。処女ならコンドームをつけずに安全に遊べるため、値段が高騰しているというのだ。

青年はこの町で暮らす一人の高齢者をこっそりと教えてくれた。その男性は間違いなくしばしば少女を買っているという。私が会いに行くと男性はすでに私のことを知っていた。そして、何も質問する前からけんもほろろにこう言った。

「あんたの探しているような人たちはもうこの町にはいないよ。そういう連中はとっくの昔にカンボジアに行ってしまったよ」

ビルマ女性と暮らす

タイのしたたかな商売女たちに辛酸をなめさせられている日本の高齢者にとって、ビルマ女性は憧れの的だという。メーサイのもう一つの特徴。それはビルマ人女性と出会えることだ。

かつてビルマを旅行したときの話だ。ホテルの食堂で日本の高齢者と三〇代のビルマ人女性のカップルに出会ったことがあった。話を聞くと、日本人男性はタイをベースに暮らしていた。

「ビルマ人はやっぱり憧れです。タイ人女性と違って、すれていないし、気だてがいいという気がします」

タイの商売女によほどひどい目にあっているのであろうか。その高齢者は声を潜めるようにそう言った。連れの女性は学校の教員だという。ガイドとして知り合い、その後援助交際を続けているらしい。控えめで、見るからに気だての良さそうな女性だった。

私の知る限り、タイ人女性に比べビルマ人女性の方が気だてがいいということは一概には言えないと思う。ただ、事実上の鎖国を行っているビルマは著しく近代化が遅れている。一般論としていえば、ビルマの女性たちはその分、物質文明に毒されていないし、タイよりも拝金主

◎ビルマから出稼ぎに来ている少数民族シャンの少女（メーサイ）

義者が少ないことも確かである。また、イギリスの植民地になった影響もあって教育熱も高い。そのため貧しいながら知的レベルの高い女性が多いのも事実だ。日本の高齢者が質のいい女性と出会える可能性は確かにタイよりも高いのかもしれない。

ところが、ビルマは外国人に門戸を閉ざしている。ロングステイビザの発給をしていないのはもちろんのこと、長期滞在さえ難しい。それだけでなく、一般のビルマ人が海外に出ることについても多くの規制がある。そのため運良くビルマで恋人を見つけた人も、観光ビザでビルマに入国し定期的に逢い引きをするなど、それなりに苦労をしているようだ。

その点、メーサイで暮らせば労せずしてビルマ女性と出会うことができる。国境を越えてたくさんのビルマ女性がやってくるからだ。土産物売り、屋台や商店の売り子、建設労働者やバイクタクシーの運転手、さらにはセックスワーカーたち。この町の労働者の大半が貧しいビルマからの出稼ぎ者だ。ただ、金を稼ぐために危険を冒して異国の地にやってくるビルマの女性たちは、それなりに逞しくしたたかであることも彼女らの態度から感じた。

この町で二八歳の美しいビルマ女性と暮らしている日本の高齢者と出会った。森本嘉男さん（六八歳・仮名）。この町に住むビルマからの経済難民は民族的には少数民族シャン人が圧倒的に多い。しかし、森本さんの愛人は純粋なビルマ民族だという。森本さんは家賃二五〇〇バーツ（九〇〇〇円ほど）のこじんまりした一戸建てに暮らしていた。

森本さんは現役時代、メディア関係の仕事に従事していた。制作デスクの仕事が中心だったが、時折、海外のリポートをする機会もあった。南アフリカ、南米など第三世界への出張も多く、外国での生活には抵抗がなかった。だから、定年退職後は元気なうちは海外で暮らそうと考えていた。奥さんと一緒に海外移住を検討したが、結局、奥さんは日本を離れる決意ができなかった。

定年退職後、森本さんはアジア各地を旅して歩いた。現役時代、ビルマの民主化運動を取材したことがある彼は、ビルマ人には親近感を持っていた。退職後、何度かビルマを旅したこともある。しかし、軍事政権下にありインフラ整備も遅れているビルマは日本の高齢者が暮らすには適さないことがすぐにわかった。そこでビルマ人が多く暮らす国境の町メーサイで暮らし、時々ビルマを旅することにした。現在は三カ月毎に日本とタイを行き来するリピート型のロングステイをしている。

森本さんの愛人であるキンさんはラングーン（ヤンゴン）出身である。タイとの国境ゲートを自由に行き来できるのはタチレク地区に住民票があるビルマ人に限られている。従ってキンさんは本来、この国境ゲートを越えることができない。そのためわざわざ、タチレクに住む親戚の家に住民票を移しタイに出稼ぎに来ていた。

キンさんにはそこまでしてタイで生活費を稼ぐ必要があった。実は彼女には結婚歴がある。ところが相手の男性は子供を残したまま姿をくらませてしまったのだ。キンさんは子供を養う必要に迫られた。ところが、世界最貧国であるビルマには満足な仕事がなく、あっても賃金は恐ろしく安かった。もしタイで金を稼いでラングーンに仕送りすれば一家の生活を支えられる。そう考えたキンさんは子供を両親に預けてこの町にやってきたのだ。

彼女はメーサイの小さなホテルでメイドの仕事に着いた。そのとき、そこに宿泊している森本さんと出会った。やがて森本さんと親密な関係になり、援助交際が始まったという。

森本さんには日本に妻子がいる。家庭を持ちながら愛人を持つことに森本さんは特別な罪悪感はないという。

「私の若い頃は妾を持つのは男の甲斐性だったんだよ。まわりにそういう生き方をしている人がたくさんいたからね。妾は男の甲斐性だと思う」

男女平等を謳った日本国憲法制定前に生まれた森本さんは悪びれずにそう言った。

「それに、以前からビルマの人を支援したいと思っていたんだ」

妾遊びを支援と呼ぶのにはいささか抵抗を感じたが森本さんは本気だった。単に妾遊びをしていると考えるより、ビルマの困った女性を助けてあげていると思った方が疑似恋愛も盛り上がるし、自分自身の励みにもなるのかもしれない。

森本さんは彼女のためにラングーン市内に小さなアパートを建ててあげていた。自分にもしものことがあった場合、路頭に迷わないようにという心遣いからだという。もちろん見返りなど期待していない。女性には月に六〇〇〇バーツ（およそ二万円）、彼が日本にいるときも欠かさず仕送りしている。バンコクで愛人を持っている人たちの話を聞いた後なので金額の少なさに驚いたが、これはこの町の労働者の平均的な月収だそうだ。彼女の場合、家賃や光熱費などの基本的な生活費は森本さんが負担しているので、決して暮らしに困るようなことはないはずだという。

それでも、日本人の妾になったということで周囲から期待され、本人も友人たちに良いところを見せたがるため、時折金遣いが荒くなるそうだ。留守中日本から電話をすると、追加の小遣いをねだられることも度々ある。

「身体の具合が悪いときはちゃんと病院に行け、とかねがね言っているので、すぐに、病院に行ったのでお金が足りなくなった、と言ってくるんだ」

そんなとき森本さんは話を聞き、常識の範囲でお金を送金するという。けちけちせず、かといって甘やかさない。森本さん流の妾道なのかもしれない。森本さんは彼女との距離の取り方にも気を遣っている。

「私はビルマ語が少ししかできないので、長時間一緒にいても退屈だと思うので、昼間は好き勝手にさせています。たいていは友達のところに遊びにいっているようです」

キンさんは朝食を作り一緒に食べるとどこかに出かけてゆく。その間、森本さんは土産物屋の若い店員たちとコミュニケーションを楽しんでエネルギーをもらい、部屋に戻るとビルマの文化や民主化運動について書かれた英語の本を呼んだりしている。

夕方近くキンさんが料理の材料を買って戻ってくる。ビルマ料理はシャワーのようにたくさんの油を使うのが特徴だ。料理によっては一センチほど油の層ができるものもある。高齢の森本さんはキンさんに油を控えめにしてほしいと頼んでいるのだが、子供の頃から脂っこい料理で育ったキンさんには無理な相談だ。そのため森本さんは油恐怖症になっていた。

昼間、森本さんに誘われ近くの食堂にタイ式ラーメンを食べに行った。盛んに「油を少なく」と注文をつけている。私の口にはかなりあっさりしたタイ式ラーメンだと感じたが、終始「脂っこいなあ」と呟いていた。

川の向こうはタチレク

例のバイアグラ売りの青年がビルマ側のタチレクの町にはまだ幼い少女がいる置屋がたくさんあり、日本人の高齢者もたくさん買いに行くから行ってみないか、と誘ってきた。せっかくここまで来たのだから一応見ておこうと思い誘われるままについて行くことにした。

外国人のための国境は朝八時に開く。通行料は外国人の場合一人一〇ドルだ。これで二週間のビルマ滞在許可がもらえる。しかし、外国人が行動できる範囲は中国国境のマインラーまでの二五〇キロあまりの直線コースのみだ。それ以外の場所には行けない。そのため一度行けば飽きてしまう。そこでタイの滞在期限をリセットしに来る長期滞在の日本人も日帰りで戻ってくる。私も遊園地の入場料を払うような気持ちで一〇ドルを支払い、日帰り旅行をすることにした。

タチレクはほぼタイの経済圏に組み込まれていて、信頼性の高いタイの通貨バーツが人気だ。オート三輪を一〇〇バーツでチャーターし、少女がいるという置屋を回ってもらうことにした。五軒の置屋を回ってもらった。置屋は隠れるように町のあちこちに点在していた。

最初に訪れたのは、茅葺きで売春宿だと知らなければ、どこから見ても貧しい普通の民家だった。小太りのママさんが笑顔で出迎えた。そして一声かけると、奥から五人の女性が出てきた。ママさんは女性たちを二〇歳、一九歳、一七歳、一六歳、一四歳と年齢で紹介した。といわれても、こちらの人の年齢は私にはよくわからない。特に貧しい女性の場合、栄養が足りないためか華奢で身長も発育不全で小柄な人が多い。実際の年齢より四、五歳下に見えることもある。明らかなローティーンならわかるが、見た目が一四歳ぐらいでも一八歳ということもある。

よく冗談で、タイの置屋には一八歳と一九歳の娘しかいなくなったといわれる。一七歳以下の場合は児童買春の対象になるので一八歳と偽り、二〇歳を超えると人気がなくなるので歳をとった女性は一九歳と自己申告するからだ。というわけでどこの置屋も年齢不詳の女性と自称少女が数名ずついた。少女がたくさんいるという割には意外とたいしたことないな、というのが印象だった。そのときオート三輪の運転手が事情を説明してくれた。

実は一週間ほど前、この町の置屋に一斉手入れがあったそうだ。町始まって以来のことだという。その結果、子供をたくさん使っていた二軒の置屋が営業停止になり、経営者と女性たちは留置所に収監されたという。一週間前まで少女置屋だったという大きな民家に連れて行ってもらうと、普通のビルマ人の家族が暮らしていた。ビルマでは政府が接収した後、建物に公務員を住まわせるのはよく行われるので驚くには当たらないが、その落ち着いた佇まいを見る限り、そこが一週間前まで少女置屋だったといわれてもにわかに信じられなかった。その置屋には一〇歳ぐらいの子供を含むローティーンが三〇人ほどいて、週に二、三度やってくる日本の高齢者もいたという。

それが事実だとすればタチレクはまだまだ児童買春が健在だといえる。ただこんな話も聞いた。数カ月前、少女を買いにきた日本の高齢者が住民の通報で捕まったという。ビルマは秘密警察が目を光らせる密告社会だ。密告者にはそれなりの報酬が支払われるので、密告は今後も日常的に行われる可能性があるという。児童買春で逮捕された場合は懲役二年、それを回避するにはかなり高額の賄賂を警察官に支払わなければならないという。児童買春が世界的に難しくなってきているのは確かなようだ。

とはいうものの少女売春はなくならない。取り締まりには一定の効果があるものの、取り締まりが厳しくなればなるほどこの手の犯罪は地下に潜ってゆくからだ。今では一〇歳以下の処女だったら三〇万円の値が付くようになったと聞く。危険を冒すだけのおいしいビジネスになりつつあるということもいえるのだ。

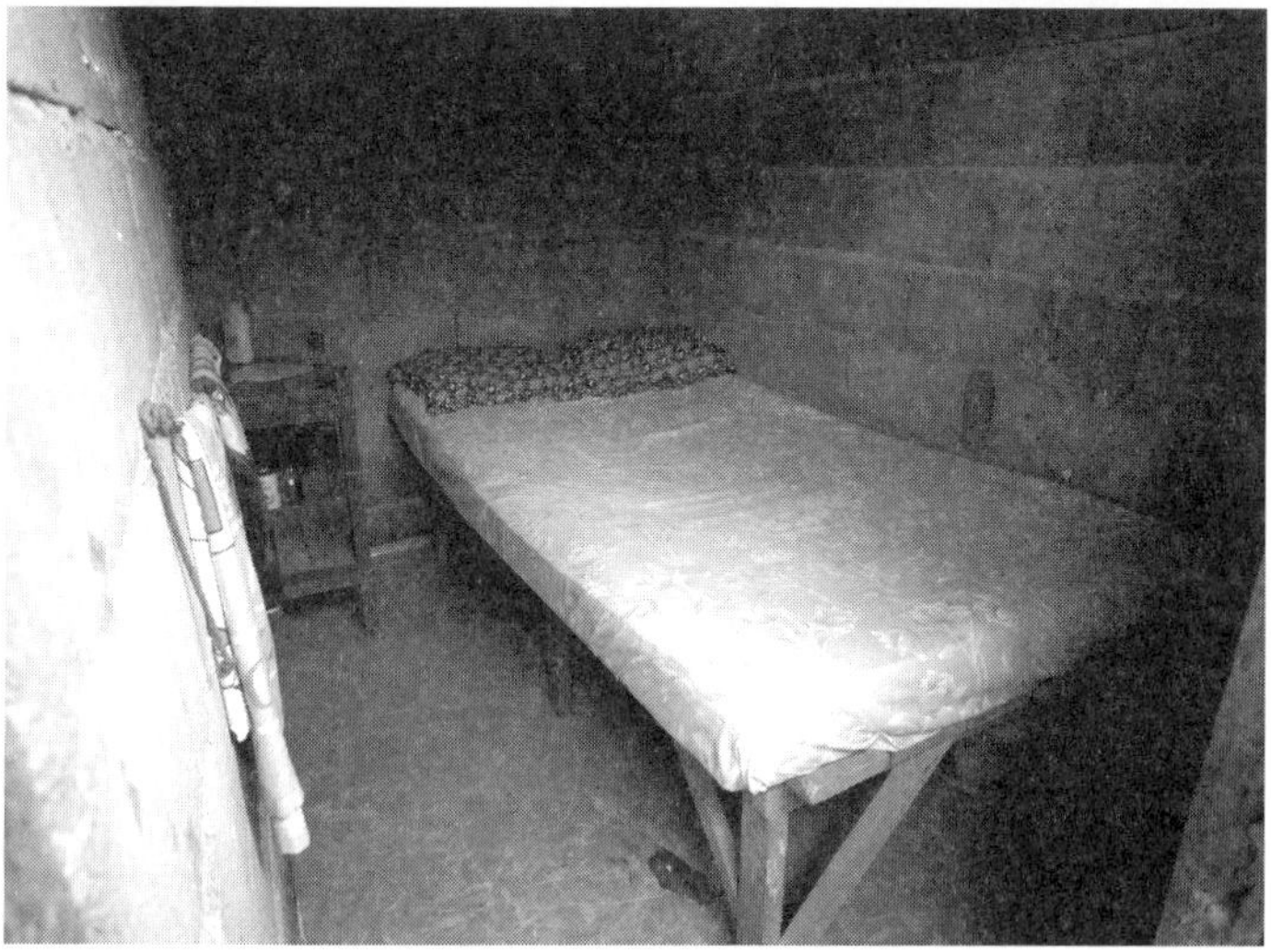

◎上：男根が祭られ日本人たちから「チンポ・タワー」と呼ばれる社。この周りは置屋街になっている（メーサイ）
◎下：国境を越えたビルマ側では児童買春が行われているという。場末の置屋にはみすぼらしいベッドがあった

カンボジアへ流れる

日本人はタイ入国から三〇日間はビザがなくても滞在できる。そしてその期間が過ぎたら、いったん第三国に出れば、新たに三〇日の滞在が許される。すでに述べたように高齢者ロングステイヤーの中にはこうした形でタイに何年も住み続けている人も少なくない。バンコクなどタイの南部で暮らす人はカンボジア国境のアランヤプラテートやマレーシア国境のハジャイでビザをリセットする人が多い。しかし、チェンマイやチェンライなど北タイで暮らす人たちはメーサイを利用する人が圧倒的に多い。

メーサイの町には北タイに住む日本人の間で名の知れた餃子の専門店がある。ご主人は台湾人であるが日本語が通じ、懐かしい日本でも馴染みの餃子が食べられる。ビザを書き換えにこの町に来る人の中にもこの店で餃子を食べるのを楽しみにしている人は少なくない。この餃子屋さんで一人の日本人高齢者と出会った。

本木重治さん（仮名）は今年六一歳になる。学生運動に熱中した世代だ。彼は就職し社会の歯車になることを潔しとせず、大学を中退し東海地方のある町で小さな塾を経営していた。しかし、バブル崩壊の景気悪化で生徒数が減ってしまった。このまま続けていてもじり貧になると思い、まだ蓄えがあるうちに塾を畳み安く暮らせるタイにやってきた。タイに来たのは、高度な管理社会である日本という国に馴染めないという理由もあった。しかし、タイでいくつかの仕事を試みたがうまくいかず、所持金は徐々に目減りし、今ではほとんど底をついてしまったという。そのため八十万バーツの銀行預金を必要とするリタイアメントビザを取ることができず、毎月、滞在期間延長のためにチェンマイからこの町にやってきている。

ところが、タイ政府が一昨年ルール改正を行い、ビザなし、および観光ビザでタイに滞在できる期間をこれまでの無制限から、半年間に最大三カ月までとしたのだ。経済難民的ロングステイヤーたちには厳しい措置だった。今のところ制度は弾力的に運用されているものの、ビザや滞在の再延長が認められずタイを去る人が続出しているのも確かだ。本木さんも決断を迫られていた。

年金が出る六五歳まではまだ四年ある。しかも自営業だったため、もらえたとしても月々数万円の国民年金のみだ。物価上昇が続くタイでこれ以上暮らしていても明るい未来はないと考えている。

「カンボジアに行こうと思っているんだ。あっちに行けばビザの心配もないし、生活費も安いからね」

本木さんは寂しそうに言った。

カンボジアで暮らす日本人ロングステイヤーがこのところじわじわと増加しているという。物価の安さ、カンボジアの治安の安定など様々な要因があるだろうが、本木さんのように、タイの物価上昇とビザシステムの変更が大きな要因だと思われる。カンボジアでは一年間有効のビジネスビザがたった三万円で面倒な手続きなしに取得できる。もちろんビジネスビザだからといってビジネスなどやる必要はない。またタイのリタイアメントビザと違い、生活の足しにビジネスをやりたければ自由にできる便利なビザだ。

近い将来、タイ政府が法律を遵守し、ビザなしで滞在する日本人の徹底的な締め出しを始めたら、さらに多くの日本人高齢者がカンボジアに流れてゆく可能性は高い。

カンボジアに流れ着いた日本の経済難民たち。彼らはそこでどんな暮らしをしているのだろうか。私はカンボジアをめざすことにした。

第9章

幻の国・カンボジア

カンボジアの闇

カンボジアと国境を接するタイ東端の町、アランヤプラテート。一九九〇年代まで、ベトナム戦争とそれに続くカンボジア内戦によって生み出された避難民の町として知られていた。

しかし、今では美しい街路樹の並ぶ快適な道路がカンボジア国境まで続いている。バンコクからの所要時間はバスで四時間。バンコクから最短で行ける国境だ。そのため各旅行会社はビザなしで長期滞在する日本人たちのために、この国境に向け、滞在延長のためのツアーを組んでいる。

こうした利便性もあって、タイの国境ゲートからカンボジア国境にいたる中立地帯にはカジノがずらりと建ち並んでいる。「インドシナを戦場から市場へ」のスローガンの下、市場化が進められてきたこの地域の現実の一端が見て取れる。

カンボジアの国境ゲートをくぐると、砂埃が舞うカンボジア側の町ポイペトだ。ここからさらにバスを乗り継ぎ、首都プノンペンに向かう。町を出た途端、まだ舗装の行き届かない道路が荒涼とした原野に続いていた。ここは地の果てカンボジア。豊かなタイからやってくるとこんな言葉がふと脳裏をかすめる。ポイペトを出て九時間、カンボジアの首都プノンペンに到着した。

プノンペン市は大河メコンの支流バサック川の西に広がる人口一五〇万の大都会だ。カンボジアの全人口の一〇分の一が暮らしていることになる。川に並行して走るモニヴォン通りとノルドム通りという二つの大通りを中心に町は広がっている。一九六〇年代には東洋のパリと謳われた美しい町だったが、一九七〇年代のポルポト政権時代、すべての住民が町から強制退去させられゴーストタウンになったこともある。そのとき多くの建物も破壊された。解放後、旧住民や国内避難民が一斉にこの町に殺到し、一九九〇年代前半までは夜中に銃声が響く物騒な町でもあった。

その後、世界遺産アンコールワットの町シェムリアップが観光の中心として急速に発展したのに対し、首都プノンペンは発展から取り残され、沈滞したムードが続いていた。ところが、今回久しぶりに訪れてみるとプノンペンは目を見張るほどの変貌を遂げていた。一九九七年、政敵ラナリット殿下を打ち負かし、国内の権力を盤石にしたフンセン首相の下、海外からの投資が急増したのが原因だった。バサック川の畔は美しくライトアップされ、メインストリートであるモニヴォン通りには真新しいビルやホテルが建ち並ぶ。さらに、韓国資本による高層ビルの着工も予定されていた。以前はなかった大型のスーパーマーケッも町のあちこちにでき、それなりの近代都市に生まれ変わろうとしていた。

ところが表通りから一歩脇道に足を踏み入れた途端、その発展が表面的であることがすぐにわかった。路地の多くは未舗装のままで、汚れた服を着た子供たちが遊んでいた。夜になると、家々は幾重もの鍵で固く閉ざされた。内戦前は泥棒などは一人もいなかったといわれるほど豊かで飢え死にを知らないカンボジアも、三〇年に及ぶ内戦とそれに続く急速な市場経済の導入で貧富の差が生まれ、それが人々の心の荒廃を生み出していた。

フィリピンのような凶悪犯罪こそ少ないものの治安は決して良くない。プノンペン市内の民家は一階が居間兼食堂になっている作りが多いが、その居間は夜になると家具を片づけて駐車場になる。夜間、車やバイクを路上に置いておくとかなり高い確率で盗難にあうからだ。

また、発展したといっても日本からみると不便なことが多すぎる。首都プノンペンでさえ、市内バスは未だにほとんど走っていない。かといって自分で車を運転するには交通ルールはめちゃめちゃすぎる。マイカーを持ったとしても、路上に駐車しておこうものなら車ごと盗難にあう危険もある。

そんなわけで、今のカンボジアは優雅なリタイア生活を望む日本の高齢者が暮らすには決して適した場所とはいえない。それでもカンボジアには少なからぬ日本の高齢者が暮らしていた。私は彼らの暮らしを訪ねてみることにした。

ただその前に、世界でも稀にみる豊かな国であったカンボジアがなぜこのような惨状を呈しているのか、説明しておかなければならないと思う。それはカンボジアの歴史、とりわけインドシナが戦場だった一九七〇年代、およそ四年の間に国民の四分の一を死に追いやった狂気の政権、ポルポト時代の話だ。

そもそもカンボジアは長い歴史のある王国だった。歴史に表れるインドシナ半島最初の王国は紀元一世紀、カンボジアに起こった扶南王国だといわれている。さらに一二世紀、世界遺産アンコールワットで知られるアンコール王朝のとき、インドシナ半島の大半を支配下に治める大国になった。以降一五世紀にタイのアユタヤ朝に滅ぼされるまで、カンボジアはインドシナ半島の中心国家であり続けた。あまり知られていないが、芸能を始めタイ伝統文化と呼ばれるものの多くはクメール王朝に源がある。

近代に入るとカンボジアはフランスの植民地に組み込まれた。そして一九五三年、王国として独立、若きリーダー・シアヌーク国王が国を治めてきた。しかし一九六〇年に始まったベトナム戦争がカンボジアの運命を大きく変えた。アメリカの傀儡といわれるロンノルがクーデターでシアヌークに替わって政権を取ったのはベトナム戦争のさなかの一九七〇年のことだった。当時北ベトナム軍はカンボジアを拠点にアメリカ軍に攻撃を仕掛けていたからだ。

だが、国民の支持がないロンノル政権は脆弱だった。ほどなくポルポト率いるクメールルージュ（赤いクメール）によって政権の座を追われる。一九七五年初めのことだ。その名のとおり毛沢東主義の影響を強く受けた極左政権だった。彼らは農民の富を搾取する都市住民を悪と考え、農本主義に基づいた国家建設を考えていた。そして政権を取って真っ先に行ったことは都市住民の抹殺だった。資本家、文化人、学者や教育者、そして僧侶まで、あらゆるジャンルの権威や知識人などが次々に殺されていった。

しかし、シェークスピアの悲劇「マクベス」ではないが、一度人をあやめるとそれは恐怖に変わってゆく。疑心暗鬼が渦巻く中、殺戮は政敵や知識人にとどまらず、同胞や物事を筋道立てて考えるすべての人に及んでいった。学校の教員はもちろんのこと、最後には文字が読み書きできるというだけで殺戮の対象になった。しかもその殺戮は徹底していたため、一九七九年ベトナム軍によって解放されるまでの四年足らずの間に、中等教育以上を受けた者の九割が抹殺されたといわれている。

そのとき行われた宗教破壊、文化破壊、そして人材の破壊は、カンボジアの現在と未来に決定的な影を落とすことになった。一九九〇年代になって、国際社会はカンボジアの和平プロセスを模索、実行に移してゆく。それに伴い世界中から教育を始めとした様々な支援が行われるようになった。しかし、人的資源の欠落は未だに埋め合わせることができていない。例えば学校を作っても教える教師がいないという状況である。破壊された寺院は住民の寄付などで再建されたものの、修行を積んだ僧侶がいないのだ。カンボジアはタイと並ぶ敬虔な上座部仏教の国だったが、ポルポト時代以降、彼らの人生の規範だった仏教の精神はほぼ失われたままだ。

また社会正義を説くものもほとんどいない。たまに現れても、それを理解し支持する知識人がほとんどいないため孤立してしまう。そのため汚職は蔓延し、混沌は一向に収まる気配がない。そればかりか、平和と共にやってきた急速な近代化とグローバル化の下、国際資金が流入する中で、持てる者と貧しき者の格差は広がり続け、今では負のグローバリズムの展示場のようになっている。

プノンペン市内の一等地やビジネスの大半は中国人、タイ人、ベトナム人などの外国人に押さえられ、当事者であるカンボジア人は一部の利権を有する特権階級を除いて、ほとんど蚊帳の外に置かれている。この弱肉強食が支配する世の中で、社会正義は人々の最低限の良識に頼って細々と生き延びている状態だ。

今回カンボジアで、再び狂気の殺戮集団ポルポト時代を懐かしむ者が増えているという話を聞いた。ありえないことだと思ったが、彼らは人殺し集団ではあったが、少なくとも平等という理想は掲げていた。しかし、今のカンボジアには社会正義はほとんど存在しない。富める者はより豊かに、貧しい者はさらに貧しくなってゆくのがカンボジアの現状であった。

プノンペンで二万円の暮らし

「最低生活費は二〇〇ドルから三〇〇ドル。これだけあればこの国でなんとかやっていけます。実際そういう人はたくさんいますから。安く暮らせるのがカンボジアの魅力です」

この国に暮らす日本人ロングステイヤーの一人が言った。

カンボジアの物価はタイと比べてそんなに安いのだろうか。

まず、庶民の食堂を覗いてみる。一食の値段はほぼ一ドル（一〇〇円）ほどだ。これはタイの食堂とあまり変わらない。そればかりか、食文化の豊かなタイに比べると米も含めて、一品一品の質がやや見劣りする気がする。

町の移動は路線バスがないため、バイクタクシーかタクシーに頼らなければならない。路線バスがない分タイよりも高くつく。市場を覗いても青果や生活雑貨は決して安くない。カンボジアには米作り以外、これといった産業がない。生活物資の多くは輸入に頼っている。そのため食べ物を含め大半のものは実はタイよりも値が張るのだ。もしカンボジアで二万円、三万円で暮らせるとしたら、当然、タイでも一カ月二万円で暮らせるはずだ。それなのにはなぜ、タイで暮らす日本人ロングステイヤーたちは二万円で暮らそうとしないのか。その答えは、「あまりに惨めだから」である。

タイには高級レストランやレジャー施設など欲望を刺激する物や場所がたくさんある。金さえ払えばリッチで快適な暮らしができる。まわりの日本人たちも金持ちとはいわないが、それなりに金を持っている。金がない人間はそういう社会からはじき出されてしまう。実際、月々三〇〇〇円足らずの飲み代が重荷になってロングステイの会を抜ける人もいた。

さらにタイの場合、現地人にもそれなりに裕福な人がたくさんいる。一カ月二万円で暮らすことは、タイ人社会の中でも底辺に近い生活を強いられることになる。これは日本人にとってかなりきついことだ。

一方、カンボジアでは金があってもあまり使い道がない。また、まわりの日本人もおおかた

◎上：復興著しいカンボジアの首都プノンペンの表通り
◎下：一歩裏に入ると、未舗装の路地。内戦終結当時の懐かしい風景が広がっている（プノンペン）

貧乏である。カンボジア人に至ってはさらに貧しい。この国では貧乏であることが普通の状態なのだ。だから日本で暮らす日本人から見れば、最低の暮らしをしていると思えても、本人たちはあまり惨めな気持ちにならずにやっていけるのだ。

そんなわけでカンボジアには最低限の生活費で暮らす高齢のロングステイヤーがかなりの数いる。

プノンペンの縁を東西に走る毛沢東通り。この表通りを一歩入ると土埃が舞う未舗装の路地に出る。この路地をさらに進むと、粘土状の土と石ころが混ざったデコボコ道になる。一雨降ると車もバイクも走行が困難になりそうな悪路だ。原田治さん（六四歳・仮名）の家はそうした路地の奥にあった。ようやく家を見つけると、隣で雑貨屋を営む女性が原田さんの不在を教えてくれた。

私はその雑貨屋さんの縁台でビールを飲みながら原田さんの帰りを待った。一昔前までは高嶺の花だった携帯電話の価格は、ここ二、三年アジア各地で急落した。カンボジアでも三〇〇〇円ほどで買えるはずだ。しかし、原田さんは携帯電話さえ持っていなかった。もちろん家庭用の固定電話もない。インフラ整備が極端に遅れているカンボジアでは家庭用の固定電話の普及率はあまり高くない。

三時間ほど待っていたが原田さんは帰宅しなかった。雑貨屋の女主人に伝言を残し、翌日出直すことにした。内戦終結直後のカンボジア、電話はおろか住所さえなかった時代、伝言ゲームのようにして遠くに住む友人に連絡を取り、会ったことが懐かしく思い出された。こうしたのんびりした時間の流れは、プノンペンのような大都会にさえまだ残っていた。

翌日、原田さんに会うと開口一番こう切り出した。

「墓を建てる場所を探していたんです。日本式の墓を建てたいんです。その墓には日本人なら誰でも入れるようにしたい。でも、日本式の墓を建てたいというとどの寺でも難色を示すんでなかなか場所が見つからなくて困っているんです」

初めて会う私に墓の話から始める原田さん。昨日不在だった理由を説明しようとしたのかもしれないが、しわが刻まれたその表情には、この地で骨を埋めるのだという並々ならぬ決意が漲っていた。

原田さんは太平洋戦争のさなかの一九四三年の生まれだ。今年六五歳になる。原田さんの最終学歴は名門一橋大学の大学院卒。今回お会いしたすべての高齢者の中でもずば抜けたエリートだ。卒業後、当時最先端だったコンピューターのソフトウェア開発の会社に入社した。しかしすぐに、自分の能力に行き詰りを感じるようになる。ソフトウェア開発の仕事には際限がないからだ。

「例えば、目標地点をZと設定しますね」

原田さんは説明を始めた。

「当然、すぐにはZにたどり着けません。そこで、その手前のYを目指すのですが、これも容易ではありません。それでどんどん後退して、まず簡単にクリアできるAとかBから始めるわけです。ところが研究を続けていると、自分がクリアできることと最終目標地点のZまでの距離がありすぎて、絶望的な気持ちになってくるんです」

原田さんは永遠にたどり着くことのないかもしれない目標に向かって苦闘し、もう少し、もう少しと頑張っているうちに心の病に陥ってしまったのだ。その後、新入社員の教育係になるものの、五〇歳のときリストラされた。心の病を抱えたまま、夫婦関係も冷え切っていった。やがて専門学校の講師の職を得るが講師の給料では生活の不安はつきまとう。このころから原田さんは生活費のかからない海外で暮らすことを考えるようになっていた。

五〇代後半にさしかかった頃、人生を変えようと応募したＪＩＣＡのシニアボランティアに合格、コンピューターの技術者としてカンボジア行きが決まった。カンボジアは物価の安さもさることながら、人々の暮らしもゆったりとしていた。ストレスに弱い原田さんにとって心安らかに暮らすのに理想的な場所に思えた。今から七年前の二〇〇一年のことだ。

日本での生活を捨てる決意をした原田さんだが、異国の地でたった一人で年老いていくのは惨めだと考えていた。そこで職場の同僚に、年齢も容姿も問わないから、自分の暮らしを支えてくれる誠実な女性を紹介してほしいと頼んだ。そして現在の妻、公務員をしている三六歳の女性を紹介される。

「私の知る限り、この国で暮らす日本人高齢者はことごとくカンボジア女性にお金を騙し取られています。理由は若くて見栄えのいい、しかも外国語の堪能な女性を妻や恋人にするからです」

原田さんは人柄だけで奥さんを選んだという。そしてクメール語を勉強した。

「ここで暮らす庶民はみんな人がいいですよ。悪いのは権力を持った一部の人たちですね」

原田さんはシニアボランティアになって赴任するとき、日本にあるすべてを捨ててきた。多くを語ろうとしないが日本にいる妻とは正式な離婚がまだ成立していないという。将来受け取れるであろう年金もすべて妻にあげるつもりだという。カンボジアで始める第二の人生はＪＩＣＡから支給される報酬だけで一から作り上げる覚悟をしていた。

シニアボランティアを一年で終えた原田さんは、着任中、ＪＩＣＡが国内にプールしてくれていた給料のうち三〇万円で土地を買い、三〇万円で家を建てた。その家が二〇〇万円に値上がりしたため昨年売却、一〇〇万円あまりで現在のアパートを購入、最近引っ越しを終えたばかりだった。そして残った金でプノンペン郊外の土地を投資用に購入した。

カンボジアは今土地バブルの真っ最中だ。カンボジアには内戦によって所有者のわからなくなった土地や所有が曖昧な土地がたくさんある。役人たちはそうした土地も含め、空いている土地を所有者から安く買い上げ、まわりのインフラ整備をして高値で売っていた。国土開発を装った役人たちのサイドビジネスである。それをここ数年の経済成長で小金を貯めた裕福な市民が買い漁る。こうした土地転がしで手にした金がさらに不動産市場に投入されるため、土地は値上がりを続け、危険なマネーゲームが進行していた。原田さんもわずかではあるがこのバブル景気の恩恵に浴したことになる。

原田さんの住まいは、コンクリートの箱の中にトイレと炊事スペースがあるカンボジアの庶民向けのワンルームアパートである。アパートにはこうした部屋が四部屋ある。原田夫妻はそのうちの一部屋に住み、残りの三部屋をカンボジア人に貸している。一部屋の家賃は一カ月三〇ドル、つまり九〇ドル（九〇〇〇円）の収入になる。

原田さんの部屋に白い洋式便器が転がっていた。これから取り付ける予定だという。アパートのトイレを洋式便器にすることで日本人の借り手が見つかると原田さんは考えている。そうなれば現在の三〇ドルから一気に一カ月五〇ドルで貸せるようになる。三部屋分の家賃と公務員である奥さんの収入を合わせれば二〇〇ドルになる。それだけあれば子供のいない原田さん夫婦のプノンペンでの暮らしは安泰だ。

ただ、間もなく六五歳になる原田さん。体力気力が充実したときでないと大工仕事はきついため、なかなか取り付けをする気になれないという。そこで便器が転がったままなのだ。

タイで貧しい暮らしをする人たちにも会ったが、正直、ここまで地を這うような暮らしをしている日本人に会うのは初めてだった。

「多分、大学の同級生たちは有名企業に入って、もうじき、たくさんの年金をもらうようになりますよね。自分の人生に後悔はありませんか？」

私は思いきって原田さんに尋ねてみた。

原田さんはしばらく考え込んでから、口を開いた。

「別の人生があったのではないかと、思ったことはありますね。でも、どこで暮らしても結局同じだ、と思うようになりました。日本にいるときは生活費を稼ぐことに追われ、何も考えられませんでした。ソフトウェアの開発のときは期日に追われ、問題が解けない自分を責めました。ところがカンボジアに来ると、金はないけど時間はいくらでもある、そう思えるようになったとき、これまで必死で解こうとして解けなかった数学の難問が不思議なほどすらすら解けるようになったんです。それればかりか、数の持つ本来の美しさにも気づきました。数字って美しいんです。こうした人生の喜びを与えてもらったのもカンボジアのおかげです」

原田さんは現在、英語の学習もかねて三島文学を英文で読んでいる。

「三島の文章は英語で読んでも美しいです。こんな美しい文章を書く作家は世界にもそういないのではないでしょうか。でも、美はそれ自体は価値がありますが、どこにも繋がりません。三島由紀夫の不可解な死も、川端康成の晩年の選挙活動も、美を追求することの空しさに気づいた末の彼らなりの答えだったのではないでしょうか」

原田さんは、コンピューターという巨大なブラックボックスと格闘して敗れてしまった自分自身に語りかけるように静かに言った。

「今の女房は私がカンボジアに永住するという話をしても、初めは信用しようとしませんでした。この国に骨を埋める日本人なんてほとんどいませんからね。日本に帰るのなら、取れるだけのものを取ってやろうと思っていたかも知れません。でもしばらく一緒に暮らすうち、私が他の日本人とは違うと気づいたようです。私が絶対に日本に帰らないとわかったとき、一緒に将来の生活設計を考えてくれるようになりました」

原田さんの妻が買い物から帰ってきた。言葉も文化も育った環境も違う女性との生活は容易ではない。しかし、原田さんは誠実な妻との暮らしに手応えのようなものを感じているようだ。

彼女の人柄を示すこんなエピソードがある。

原田さんの妻は僧侶の教育を担当する教育文化省というセクションで働いている。最近、その局長に大抜擢されたそうだ。理由は彼女が不正を働かないからだという。

彼女の働くセクションでは年に何度か、全国に数十万人いる僧侶たちに試験を実施している。その際の受験料は部署の収入になる。局長ともなれば賄賂を含め、かなりまとまった金額が懐に入るシステムになっているそうだ。安月給で働かされているカンボジアの公務員にとってどのくらいの利権がある部署に配属されるかは最大の関心事だ。だから彼女のポストは憧れのポストだという。ところが彼女はそれらの利権をあっさり放棄したのだ。

原田さんはよく同じような境遇にある日本人たちと老後のことを話すという。彼らの多くは、認知症になったり寝たきりになったりしたとき、カンボジア人の奥さんが親身に最期まで面倒を見てくれるかなど不安を抱えているという。しかし原田さんはきっぱりとした口調で言った。

◎上：カンボジア最大のリゾート、シアヌークビルのゲストハウス。ここで人が壊れてゆく場面に出会った
◎下：カンボジアの庶民用のワンルームの部屋に暮らす原田治さん（64歳・仮名）。家賃は3000円ほど（プノンペン）

「日本の女性だったらちゃんと最期を看取るまで世話をしてくれるという保証はあるのですか？　そんなことは誰にもわからないでしょ。一つ一つ信頼関係を作ってゆく、ただそれだけです」

カンボジアでビジネス

タイで暮らす日本の高齢者の場合、タイの魅力に惚れ込んだ人もいれば、逆に、さしたる理由もなくただ何となく居心地がいいのでタイで暮らしているという人もいた。しかしカンボジアの場合、何者かに呼ばれてこの地にやって来たとしか思えないような人がたくさんいる。植松靖雄さん（六八歳）もそんな一人だった。

「とても見晴らしのいい喫茶店があるんですが」

電話で取材を申し込むと植松さんは快諾してくれた。ポルポト政権以前のカンボジアを知っている植松氏に会うのは楽しみだった。

プノンペンの新名所フンセン公園が一望できるカフェテラスに、植松さんはテンガロンハットにスーツという粋な出で立ちで現れた。植松さんは一九七〇年代の初頭にカンボジアでビジネスをやっていた経験がある。彼のこれまで歩んできたジェットコースターのような人生は一冊の本になるくらい波乱に満ちていた。

植松さんが東京の海苔問屋に生まれたのは一九三九年のことだ。当時、東京湾では盛んに海苔の養殖が行われていて、海苔といえば浅草海苔といわれるほどブランド力があった時代のことだ。ところが父親が相場で失敗、植松さんは大学を中退し、生活費を稼ぐためビジネスの世界に入ることになる。

折しも朝鮮戦争の時代だった。植松さんの親戚が作っていた段ボール製の懐中電灯の筒が米軍向けにバカ売れし、生活は一息ついた。しかし、停戦と同時にぱったり注文が途絶え、懐中電灯と同じ製法で紙コップを作り、植松さんはそれを必死で売り歩いたりした。だが売れ行きはぱっとしなかった。そんな折り、植松さんは水飴を作る会社に拾われる。

あまり知られていないがその昔、水飴の最大の需要は酒造だった。米の代わりに水飴を使って発酵させるのだ。米の三分の一の価格のサツマイモから作られる水飴を利用することでコストが抑えられた。水飴業界は酒造のおかげで我が世の春を謳歌していた。

ところが、一九六〇年代後半になると米余りを背景に政府は古米を使わせるため、いわゆる純米酒を奨励するために規制をかけてきた。その結果、業界は急激に縮小、植松さんの勤めていた会社も多角的経営を迫られるようになった。

たまたま香港に営業にいった折り、植松さんは「カンボジアでエビを捕ってみないか」と中国人に声をかけられる。当時、カンボジアにいた華僑ネットワークがカンボジア水産庁からエビの集配の利権を獲得した。しかし、このビジネスには多くのリスクが伴うと考えていた華僑グループはパートナー会社を探していたのだ。それが新ビジネスを模索していた植松さんの会社の利害と結びついた。植松さんは全権を任されカンボジアに赴任することになる。それが植松さんとカンボジアのなれそめだった。

ところが、このビジネスには大きな落とし穴があった。漁業権を得るためにカンボジア政府から申しつけられた付帯条件を植松さんたちは中国人たちから知らされていなかったのだ。そのため新会社は数々のトラブルに見舞われる。

だがそれ以上に大きな問題があった。シアヌーク国王を追放し、新たに政権を取ったロンノルであったが、背後にポルポトによる軍事クーデターの危機が迫っていた。しかし、日本ではそうした情報を知る人はほとんどいなかった。

最初は地元の漁船からエビを買い付けていたが、しばらくするとエビ漁船が次々にポルポト派に拿捕《だほ》され、やがてエビの供給は完全にストップするようになった。開店休業になった会社を救うため、植松さんは日本からトロール船を持ち込むことを要請する。こうして操業は再開されたが、戦況は悪化の一途をたどっていた。一九七四年になって、プノンペン市内でも市街戦が頻発するようになり、植松さんはようやく事態の深刻さに気づき始めた。通貨のリエルの暴落も始まっていた。商売人たちは手持ちのリエルを安全な金やドルに換金し、国外逃亡を図ろうとしていたのだ。

植松さんは日本と連絡を取ろうとしたが、すでにカンボジアの電話は切断されていた。交信は無線に頼っていたのだが、内容はすべて検閲された。ロンノル政権崩壊が近いことを打電するわけにはいかない。そこで遠回しに現状を伝えようとするのだが、日本には一向に危機感が伝わらなかった。

考えあぐねた植松さんは船で政府の監視が届かない公海上まで航行し、そこから日本に向かってカンボジアの現状を伝えた。その無線でようやく事態の深刻さに気づいた本社は植松さんたちに帰国命令を出す。しかし責任者として船や機械類を放り出してくるわけにはいかない。すべての処理を終え、植松さんが命からがらカンボジアを脱出したのはプノンペン陥落の三カ月前のことだった。

植松さんのカンボジア物語の第一幕はこうして幕を閉じた。

植松さんの人生が動いたのは定年退職を迎えた一九九九年のことだ。仕事人間だった植松さんにとって定年退職はショックだったが、それ以上にショックな事件が起こった。退職直後、愛妻を癌で亡くしたのだ。仕事で海外を飛び回ってきた植松さんは、退職後は苦労をかけた妻と第二の人生を楽しむのを夢見ていた。

定年退職と愛妻の死。このダブルパンチを受けた植松さんは重いアルコール中毒に陥ってしまった。夫が先に死ぬと妻は長生きし、逆に妻に先立たれると夫は早死にするといわれている。それを地でゆくような事件が植松さんの暮らす町内会でも相次いだ。妻を亡くした男やもめ三人が、妻を亡くした直後に相次いで命を落としたのだ。植松さんは酒を飲みながら、自分が四人目になるのだろうなと考えていたという。

植松さんには三人の子供がいた。すでに独立していたが、父親の窮状を見かねた子供たちが海外旅行をアテンドしてくれた。イギリスは一カ月かけて全土を回った。英語が達者だった植松さんはその後、アメリカ全土をも旅した。旅行している間は悲しみを忘れた。しかし、日本に戻ってくると元の木阿弥だった。再び酒浸りの日々が始まった。

そんなとき、昔世話をしたカンボジアの知人から連絡があった。懐かしい思い出話に花を咲かせるうち、カンボジア旅行を思い立ったのだ。命からがら脱出してから三五年、カンボジアがどんな国になっているのか植松さんは胸が躍った。

植松さんの在職当時、世界遺産アンコールワットはポルポト派の基地の一つになっていて、一般人は一切近づけなかった。カンボジアを訪れた植松さんは、田園地帯に点在するこうした遺跡巡りを毎日楽しんだ。遺跡も素晴らしかったが、植松さんの心を捕らえたのは移動中目にする田園地帯の風景だった。椰子の間に間にポツリポツリと高床式の家々が点在し、家の前では子供たちが遊び、鶏が駆け回っていた。そんな風景を眺めているうちに、こんな閑静な場所で静かに人生を終わってゆくのもいいなあ、と思い始めたという。

そのとき、ガイドをしていた男性の一言が植松さんの心を捕らえた。

「もう一度カンボジアに来てみませんか、ビジネスチャンスもいっぱいあります。植松さんの活躍の場はきっとあります」

その言葉に、起業家としての植松さんの血が騒いだ。

そのガイドはまずは自分の会社で、文書作成やスタッフの日本語教育などに協力してほしいと頼んできた。彼は日本に留学経験があるものの日本語の読み書きには苦労していた。また、植松さんなら日本人の気持ちもわかる。ぜひビジネスパートナーになってほしいと懇願したのだ。

帰国後、植松さんはカンボジアで働く決意を固めた。

植松さんの勤めた旅行会社はその後順調に業績を伸ばしていった。ところがやがて、違法な人材派遣に手を染めるようになる。カンボジア人から紹介料を取り、架空の日本企業での研修を装い、日本に不法入国させようとしたのだ。正義感の強い植松さんはそれを許すことができず、彼とは袂を分かった。

気づいたら、植松さんはカンボジアでの暮らしで妻を失った喪失感が癒されていた。そして、身体が動くうちはカンボジアで働きながら生きてゆこうと決意する。

植松さんの仕事選びはとてもユニークだった。まずは昔取った杵柄で養蜂ビジネスを思いついた。養蜂家は花の蜜を集めるため季節に合わせ日本を南から北に移動する。蜜はハチ自身の栄養にもなるのだが、冬にはどうしても花が不足する。そこでミツバチの餌に水飴を使うのだ。そんな関係で植松さんは養蜂業者の知り合いができ、ハチの飼い方もなんとなく聞いて知っていた。冬のないカンボジアなら季節に合わせて移動する必要もなく、蜜を供給する花も潤沢にある。

早速、ベトナムからミツバチを買い、さらに花畑を作るために広大な土地も借りた。そしてハチの研究をしているカンボジアの大学教授と組んで養蜂業を始めたのだ。初めのうちはハチは面白いように増えた。ところがこのビジネスはあっけなく失敗してしまう。

専門家だと思って手を組んだ大学教授は理屈は知っていても実践は知らなかった。カンボジアの土地は粘土質なので養分を含んだ川底の土を敷き詰めないと植物は育たない。それを知らずに花を植えたため、花は瞬く間に枯れてしまった。腹を空かせたハチたちは一族毎に徒党を組んでお互いに殺し合いを始めたのだ。そして、最後の一族だけになるまで戦い続けた。

その後、病院のマネージメントや人材派遣会社などいくつかの仕事を試みたが結果として実を結ばなかった。起業家としてカンボジアで第二の人生を生きようとした植松さんのもくろみは決して成功したとはいえない。それでも精一杯生きてきた植松さんの表情は晴れ晴れしていた。

「やりたいことはたいがいやり尽くしました。愉快な人生だったと思います。もう明日死んでも悔いはありません」

実は昨年、ビジネスに行き詰まったとき日本に引き揚げようかと思ったこともあるという。しかし、植松さんには今一緒に暮らしている女性がいる。彼女には二人の連れ子と植松さん自身の子供もいる。子供の将来を考えると命ある限り、一緒にいて力になってやりたいと思ったという。

カンボジアに来て以来、植松さんは三五年前、一緒に働いていたカンボジア人の知人たちを探し歩いている。しかし、未だに一人の消息もわかっていない。彼らの安否を気遣う植松さんに一つだけ朗報があった。プノンペン陥落前、最後まで会社に残った同僚の日本人がいた。二人は別ルートで脱出し、その後は音信不通になっていた。お互いに死んだと思っていたという。ところがひょんなことからその同僚がタイで暮らしていることがわかり、二人は三五年の時を経て三年前に再会した。そして三日三晩語り明かしたという。同僚はその後タイで引っ越しのビジネスを成功させ、今では悠々自適の生活をしている。

「またいつか、一緒にビジネスをやろうや」

二人は青年のように夢を語り合ったという。

シアヌークビルのベトナム横町

カンボジアに来て一〇日後、私はカンボジア最大のリゾート、シアヌークビルを目指していた。

この町をめざしたのはある人から聞いたこんな話からだった。

「私がこの国に来たばかりの頃、とにかく判を押したように身の上話を根掘り葉掘り聞かれました。日本で何をしていたのか？　なぜこの国にやってきたのか？　聞き方はまちまちでしたが、みんな私が何者であるのか知りたがったのです。初めは理由がわかりませんでした。でも、今ではよくわかります。この国にやってくる人の多くは訳ありなんです。過去を知られたくない。だからみんな適当な嘘をつくのです。それがわかって以降、私は話半分に人の話を聞くようになりました。どこまでが本当の話かわからないですし、それを追求しても仕方ありません。墓場まで持ってゆく秘密を抱えている人がいっぱいいるんです」

彼の話によると、正体のわからない人が多いカンボジアの中でも、シアヌークビルは吹きだまりのような場所だという。そのとき初めて「チロリン村」という名前を耳にした。「チロリン村」とは今から五〇年ほど前、まだテレビが黎明期だった時代に放送されていたおとぎの村の名前だ。もちろんカンボジアにそういう名前の村があるわけではない。世捨て人の日本人たちの暮らすアパートを誰が名付けたのかそう呼ぶようになったという。

私はチロリン村を見てみたいと思った。

プノンペンから国道四号線を南下すること四時間。突然、丘の向こうに青い海が見えてきた。シアヌークビルである。

市内には整備された美しい道路が何本も通っている。しかし、車はほとんどない。欧米人観光客はちらほら見かけるものの日本人の姿は皆無だ。人に尋ねながらようやく一軒の日本レストランがあることがわかった。だが、訪ねてみるとあいにく定休日だった。そこで再びたくさんの人に聞き歩くと、そのうちの一人がバイクタクシーに指示して日本人のいる場所を教えてくれた。期待に胸をふくらませて連れられて行った場所はチロリン村ではなかった。

その路地は、まだ舗装されていない状態で緩やかな登り坂になっていた。通称ベトナム横町と呼ばれる小径だという。ベトナムからの移民が固まって住んでいる場所だ。

政府同士の関係はともかく、カンボジア人とベトナム人が犬猿の仲なのはよく知られている。この両国に限らず、世界を眺めてみると一般的に隣同士の国は仲が悪い。イギリスとフランス、タイとビルマ、そして日本と朝鮮半島。それには歴史的な確執ももちろんあるのだが、近親憎悪が大きな要因だと思われる。ところがカンボジアとベトナムの関係は少し違う。インドシナ半島はその名のとおり、インド文化と中国文化の交差点に当たる。インド文化の影響が強いカンボジアに対し、ベトナムは一九世紀まで漢字を使っていたように中国文化圏の国だ。この両国の国民性は水と油のように隔たっている。

またベトナムがフランス、アメリカという欧米列強を撃破して独立を勝ち取ったのと対照的にカンボジアは周辺諸国に領土を侵食されながらなんとか生き残ってきた国家だ。その生命力には雲泥の差がある。カンボジア人が子供をしかるときの慣用句に「ベトナム人のようなまねをする」という言い方がある。賢く、目端の利くベトナム人の後塵を拝してきたカンボジア人の心の叫びのようなものかもしれない。

そんなカンボジアに流れてくるベトナム人は国内では負け組のような人たちである。その小径はいわば負け組のベトナム人たちのゲットーのような場所だった。

通りの両側にはオープン形式のカラオケ店があり、昼間から大音量で歌を歌う若者たちがいた。また、置屋も何軒かあった。その緩やかな登り坂は三〇〇メートルほど歩くとスラム街に突き当たり、径はそこで消えていた。このスラム街の少し手前に一軒の洋館風の味のある建物があった。かつてはこの町最大の置屋だったそうだ。しかし、今では廃業しゲストハウスになっていた。このゲストハウスに中島恒樹さん（五七歳・仮名）が暮らしていた。シアヌークビルに来て四年になるという。

「私が来た頃は、ここだけで二〇人以上の少女たちがいましたね」

少女売春の取り締まりが厳しくなるにつれ、この町でも四年ほど前から取り締まりが行われるようになった。ここの置屋も何度か一斉手入れがあり、将来性がないと判断したオーナーが三年前、ゲストハウスに生まれ変わらせたのだ。

中島さんの話で、ここカンボジアが児童買春のメッカだったことを思い出した。今世紀が始まった頃にはカンボジアにはおびただしい数の少女売春婦がいた。プノンペンのディスコなどに行くと店に入りきらないほど多くの少女が着飾ってたむろしていた。みな、化粧をしているので正確な年齢はわからない。しかし、外見から判断する限り、一八歳を超えた女性の方が少ないのは明らかだった。彼女たちは三ドルとか五ドルとかいう金額で身体を売って生計を立てていた。

インターネットで海外風俗の検索をすると「幻の国」という名前が出てくる。「幻の国」とは少女売春の桃源郷であるカンボジアを意味する合い言葉だ。長引く内戦で多くの男たちが命を落としたカンボジアは女と子供の国になった。戦災孤児や未亡人たちの中には日々の生活の糧を稼ぐために身体を売るものが後を絶たなかった。その流れを決定的にしたのは一九九〇年初頭にカンボジア復興のためにやってきた国連の平和維持軍、アンタックの駐屯だった。このアンタック景気を狙って、ベトナムからも大量の経済難民がカンボジアに押し寄せてきた。中でも、売春に対して厳しい取り締まりを行う社会主義国ベトナムから、大量の売春婦が流れてきた。こうした背景で、一九九〇年代のカンボジアはセックス産業の一大聖地になっていたのだ。

中でも児童買春者の間に名を馳せたスワイパー村という伝説の置屋街がプノンペン郊外にあった。市内から車で一五分ほど行ったベトナム人置屋街だ。一本の路地の両側に二〇軒以上の置屋がずらりと並んでいて、店の前では一〇代の少女たちが通りかかる車に手を振っていた。少女というより子供といった方がいいかもしれない。化粧した娘たちの中には見た目が一〇歳以下と思われるような子供も交じっていた。

しかし、現在ではタイ同様、児童買春に対する取り締まりが厳しくなり、こうした店のほとんどは営業をやめてしまった。スワイパー村でも営業を続けている店もあることはあるが、表向きは一七歳以下の女性は置いていない。もちろんタイ同様、児童買春は完全にはなくなっていない。しかし、旅行者が気軽に行って、簡単に少女が買えるという状況ではなくなった。

その後、児童買春は取り締まりが厳しくなったプノンペンを避けて地方都市に移っていったといわれている。

「そうだね、私の来た二〇〇三年頃はまだ結構、一目でローティーンという娘がたくさんいたけどね。そういう娘たちも、三年ほど前から見かけなくなったね、」

中島さんが言った。

タイのメーサイで、取り締まりが厳しくなって以来、児童買春目的の日本人はカンボジアに流れていった、という話を聞いたのを思い出した。

「当時はそれ専門の日本人も確かに来ていたよ。でも、私の知る限り、もう今はいないね。どこへ行ったかわからないけど、少なくとも、そういう人はこのカンボジアからは消えたと思うよ」

私が少女売春のことを熱心に聞くので、気を利かせてこんな話をしてくれた。

「どうしても少女を探したいなら、置屋のおばさんに頼んでみなさい。ここでは売春婦の娘はたいてい売春をします。だからどこかから子供を連れてきてくれますよ。あそこで赤ん坊を抱いている子も、私がここに来たときにはもう売春をやっていたから、多分一三歳ぐらいで始めたと思うよ。ここにいる連中はだいたいそうだな」

中島さんの話は続いた。

「ここのベトナム人は、男はまったく働かない。女性は市場で物を売ったり、この通りで商売をしたり、売春をしたりしている。売春婦と結婚した男はラッキーだと思うね。稼ぎが多いからね。結婚すると売春婦はみんな子供を産むけど、産んだ後またみんな仕事を再開する。当然だよね。ここの男は働かないんだから。あそこにいるお母さんも、こっちのおばさんも、夜はみんな客を取っているよ」

下界から隔離されたような通りでは、女性たちが子供の世話をしたり、箒を持って開店の準備をしていた。カラオケ店で歌を歌っているのは確かにみな、男性だ。

「頭に来るのは、タイあたりに住んでいる若者が、ここの娘たちが三ドルでヤラせるという噂を聞いたんですが、とか言ってやってくるのよ。今は、そんな値段ではやりませんよ。現地人ならまだかなり安いけど、外国人は上手に交渉しないとかなりふっかけられますよ。まあ、そういう連中も最近では来なくなったけどね」

中島さんは日本では建築の仕事をやっていたそうだが、それ以上は語ろうとはしなかった。しかし、一生暮らしに困らない蓄えがあるという。

「心も身体もぴったりする女を探しているんだけど、なかなかいないね。四年間で五、六人ぐらいかな。四六時中一緒にいてもリラックスできる性格のいい娘は。でもそういう女の子って、なぜかしばらくするといなくなっちゃう。故郷に帰るのか、結婚してしまうのかわからないけど。そして、ここには屑みたいに性格の悪いのばかりが残る」

中島さんは小さくため息をつくと、ゲストハウスの庭からベトナム横町を見下ろした。

チロリン村

「あそこに住んでいるのは、歳とったジュライ族ですよ」

中島さんにチロリン村のことを尋ねるとこんな答えが返ってきた。

その昔、バンコクにジュライという名のホテルがあった。一泊六〇バーツ（二〇〇円）ほどで、窓もない監獄のような安宿だ。そこはバックパッカーたちの聖地だった。部屋を年間で借り切って生活のベースにし、世界を旅して回り、またジュライの自分の部屋に戻って生活するという日本人バックパッカーがたくさんいた。彼らは昼間は食堂に行く以外は部屋にこもって本を読んだり、次の旅の準備をしている。夜になると中華街の安い置屋に出かける。そんな暮らしをしていた。いわゆる「沈没」というライフスタイルの人たちだ。

しかし、バンコクが経済発展し近代化が進むにつれ、ジュライホテルやその他の同型のホテルは歴史の幕を閉じていった。今ではカオサンにその雰囲気はやや受け継がれているが、すでに近代国家として発展を遂げ、またメジャーになったカオサンにはジュライホテルのデカダンの空気やそれを取り巻く環境はない。そこで暮らしていた人たちは第二、第三のジュライを求めて各地に散っていった。中島さんに言わせると、チロリン村もそうした場所の一つだという。

チロリン村の場所は中島さんに教えてもらった。正確にいうと、チロリン村の住人たちがよく集まっている食堂を教えてもらい、その食堂付近で彼らの居場所を聞くと、一人の現地人がバイクで案内してくれた。五〇〇〇リエル（一二五円）をお礼に払おうとしたら不満そうだったので二ドル（二〇〇円）手渡すと、嬉しそうに帰っていった。

チロリン村は繁華街から歩いて一〇分ほどのところにあった。空き地の奥にある、意外なほどこぎれいな一階建てのアパートだった。部屋は六つ。すべての部屋を五〇代から七〇代の日本人男性が占拠していた。居間と炊事場があるごく普通の庶民向けのアパートだった。部屋代は三五ドル。三カ月分まとめて払うと一〇〇ドルにディスカウントしてくれるそうだ。廊下を真新しいケーブルが通っていたので尋ねるとNHKが見られるケーブルテレビだった。一つの回線毎に七二ドルかかるものを内緒で六人でシェアしているという。

そのうちの一人の五〇代後半のNさんに話を聞いた。Nさんは典型的なジュライ族だった。若い頃から世界中をバックパッカーとして旅していた。アメリカもヨーロッパも回った。四〇の声を聞く頃から海外移住を真剣に考えるようになった。差し支えがあるので日本の話は割愛するが、とりあえずアジアで暮らしていけるだけの蓄えを作って候補地を探した。マレーシアのペナンなどロングステイヤーの人気の場所はほとんど回った。そしてタイに沈没した。

Nさんは自らのとった行動を「沈没」という言葉で表現した。「沈没」の理由は女だった。その後のNさんの人生は女を求めての旅になる。

タイの経済発展と共にバンコクの物価は上がり、女遊びにも金がかかるようになった。そこで北タイに移り、チェンライをベースに暮らしていたこともある。国境の町、メーサイにもしばしば足を伸ばしたという。

「あのころの北タイは天国でしたね。泊まると女性が下着も洗濯してくれました。今はそんな場所はどこに行ってもありませんね」

やがて児童買春に対する取り締まりが厳しくなるにつれ、北タイも変貌していった。北タイの置屋の多くには少女たちがいた。Nさんは少女目当てで行っているわけではなかったが、年齢の判別は難しい。指名した女性が未成年だった場合、取り締まりのとばっちりを受ける可能性もある。そんな事情もあって、Nさんは安心して遊べるカンボジアに移住した。しばらくはプノンペンで暮らしていたが、プノンペンの良い時代も長くは続かなかった。北タイと同じような状況で活気のある置屋は次々に閉鎖されていった。今から六年ほど前のことだという。そこで空気もおいしい地方都市、シアヌークビルに移住してきたのだ。

「この町は空気が綺麗でしょ。プノンペンに戻る気にはなれませんね。それにエビカニが一〇〇円二〇〇円で食べられるし、朝、市場に行けば、刺身で食べられる新鮮な魚がいくらでも手に入ります」

Nさんの日課は午前中ぶらぶらした後、昼過ぎに町の中心にある食堂に出かけ、仲間と情報交換をする。それから部屋に戻って一休みし、部屋で酒を飲んだり、女を買いにいったりする。その繰り返しだ。ただ、さすが元バックパッカー。一年のうち半分ぐらいはアジアを放浪しているという。日本には五年に一度ぐらいしか戻らないそうだ。

生活費について尋ねると、意外な答えが返ってきた。Nさんがタイに移住を決めた当時、タイの銀行金利は一〇パーセントを超えていた。だからまとまった金を日本から持ってくれば、贅沢をしない限り金利だけで十分に生活ができた。現在、金利は六パーセントに下がったが、元金には手をつけずに暮らしていけるという。

「綺麗でしょ」

チロリン村には小さな庭がある。共有部分を含めた庭に植わっている植物はNさんが植えたものだという。

「ここでは管理人は何一つやってくれませんからね」

そのとき、Nさんがテレビをつけた。日本のニュースが流れてきた。時計を見るとちょうど午後五時だった。

カンボジアと日本の時差は二時間。NHK国際放送では、日本で午後七時に放送するニュースを海外でリアルタイムに流している。それがちょうど始まったのだ。Nさんは毎日欠かさずこのニュースを見ているという。そのおかげか、一カ月の旅で日本の情勢に疎くなっていた私より遥かに日本の状況をよく知っていた。

廊下を歩いてみると、どの部屋でも薄暗がりの中、テレビを食い入るように見つめる日本の高齢者たちの姿があった。

「人それぞれ、いろんな生き方があるんですよ。ここの暮らしは快適ですよ。カンボジア語は難しいので旅慣れていないと初めのうちは苦労するかもしれませんけどね。治安は悪くないんですが、ここの人たちは平気で嘘をついたり、人を騙しますから」

私はNさんにいつまでここで暮らすつもりかを尋ねた。

「ここの欠点は医療です。だから病気になったら日本に帰ろうかと思ってます。それまでは絶対に帰ろうとは思いませんね」

人が壊れてゆく

この町に日本の高齢者が経営するゲストハウスがあると聞き、訪ねてみた。そして、そこで奇妙な一夜を体験することになる。人が壊れる現場を見てしまったのだ。

シアヌークビルの売りは白砂の続くビーチの美しさだ。そのゲストハウスもビーチからそう遠くない場所にあった。ただし、一見してゲストハウスであることがわかりづらいため、何度も前を行きすぎてしまった。

「よくいらっしゃいました。ぜひ泊まっていってください。今日はドミトリーしか空いていないので、お金はいりません。実は、私も今そこで暮らしているので、一緒でよければ」

私が取材したいと告げるとオーナーの高倉颯太さん（五八歳・仮名）は快諾してくれた。願

◎上：このゲストハウスは児童買春の取り締まりが厳しくなる前、町最大の置屋だった（シアヌークビル）
◎下：白砂のビーチがどこまでも続くシアヌークビル。町にはこうしたビーチがいくつもある

ったり叶ったりの提案だった。

ロビーはゆったりとしていて信州あたりのペンションを思わせる上品な空間になっていた。高倉さんの考えでは、日本人の溜まる安宿というのはどこもみんな似通っていて、なんとなくしみったれている。どうせなら、西洋人が好むような洒落たゲストハウスをぜひやってみたかったという。ここにオープンしてすでに二年になるという。

私はあいさつを済ませるといったん外出し、夜七時過ぎに再びゲストハウスに戻った。高倉さんは従業員たちを集めて英語で訓示を垂れているところだった。高倉さんの英語は決して上手ではなかったが、若い頃から海外を放浪するのが好きだったというだけあって、意味は十分に伝わった。ところがなんとなく様子がおかしい。高倉さんは直立して話しているのに、聞いている従業員たちの方はロビーのソファーにダラッと寝転がって聞いている。それがここの流儀だとすれば文句を言う筋合いはないが、なんとなく不自然だった。こうして奇妙な夜は始まった。

高倉さんは日本では地図の会社を経営していた。元々、地理が大好きだった高倉さんは、一般に公開されているナサの衛星画像を元に様々な用途に応じた地図を起こす仕事を思いついた。そして、会社はそれなりに軌道に乗っていた。旅行好きだった高倉さんは、社長業をほったらかして、共同経営者に仕事を任せたままちょくちょく長期の旅に出ることがあったそうだ。

秘境や辺境にもよく出かけた。一九七〇年代初頭、ビルマ国軍と戦争をしているカレン民族の自治区コートレイまで人に頼まれ薬を届けたこともある。そのときの写真に写っている高倉さんの姿には不思議な逞しさが漲っていた。それに対して目の前の高倉さんには精気が感じられない。

仕事は順調だったが、高倉さんはある日突然、会社を売却する決意をする。

「ビジネスに向いていないのがわかったんです」

会社売却の気持ちを固めると、従業員にその旨を伝え一年間かけて会社の整理を行った。彼らが路頭に迷わないよう、希望の再就職先を探す手伝いもした。こうして晴れて会社を畳んだ高倉さんは、夢だった放浪の旅に出る。今から三年前のことだ。

アジア各地を回った。日本時代からカンボジア難民との付き合いもありカンボジアには強い思い入れがあった。そこでカンボジアをゆっくり歩くことにした。殺風景な風景が続くカンボジア内陸を南下しシアヌークビルに着いたとき、突然目の前に真っ青な海が広がった。

ああ、この町に住みたい。

そのとき高倉さんはそう思ったという。しばらくのんびりと暮らしていた。しかし、どうせ住むならただだらだらといても仕方ない、そう思ったときビーチの近くに空き家があることを知った。そして、この空き家を改造してゲストハウスを始めようと思ったのだ。

高倉さんは自分の身の上話をしながら、しきりに時間を気にしていた。何か予定があるのかと思っていると、一〇時を過ぎる頃、ポツリとこう漏らした。

「いやあ、ちょっとしたトラブルがあってね。フランス人から今夜一一時に殺し屋を差し向けるから覚悟しておけって言われているんだ」

おいおい、という感じである。どうも話がうますぎると思ったら、それが怖くて私を泊めたのかよ、と思った。

「まあ、どうせただの脅しだから気にしていませんがね」

そう言いながらも盛んに時間を気にしている。

私は不安になって事のなりゆきについて尋ねてみた。

「従業員とオーナーがグルになって、私を追い出しにかかってるんですよ」

高倉さんは話を始めた。

そうしたトラブルはタイでは噂話としては何度も聞いていた。タイでもカンボジアでも外国人は不動産を持つことができない。そこで店舗を開く際、空き店舗を借りたり、借りた更地の上に店やホテルを建てたりする。そうした場合、日本なら店子の権利が強いのでオーナーは無謀なことはできない。しかし、こちらでは地権者が圧倒的に強い。突然家賃を二倍にするといわれたら従うしかないし、明日から出て行けと言われれば店を畳まなければならないこともある。

確かに今ここで高倉さんを追い出すと、綺麗に改築したゲストハウスはそのままオーナーのものになる。新たな借り手を見つければ日本でいえば礼金のようなものも再び手に入る。オーナーが高倉さんを追い出そうとしているということも十分ありうる話である。

「客のものがすぐなくなります。従業員は客の持ち物を盗るためにここに働きに来ているとしか思えません」

ミーティングの様子を見た限りでは、確かに彼らがやる気があるようには思えなかった。ただし、従業員が客の物を盗るという事件は、管理を怠ればこの国では日常的に起こることだ。私は何が事実であるのか、慎重に彼の話を聞いていた。というのは、少し前から高倉さんの言動がおかしいのに気づき始めていたからだ。

「それで、なぜフランス人から殺されるような恨みを買ったんですか?」

私は話の核心について聞いた。

高倉さんの説明によると、そのフランス人から宿泊の予約があったのは一カ月以上前のことだったという。その後、何度も予約確認が入ったそうだ。何度も予約確認が入ること自体おかしいと思っていたところ、当日、彼は二人の少年を連れてやって来たという。マネージャーを任せているカンボジア人女性は部屋に通したが、高倉さんは一目でその三人が児童買春目的だとわかったという。日本ではあまり多くないが、西洋人の中には少年とセックスをするためカンボジアにやってくる人がかなりの数いる。宿を児童買春に使わせた場合、宿のオーナーも責任を問われる。そこでこのフランス人を強引に追い出したので恨みを買ったという。

さらに高倉さんの話は続いた。高倉さんは、フランス人が自分のゲストハウスを児童買春の場に選んだのは、オーナーが自分をここから追い出すために仕組んだ罠だというのだ。

そういうことも確かに考えられた。しかしこの件も含め、高倉さんの話はすべて、関係づけが強引すぎるような気がした。すべての話が敏感関係妄想のように思えてならないのだ。

高倉さんの言うことを無視し、隙あらば物を盗る従業員。オーナーは高倉さんにことあるごとに金をせびりに来るという。高倉さんを追い出し、次の借り手にこの場所を貸せば、オーナーにとってメリットが大きいことも確かだ。こうした話を聞く限り、高倉さんの話す事実の一つ一つは実際に起こったことに間違いないと思う。おそらくフランス人客とのトラブルも実際あったのだろう。しかし、それはカンボジアのどこにでもある光景である。それらすべてのことをオーナーの追い立てと関連づけて、仕組まれた罠のように考えるには根拠が希薄すぎるのだ。

とはいうものの、細かい事情をわからないので、殺し屋の一件については私も緊張していた。

「レバノンにいたときは決してベッドに寝ませんでした。やつら、一階からベッドのある場所に向けて弾を打ってくるからです」

脈絡もなく一九八〇年代のレバノン旅行の話が飛び出した。

やがて時計が一一時の鐘を打った。ほーっとため息をつく高倉さん。私も重苦しい状況から解放された。

「ここのオーナーは警察の幹部なんです。あなたが泊まることは、オーナーにも伝えてあります。

あなたはここの現状を取材にきたビデオジャーナリストということになっていますから。やつらも手が出せなかったのでしょう」

妄想だと信じたいが、彼の言ったようなことがここで本当に起こっているとしたら、以後、私は警察につけねらわれるかもしれない。

「何日でも泊まっていってください」

高倉さんは必死で私を引き留めようとしたが、明日はプノンペンに戻ろうと思った。

「一緒にやりませんか。覚醒剤はアウトですが、こいつなら警察も取り締まりません」

高倉さんが差し出した包みの中には大麻が詰まっていた。もちろん私は遠慮した。高倉さんはその後、私が眠りにつくまでむさぼるように葉っぱを吸い続けていた。

印象的だったのは会社を畳む直前に撮ったという柔和でふくよかな高倉さんと目の前にいるやせ細って目のつり上がった高倉さんのギャップだった。長い間見つめていると、細部の特徴が似ているので同一人物だといわれればそうかもしれないと思える。しかし一見しただけではまったく別人である。

この二年の間に何があったのか知らない。パートナーなしで始めた従業員との格闘、オーナーからの執拗ないじめで、薬の中毒になってしまったのだろうか。

翌朝六時、高倉さんにお礼を述べ、バイクで町に出ようとした。鍵も掛かり、門番もいるゲストハウスの敷地内に止めてあったにもかかわらず、バイクのガソリンはほとんど抜かれていた。

海岸に出て写真を撮ろうとすると、一台のパトカーが二〇メートルほど離れたところに泊まった。閑静なこの町でパトカーを見るのは初めてだった。私がビーチの写真を撮っている間、じっとそこに止まって様子を見ている。私が写真を撮り終えバイクに戻ろうとすると、パトカーは音もなく走り去った。私はその足でプノンペン行きのバスチケットを買った。

終章

アジアの純情

ビーちゃん

「日本人て、なぜ次から次へとカンボジアに大金を持ってやってきて、みんな騙されるんですか」

カンボジアの大学生から不思議そうに尋ねられた。

タイだけではない。カンボジアでも同じような手口で、膨大な数の日本人たちが女性や甘い儲け話を持ちかけられ金を騙し取られている。

「衣食足りて礼節を知る」という言葉がある。食事ができ、住む家があり、着るものさえあれば人々は満足だった時代がかつてはあった。少なくとも東南アジアの国々ではつい数十年前まではそういう価値観の下で暮らしていた。しかし、自動車、電化製品、その他無数の欲望を刺激する商品が目の前に現れた。それを持っている人と持っていない人の生活の質に大きな違いがあるのを彼らは目の当たりにした。しかも、それらの多くは彼らが死にものぐるいで一生真面目に働き続けたとしても、決して手に入れることができない高額の商品である。そんな中で、彼らが培ってきた伝統的な価値観が崩壊してしまったのだと思う。タイやカンボジアで起こる犯罪の多くは、こうした不当な貧富の差から生まれているに違いない。

これまでに騙された日本人をたくさん紹介した。だがそれと同時に、多くの日本人が現地人の女性を騙していることも伝えておかなければならない。

カンボジアにはビア・バーと呼ばれるビヤホールのような場所があちこちにある。そこではカンボジアのアンコールビール、オランダのハイネケン、タイで生産している日本のアサヒビールなど、メーカー毎に専属の売り子がいて売り上げを競っている。

売り子の一人ビーちゃんは日本人と結婚したことがある。夫の名前は梨田伸二さん（六四歳・仮名）。ビーちゃんがレストランのウエイトレスをしていたとき見初められ、結婚した。梨田さんはつらつとしていて、ビーちゃんには頼もしい存在に思えた。実のお母さんより年上だが、歳の差は意識しなかったという。その後、ビーちゃんは梨田さんとの間に二人の子供をもうけた。しかし、しばらくすると梨田さんの女遊びが始まり、やがて家に寄りつかなくなってしまった。

タイでもカンボジアでも、結婚をし、子供をつくらせておいて飽きるとペットのように捨ててどこかへ行ってしまう日本人が後を絶たない。金さえあれば女性はいくらでも寄ってくる。カンボジアもタイと同様、甲斐性のある男性が妾を持つことは社会的にもある程度は認知されている。女遊びも、遊びである限りは大目に見られる。しかし、子供までつくっておきながらほかの女の下に走り、音信不通になってしまうのはやはりルール違反だ。

ビーちゃんが生活の窮状を訴えたら、三年前に一度だけ四〇万円の振り込みがあった。しかし、それを手切れ金と考えているのか、その後は連絡も取れないという。仕方なく彼女はビア・

バーで働くことにした。幸い母親が元気なので子供の面倒を見てくれる。また、同居している妹も仕事を始めたため、生活はなんとか成り立っている。しかし、子供たちの将来を考えるとこのままではまともな教育は受けさせられないのが心配だという。

もちろん、問題は金だけでない。ビーちゃんは今でも梨田さんのことを愛している。今でも蜜月時代だった昔を思い出すと、つらくて涙が出るという。タイやカンボジアの女性たちが日本の高齢者の純情を裏切る背景には、ビーちゃんのように自分勝手な日本人に純情を踏みにじられた体験を持つ女性がたくさんいることも原因の一つに違いない。

配達されなかった一六通の手紙

これまでタイ、あるいはカンボジアといった熱帯アジアの国々で第二の人生を生きることを選んだ様々な人生を見てきた。「第二の人生」という言葉の前提には、気力も健康も損なわれていない元気な状態があると思う。

しかし、人生はそれで終わらない。「老い」と「死」がやがて確実に訪れる。しかも、それは多くの場合、予期しない形でやってくる。太宰治の言葉をもじれば、「しかし人生はドラマではなかった。三幕目は誰も知らない」ということなのかもしれない。

スフィンクスの有名な謎かけがある。

「朝は四本足、昼は二本足、夜は三本足。これは何か」という問いである。答えは「人間」である。四つ足は地面をはいはいする赤ん坊、二本足は元気に活躍する人間、そして三本足は杖をついた老人の姿である。これはとても深い洞察だと思う。人間は生まれてからしばらくの間と死ぬ前の幾ばくかの期間は誰かの力を借りなければ生きていけない。

四つ足の時代は親を始め、まわりの大人たちに助けられて生きる。そして何十年かの自立期間を経て三本足の時代、つまり再び誰かの助けを借りなければ生きられないようになる。寝たきり、あるいは要介護、様々な形の老いがやってくる。そのとき彼らは、いや私たちは誰の助けを借りることになるのだろうか。

プリミティブな社会では、こうした老後の面倒を見るのは子供たちの仕事であった。途上国で出生率が高いのもこうした老後の保障の意味もある。そして、もちろん地域社会の協力もあった。近代的な国家になるにつれ、一人歩きできない老人は、自分の子供だけでなく、年金などを媒介として、老人ホームなどの施設が手助けするようになった。それに反比例するように、親子の絆や地域社会の関係は希薄になっていった。

さらに今の日本では、生涯単身者や離婚などで子供のない独居世帯が増えている。すでに地域社会は崩壊している。それにもかかわらず、老人ホームに入れるだけの蓄えのない人もまた増えているのだ。こうした人々の孤独死が社会問題になってから久しい。しかし社会は有効な手を打てないまま、孤独死する老人は確実に増え続けている。もちろんタイで暮らす日本の高齢者の間でも、それは大きな問題になりつつある。

「病気になったり身体が不自由になったら、どうするつもりですか？」

私は多くのロングステイヤーにこの質問をした。

「できれば日本に戻って畳の上で死にたいです」

そう答えた人は多かった。

しかし、実際には様々な理由で日本に戻れない人もいた。現地で結婚し、すでに家庭を持っている人、あるいは日本で暮らすだけの財力のない人などだ。中には、再び孤独の中に戻りたくないので日本には帰らない、と答えた人もいた。そんな彼らにとって、寝たきりや認知症になったとき、こちらで結ばれた愛人や配偶者が最期まで面倒を見てくれるかどうかは大きな不安材料だ。

実際、寝たきりになった途端、妻が見捨てて実家に帰ってしまったり、財産を猫ばばされてしまったという悲劇はしばしば起こっている。酒場で生まれる無数の疑似恋愛同様、終の棲家にと作った家庭もまた、結果的には疑似家族に過ぎなかったという悲しいケースもたくさんある。

人間にとって最期のときというのはやはり重要だと思う。高齢者にとって、自分がどんな形で最期のときを迎えられるかというのは切実な問題としてあるに違いない。最後にカンボジアでＨＩＶで亡くなった一人の高齢者を紹介しよう。

私が佐久間光男さん（六八歳・仮名）と出会ったのは彼の死後、初七日の日だった。だから、彼がカンボジアに流れ着いた経緯は詳しくは知らない。日本ではナイトクラブを経営していて羽振りがよかったそうだ。しかし、従業員だった台湾人ホステスに入れあげてから彼の人生は狂い出す。結局、佐久間さんは家庭を捨て、彼女の後を追って台湾に渡る。死後残された彼のパスポートには、何度かの渡航の後、結婚ビザという立場で台湾に滞在している佐久間さんの記録が残っている。しかし、その幸せは長くは続かなかった。その女性に裏切られ、財産の大半を吸い上げられて放り出されたようだ。そして、物価の安いベトナムを経由してカンボジアに流れ着いたという。

彼をよく知る人は、カンボジアにやって来た当時、特に金に困っているようには思えなかったという。佐久間さんは日本人が経営する土産物屋で従業員として雇われた。そして今から一〇年前、当時三〇歳だったロシータさんと結婚する。佐久間さんが五九歳のときのことだ。ロシータさんは子持ちの美しい女性だった。居間には二人の華やいだ結婚式の写真が飾られていた。その後、佐久間さんは日本語学校で日本語を教え始める。もちろん佐久間さんには日本語教師の資格などない。慣れない仕事ではあるが熱心な先生だったようだ。教え子たちは今も佐久間さんを慕っていた。

しかし、彼はこのときすでにＨＩＶに感染していた。やがて病気を発症する。初めは体力の衰えが始まる。恰幅のよかった体重がみるみる減っていった。しかし、彼は自分の病気に気づいていなかった。というより、最後まで自分の病名を知らずに死んでいった。
心身の衰弱が激しい中、彼は必死で仕事を続けようとする。かつて一国一城の主であった佐久間さんは、自分の惨めな境遇を受け入れられず、最後まで自立して生きようと努力をした。しかし、病魔は確実に佐久間さんを蝕んでいった。二〇〇五年、佐久間さんはついに入院を余儀なくされる。収入の道が断たれ、医療費はかさんだ。カンボジアに滞在するために必要なビザ代、年間三万円が滞った。おまけにちょうどその頃日本のパスポートの期限切れも迫っていた。経済的に追いつめられた佐久間さんが禁じ手である捨ててきた日本の家族へ支援を仰ぐようになったのはこのときだ。

お願いします。これが本当の正真正銘の最後の願い事になり、万一死んでも連絡だけはしますが、あとは何の関係もありません。俺はもう日本には帰らない覚悟です。今までいろいろあったがすべて水に流してください。これが最後です。みんなもたいへんだろうが、一人一五万ずつお願いする。これで親子の関係は消えます。永遠にさようなら。

日本で暮らす子供たちへの必死の支援要請。しかし、自分たちを捨てて出て行った父親に対し、子供たちからは何の音沙汰もなかった。四通の手紙を出したにもかかわらず返事がないのを見て、妻のロシータさんは佐久間さんがすでに家族に見捨てられていることを確信した。し

◎上：子供を置き去りにして行方を眩ませた日本人高齢者に戻ってきてほしいと訴えるビーちゃん（プノンペン）
◎下：HIVで亡くなった佐久間光男さん（68歳・仮名）の妻ロシータさんと二人の間にできた子供たち（プノンペン）

かし、佐久間さんは手紙を書き、必死で窮状を訴え続けた。

カンボジアから日本への国際郵便は一通に付き三〇〇円近くかかる。娘の学費二五円にも事欠く今の佐久間家にとって、その負担額は大きすぎた。妻のロシータさんはその後、佐久間さんから頼まれた手紙はすべて投函せず、家の引き出しに仕舞い込むことにした。こうして一六通の投函されなかった手紙が佐久間家に残された。奥さんの許可を得て手紙を読ませてもらった。

医療費の支払いに苦労しているのを見かねた病院側は、治る見込みのない佐久間さんをいったん退院させた。久しぶりに家に戻った佐久間さんは、大切にしていたパソコンやカメラなどが売り飛ばされているのに気づき激怒する。


すべて後の祭りだと思いますが、結婚は失敗したと思っています。日本女性のような心深さを持ち合わせていないのがカンボジア女性のスタイルのようです。最終的には、正確な日本語が通じないのが最大の原因で相互理解に欠けるところですが、すべてあとになって嘆いても致し方ないことです。俺の持ち物であるパソコン、印刷機、カメラ、電話、スペアの金縁メガネ。何から何まで売られてしまい病院から帰ったとき言葉が出ませんでした。

妻のデリカシーのなさを責める佐久間さん。だが、実は家計はそれどころではなかった。佐久間さんの病院代と家族の生活費をたった一人で負担しなければならない妻のロシータさんの労働は限界にまで達していた。ロシータさんだけではない、彼女の母親はお寺の清掃や檀家の世話をすることで供物の残り物をもらって帰り、一家の食事の足しにしていた。すでに佐久間家には一円の金もなかったのだ。

金がないと人間の気持ちが変化するんですね。お袋さん嫁さんの言葉が荒くなり、これで女かと思うときがあります。ですから必要以上の会話はありません。残念です。

このあたりの行き違いを見ていると胸に迫るものがある。

カメラやパソコンを売り飛ばされたときの佐久間さんの怒りを、育った環境や考え方が違うロシータさんは理解できなかったに違いない。教え子からもらった金で日記用のノートをこっそり買ってきた佐久間さんをロシータさんが激しくなじる場面もあった。家族が食うや食わずの状態なのに、手にした金でノートを買ってしまう佐久間さんの行為は、文字を書く習慣のないロシータさんには理解できなかったであろうことは容易に想像がつく。一方の佐久間さんも、経済的に追いつめられた一家の事情をどこまで理解していたかは怪しい。言葉が通じない国際結婚故の不幸だったかもしれない。

佐久間さんはカンボジアに一〇年あまり暮らしているが、カンボジア語はまったくといっていいほどできなかった。実はそういう日本人高齢者が多い。というのは、カンボジア語には一七の母音と三一の子音がある。音韻数が少ない日本人にとっては世界でも最も習得の難しい言葉の一つに違いない。微妙な音が使い分けられないといくら文法を覚えてもまったく相手には通じないからだ。

本人も認めているように言葉を習得しなかったことが、こうした究極の状況になったとき、すれ違う気持ちのずれを埋めることを阻んだのだ。いや、たとえ言葉が通じていてもこうした文化的ギャップは埋められなかったのかもしれない。

この頃、ビザの期限が切れたまま不法滞在を続ける佐久間さんは移民局に目をつけられる。佐久間さんの身を案じた家族は、佐久間さんを一歩も家から出さないようにする。その後、佐久間さんの病気は悪化の一途をたどり、やがて足腰が立たないようになる。佐久間さんはそれを自宅軟禁のせいだと思い、嘆いている。

やがて歯が抜け、吐血が始まる。佐久間さんの身体の変調に気づいたまわりの人は次第に佐久間さんを遠ざけるようになる。すでに体重は三〇キロ台の前半にまで落ち込んでいた。そんな中で妻のロシータさんはけなげに佐久間さんを看病し続けた。

また、昔の教え子たちや近所の人も貧しい暮らしの中から時々お金を恵んでくれた。母親に残飯をくれる檀家の人も含め、カンボジアには地域社会で助け合う心は生きていた。これまで感じが悪いと思っていた近所の人がお金を恵んでくれたときの感動を佐久間さんは日記に書きつづっている。

下の奥さんから二万リエル（五百円）もらう。ありがたい事です。つんけんしていて悪口を言ったことがあるが、いい人だったようだ。カミソリ　ノリ　ノート　ほかいろいろこまかいもの買う　八〇〇〇リエル（二〇〇円）しか残っていない。残金は大切にしよう。我が人生六八歳であるけれど、これがラストでフィニッシュか　しかたがない　思い残すことは特別ないが、残りの人生はクイティオ（うどん）ぐらいは自分の金で食べれるようになりたいけれど……なぜか皮膚に血合いがにじむ　こういう状態をなんて言うのかな……今日はカンボジアの学校は休みのようだ。

そして、佐久間さんは日記の最後にこう記している。

病状は悪化する一方だが、毎日、二人の子供たちが　いってきます　ただいま　と日本語で明るく言ってくれるのが何よりのなぐさめになる。六八歳まで人生うまくやってきたつもりだが、終盤になってモタついて家族に迷惑をかけたのが残念。それでも最後まで楽しい人生だったと思い　悔いはない。ロシータに感謝……。

それから一カ月足らずで佐久間さんはこの世を去った。

「子煩悩で、子供たちは本当に彼になついていました。特に娘はいろんなところに連れて行ってもらいました。日本語もよく教えてくれました。優しい人でした」

佐久間さんの話をする間、奥さんは涙を流したり、ときには楽しそうに昔を思い出したり、そこには心から彼のことが好きだった様子が伝わってきた。ロシータさんの連れ子の一六歳のお嬢さんも一緒に涙を流した。そこには何の計算もなかった。最後にミイラのようになって死んだ佐久間さんの写真を見せてくれた。せめて人並みの葬式を、と最後は知り合いに頭を下げて金を借りまくり、奥さんの給料の一月分に当たる五〇〇〇円を集めた。そしてその金で家に僧侶を呼んで葬式をあげたという。

葬儀の後、連絡を受けた大使館から日本の親族にも連絡をしたが、遺骨を受け取りに行く気はないということで骨は寺に保管されたままだという。

「闘病中はほんとにたいへんでした。でも、今は治療費を払う必要がなくなったので大丈夫です。家族全員で力を合わせていけば、これからもなんとかやっていけると思います」

ロシータさんは佐久間さんとの間にできた二人の子供を抱きしめて、初めて笑顔を見せた。

佐久間さんの暮らしていた古びたアパートの、光も差し込まない階段を下りながら、人の最期について考えていた。

佐久間さんは先進的な医療を受けることはできなかった。しかし、発病してから数年間、家族の間で暮らし、畳の上ならぬ自室の床の上で家族に看取られて生涯を閉じることができた。放蕩の果てにたどり着いた最後の家族は近所の人たちと共に、佐久間さんの三本目の足になってくれたのかもしれない。

戦後、焦土と化したゼロの状態から、わずか五〇年で世界第二の経済大国にまで上り詰めた日本。その屋台骨を支えてきたのは、いわるゆる団塊の世代と呼ばれる今まさに定年退職を迎える高齢者たちだ。彼らの中には一日一八時間働いたという人もいた。しかし、日本経済が右肩上がりの成長を続けてゆく中、それは重労働ではあったが、決して過酷な労働ではなかった。なぜならその時代、彼らは日本と自分自身の未来に夢が描けたからだ。

ところがそれから半世紀以上が過ぎ、バブル崩壊を皮切りに終身雇用制が崩壊。さらには医療や年金システムなど、彼らが作り上げてきた社会の枠組みが次々に金属疲労を起こし、崩れ去ろうとしている。潮が引くように極東の小さな島国に逆戻りしている日本では、将来の夢が描けないばかりか、不安ばかりが増大しているという現実もある。そんな日本を彼らはどんな気持ちで見つめているのだろう。

日本の自殺者は一九九八年以来三万人の大台を超えている。その三人に一人が六〇歳以上の高齢者である。つまり毎年一万人以上のお年寄りが自ら命を絶っていることになる。しかも、男性高齢者の死亡数は同年代の女性に比べ二倍以上になる。一九七〇年代までは男女の自殺者数に大きな差がなかったと考えれば、やはり目の前で異常な事態が進行していると考えざるをえない。

自殺の主な原因は、病苦や経済苦となっている。しかしその背後に、孤独の問題があるのは疑う余地のない事実である。

「愛の反対は憎しみでなく無関心である」

そう語ったのはマザー・テレサである。憎しみという感情は、少なくとも、まだその人に関心があるから湧くのであって、本当に関心がなくなれば、何も感情が湧かないというものだ。

今回、タイやカンボジアで出会った高齢者たちは必ずしも幸福を手にしたわけではない。女性に金を騙し取られたり、信じた人に裏切られたりしている人も少なからずいた。それでも彼らの表情がどこか明るいのは、無関心という孤独の縁から彼らをすくい上げてくれる、あるパワーのようなものがこれらの国に存在しているからだという気がする。それは、これらの国で生きる人々の心に内在する未来を夢見る力なのかもしれない。

あとがき

誰もが歳をとると保守的になる。中でも一番正直なのが味覚かもしれない。私も若い頃、タイに行く度に今回は何食、タイ料理が食べられるかが楽しみだった。ところが四〇歳を過ぎる頃から三回に一回は日本食や洋食など食べ慣れたものが食べたくなった。今回、タイで暮らす日本の高齢者たちの間を回ったが、彼らのお供をするときはたいてい、当然のことのように日本食レストランに案内された。中には長年タイで暮らしながら日本食以外口にしない人もいた。食べもの一つとってもそういう状況であるのだから、還暦過ぎて文化や生活習慣の違う異国の地で暮らすことを決意する背景には、その人なりの強い思いがあるに違いない。

二〇〇八年六月、日本の国会は後期高齢者保険制度の見直しを巡って揺れていた。この医療制度は七五歳以上の老人を後期高齢者として従来の保険制度から切り離すというもので、財政破綻のつけを高齢者に押しつけようという無謀なものだった。

日本で暮らしているアジアの人々は、孤独のうちに老後を過ごす日本のお年寄りたちを見るにつけ、「若いうち、日本で暮らすのは楽しいけど、日本で老人にだけはなりたくない」と口をそろえて言う。家族や地域の共同体が生きているアジアで生まれ育った彼らにとって、必死で社会のために生きてきた人間たちが、その役割を終えた途端、粗大ゴミとして邪魔者扱いされる日本社会は異常な世界と映っているに違いない。

老いというのは誰にとっても未体験ゾーンだ。仕事、収入、体力、夢や希望。薄皮を剥ぐように奪い去られてゆく老人たちの喪失感に多くの人が気づかないのは当然かもしれない。また、誰にも必要とされていない孤独感も多くの人に理解されていない。とりわけ、高齢者の性の問題は、まだまだ踏み込んで言及したものが少なく、長い間、アンダーグラウンドの世界に落とし込まれてきた。彼らの本音を聞くにつれ、日本の社会通念とのギャップに戸惑いながら取材したのも事実だ。

本来、高齢者たちの状況を理解し、政治に反映できるはずの高級官僚たちは老人の勝ち組として、天下りし地位や名誉に高給まで与えられるため、一般市民の老いてゆくことの苦しみを理解することはない。こうした中で、今回新たに導入された後期高齢者医療制度を始め、一昨年から施行されている介護保険制度、さらにずさんな運用で破綻の危機にある年金制度などを見ていると、人間をも使い捨ててゆく日本社会の本質を具体的な形として見せられているような気がしてならない。

かといって変化の早い近代型の社会で、老人たちがかつてのように社会の知恵袋として生きるのは、もはや夢物語としか思えない。こうした出口の見えない状況の中で、これからも日本を脱出する高齢者は増え続ける（それが日本政府の企みであったとしても）に違いない。

現在、日本で得られる海外移住に関する情報にはある偏りがみられる。年金生活者が物価の安い海外に行きさえすれば、あたかもバラ色の人生が開けるかのように描いているもの。そうかと思えば逆に、海外危険情報のように海外で痛い目にあった人たちのルポルタージュだ。

今回、タイを中心にその隣国カンボジアで暮らす日本の高齢者について、二〇年余りにわたるこれらの国々との付き合いの中で感じていたことも含めて描いてみた。これらの国々は、当然の事ながら天国でも地獄でもない。物価、国民性、社会システム、日本とは様々な違いがあるものの、普通の人たちが暮らす普通の国である。両国で暮らす人たちの悲喜こもごものドラマを良いことも悪いことも含め、ありのままに伝えようと思った。

現在、単身女性を対象とした、いわゆる「おひとりさま」関係の情報が関心を集めている。しかし現実には、結婚したくてもできない単身の高齢男性が急増中で、地域社会や仲間からも孤立している分、抱える問題も女性より深刻であるように思われる。この本を読んだ単身男性たちが、第二の人生をアジアで送ることを一つの選択肢として、より広い視野に立って、これからの人生の可能性を見い出す一助になれば幸いである。

取材では多くの方々にお世話になった。豊富な人脈を紹介してくれたチェンライ在住の三輪隆さん、チェンマイ「ちゃーお」編集部の高橋敏さん、在タイ日本大使館の小野崎忠士さん、バンコク・ワットポーの宮原由佳さん、カンボジア・プノンペン大学のローン・レスミーさん、メコン大学の樋口浩章さん、坂田和章さん、ありがとうございました。また、本書に登場した方、しなかった方も含め、貴重な時間を割いて取材に協力していただいた皆さん、ありがとうございました。最後になりましたが、この本を世に出してくれたバジリコの長廻健太郎さん、安藤聡さん、校正を担当していただいた阿部佐奈江さん。この場を借りてお礼を申し上げます。

瀬川正仁

二〇〇八年六月

瀬川正仁（せがわ・まさひと）

東京生まれ。映像ジャーナリスト。
1978年、早稲田大学第一文学部卒業。80年代後半より映像作家として
アジア文化、マイノリティ、教育問題などを中心に、
ドキュメンタリーや報道番組を手がける。
日本映画監督協会会員。日活芸術学院講師。
著書に『ヌサトゥンガラ島々紀行』『ビルマとミャンマーのあいだ』
（ともに凱風社）がある。

老いて男はアジアをめざす
——熟年日本人男性タイ・カンボジア移住事情

2008年8月17日　初版第1刷発行
2014年7月3日　初版第4刷発行

著　者　**瀬川正仁**

発行人　**長廻健太郎**

発行所　**バジリコ株式会社**

〒130-0022東京都墨田区江東橋3-1-3
電話　03-5625-4420
ファックス　03-5625-4427

印刷・製本　**ワコープラネット・東京美術紙工**

ISBN978-4-86238-099-9
http://www.basilico.co.jp

JASRAC出0809025-801